Comunicação Empresarial Integrada

Como Gerenciar

Imagem
Questões Públicas
Comunicação Simbólica
Crises Empresariais

Comunicação Empresarial Integrada

Como Gerenciar

Imagem
Questões Públicas
Comunicação Simbólica
Crises Empresariais

Roberto de Castro Neves

autor de *IMAGEM EMPRESARIAL* – Como as organizações [e as pessoas] podem proteger e tirar partido do seu maior patrimônio

MAUAD

www.imagemempresarial.com
rcneves@attglobal.net

Direitos desta edição reservados à
MAUAD Editora Ltda
Av Treze de Maio, 13, Grupo 507 a 509 - Centro
CEP 20031-000 — Rio de Janeiro — RJ
Tel.: (021) 533.7422 — Fax: (021) 220.4451
E-mail: mauad@uninet.com.br

Capa:
Andréia Resende

Foto do autor:
Monique Cabral

CATALOGAÇÃO NA FONTE
DEPARTAMENTO NACIONAL DO LIVRO

N518c
Neves, Roberto de Castro
Comunicação empresarial integrada: como gerenciar: imagem, questões públicas, comunicação simbólica, crises empresariais / Roberto de Castro Neves. - Rio de Janeiro: Mauad, 2000.

276p. ; 16cm x 23cm

ISBN 85-7478-024-3

Inclui bibliografia

1.Imagem corporativa. 2. Relações públicas – Sociedades comerciais. 3. Marketing – Administração. 4. Questões administrativas. I. Título.

CDD – 659.285

Aos empresários, cuja contribuição para o desenvolvimento econômico e social é absurdamente ignorada.

Aos profissionais de comunicação, idem, idem.

À Doris, companheira.

Índice

Prólogo

A mulher procura o advogado para que ele trate do seu divórcio.

Ele – Como a senhora se sente?

Ela – Mal. Sempre que ando, minhas pernas incham.

Ele – Sei, mas me refiro ao seu estado com relação ao seu casamento.

Ela – Pior. Não tenho vontade de fazer nada.

Ele – Minha senhora, eu sou advogado. A senhora me procurou para tratar do seu divórcio.

Ela – Meu marido.

Ele – O que tem o seu marido?

Ela – (Silêncio)

Ele – Minha senhora...

Ela – (Silêncio)

Ele – Minha senhora, não quero pressioná-la, mas a senhora me procurou, na condição de advogado, para tratar do seu divórcio. Caso não esteja se sentindo bem, podemos marcar outro dia.

Ela – Sim!

Ele – A senhora então prefere voltar outro dia?

Ela – Não!

Ele – Não, o quê?

Ela – Eu quero tratar do divórcio.

Ele – Ótimo. Então, me responda: por que a senhora quer se divorciar de seu marido?

Ela – Mas eu não quero me divorciar.

Ele – Não estou entendendo. Então, por que estamos aqui?

Ela – Não sei. Pergunte ao meu marido.

Ele – Por que haveria de perguntar ao seu marido? Não é a senhora quem quer o divórcio?

Ela – Não, é ele quem quer o divórcio.

Ele – E a senhora sabe por quê?

Ela – Ele diz que eu tenho problema de comunicação.

(Adaptado de um texto em circulação na Internet)

CAPÍTULO UM

IMAGEM EMPRESARIAL E COMUNICAÇÃO INTEGRADA

1. ESTE HORROR QUE É A IMAGEM DAS INSTITUIÇÕES

Falemos com toda franqueza: a imagem das instituições, em geral, é um lixo. O problema não é só no Brasil. No mundo todo é assim. Entre nós, não têm boa imagem: Governos, Congresso, Poder Judiciário, imprensa, polícia. Até mesmo religiões e o Corpo de Bombeiros, outrora uma unanimidade no quesito. Mas não apenas as instituições têm problemas. Categorias profissionais também padecem do mesmo mal: políticos, militares, jornalistas, advogados, médicos, funcionários públicos, relações públicas, consultores e muitas outras ocupações. Todos carregam um sinal infamante, um rótulo desagradável, o estigma da raça. Noutras palavras, suas imagens, fora de seus círculos, estão sujas como pau de galinheiro. Um filme de horror. E como não poderiam ficar de fora, as empresas e os empresários entram no bolo. Empresas e empresários não têm boa imagem. Pra muita gente, empresas e empresários são do mal.

Como foi dito, o problema não é apenas nosso. Acontece no mundo todo. A diferença é que, em muitas outras culturas, já se percebeu que este é um problema grave e que precisa ser administrado. Precisa e pode. Nós, ainda não. Quando fazemos alguma coisa pela imagem – ou pensamos estar fazendo algo por ela – é quase sempre de forma atabalhoada. Temos dado preferência às estratégias de fabricação caseira. Não há uma abordagem sistêmica, processos, emprego adequado de técnicas. Atitudes defensivas, escaramuças corporativistas são celebradas como '*estratégia de imagem*'. O amadorismo tem prevalecido. Resumindo, quando nos propomos a cuidar do assunto, confundimos alhos com bugalhos, metemos os pés pelas mãos a torto e a direito. Resultado: o que era ruim, fica pior.

Evidente que ter imagem ruim é uma complicação séria para as instituições e para as categorias profissionais. Não ter credibilidade significa, entre outras coisas, prejudicar o próprio desempenho e comprometer a produtividade. Não ter credibilidade significa sempre sofrer perdas. Entretanto, as conseqüências da má imagem de nenhuma das outras instituições são tão lesivas para o conjunto da sociedade quanto a má imagem das empresas. Por quê? Porque a falta de credibilidade de uma empresa significa perda de competitividade. Perda de competitividade implica menor capacidade de gerar riquezas para o país, seja através da oferta de empregos, seja pela obtenção de divisas, seja pela arrecadação de impostos, ou tudo junto. E – não menos importante – perda de competitividade empresarial acaba resultando em ônus para os clientes, consumidores, usuários, acionistas e empregados. Em suma, de uma forma ou de outra, quem paga a conta do insucesso de uma empresa é sempre a sociedade.

Mais triste é o fato de que as pessoas não têm esta percepção. Não enxergam esta cascata que começa lá na empresa e, mais cedo ou mais tarde, bate à sua porta sob a forma de inflação, mais imposto ou outro prejuízo qualquer. Ainda desdenham: "Crise naquela empresa? Não é comigo. Não trabalho lá. Sou de outro setor. Que se lixem! E quer saber de uma coisa? Ganhavam muito dinheiro. Bem feito pra eles!"

Tudo como se a ocorrência fosse noutro planeta.

Numa cidade pequena, por exemplo, que vive em função de um empreendimento, essa relação é percebida. Se a fábrica local entra em crise, a comunidade se angustia: o prefeito,o padre, o comerciante, o gerente do banco, a dona-de-casa, o dentista, o barbeiro. Todos sabem que aquela crise vai sobrar pra eles. E são caipiras...

2. ESTA RAÇA DE EMPRESÁRIOS NÃO É FÁCIL

O estigma que as empresas carregam é pesado. São do mal. No chamado imaginário popular, elas – as empresas, grandes ou pequenas – *só pensam em lucro, enganam os consumidores, exploram os empregados, sonegam impostos, corrompem autoridades, poluem o ambiente, são* *insensíveis aos problemas sociais, comandam ou participam de grandes conspirações contra a humanidade.* E não é só o povão que acredita no estereótipo. Deixando de lado aqueles que assim pensam por razões ideológicas, vêem as empresas da mesma maneira: juizes, jornalistas, políticos, professores, estudantes e grande parte dos chamados formadores de opinião. Os benefícios gerados pelas empresas para a sociedade não são vistos, percebidos e reconhecidos pela maioria das pessoas.

Quando uma denúncia é feita contra uma delas, por mais absurda que seja e antes de qualquer averiguação, o imaginário popular recorre ao estereótipo. Na cabeça das pessoas, as empresas sempre têm culpa no cartório. Não tem aquele negócio de "*vamos ouvir o que ela tem a dizer*". Sumariamente, são apedrejadas pela opinião pública, atiçada pelos formadores de opinião.

Nos Estados Unidos, as empresas perdem em torno de 300 bilhões de dólares por ano em função de crises com a opinião pública. Essa importância corresponde somente a gastos com advogados.[(1)] Noutras palavras, dinheiro para trancar a porta arrombada. Se computados os prejuízos com a perda de lealdade dos clientes, a desvalorização das ações, a despesa de campanhas reparadoras, a distração gerencial, etc., a conta supera 1 trilhão de dólares. O equivalente a 1/7 do PIB americano. Nossas estatísticas não são boas, mas devemos perder por aqui algo na mesma proporção. Talvez mais.

Crises empresariais podem ser geradas por falhas de processo, falhas humanas, ou por acidentes ou outras razões. Na realidade, essas coisas – falhas, acidentes, etc. – são fagulhas que iniciam o incêndio. O *estigma da raça* acima mencionado funciona como palha seca. Por causa do estereótipo, a reação da opinião pública, quando uma empresa se mete numa encrenca. quase nunca é de surpresa. A reação é de quem já esperava que aquilo acontecesse. Faz sentido. Mas a proporção que as crises tomam, a repercussão na opinião pública, sua duração têm a ver com a qualidade da imagem da empresa e com os investimentos feitos em comunicação empresarial antes da crise. Quanto melhor a imagem for, quanto mais sustentada, menor a conta. Quanto mais a empresa investiu em organizar a sua comunicação antes de a tormenta chegar, menor a duração da crise. Apesar do estigma da raça.

Entretanto, não é apenas nas crises empresariais que as empresas, de qualquer setor ou tamanho, têm perdas por causa da imagem. Infelizmente, não há levantamentos nem estatísticas de quanto se perde no dia-a-dia por falhas de comunicação e por posicionamentos errados. Dinheiro que escorre entre os dedos e que nunca é contabilizado. Há, também, planos maravilhosos, esforços empreendedores honestos que acabam em frustrações, insucessos empresariais, falências. Sabia-se tudo do produto, do mercado, fez-se tudo como manda o figurino, mas se esqueceu de cuidar da imagem e da comunicação. Não seria exagero afirmar que essas perdas devem superar aquelas registradas nas chamadas crises empresariais. É muita grana. Grana que não é transferida para ninguém. Grana que poderia ser convertida em riqueza, em pesquisas, em empregos, em dividendos, em impostos.

Independentemente das crises ocasionais, as pressões sobre a imagem das empresas vão aumentar. Pressões vindas de todos os lados, além daquelas típicas da guerra de mercado. Pressões de grupos de interesse, minorias, comunidades, consumidores, empregados, acionistas, mídia, governos, legisladores, advogados, etc. Noutras palavras, o estigma da raça será sempre lembrado e fortalecido. Adicionem-se ações de segmentos do submundo – máfias, achacadores, terroristas, seqüestradores, corruptos, *hackers*. Além dos danos diretos ao negócio, vão criar muitos embaraços para a imagem das empresas. E quantas delas estão preparadas para este embate? Muito poucas. Faltam processos, faltam profissionais habilitados, faltam referências e – pior de tudo – falta a consciência da importância do tema.

Muitas empresas têm enfrentado crises com o apoio de advogados. Esse apoio é muito importante. Somente eles podem defender os interesses das empresas nos tribunais. Mas esse apoio está longe de ser suficiente. A guerra é mais ampla e de outra natureza. As habilidades e as técnicas requeridas – tanto no tratamento da imagem quanto no relacionamento com os públicos envolvidos – são outras, a arena e os atores são outros, idem os tempos e os movimentos. Que me perdoem os advogados, mas o julgamento no tribunal não tem nada a ver com o julgamento da opinião pública. Nem é parecido.

Essa tecla foi bastante batida no meu livro IMAGEM EMPRESARIAL – *Como as Organizações [e as pessoas] Podem Proteger e Tirar Partido Do Seu Maior Patrimônio*, publicado em fins de 1988 pela Mauad Editora. Naquele trabalho, procuramos mostrar o inter-relacionamento entre

Imagem, Comunicações e Relações Públicas, bem como analisamos subdisciplinas da *Comunicação Integrada*, tais como Comunicações de *Marketing*, Comunicação com o Público Interno e Comunicação com Investidores. Este novo trabalho, de certa forma, é complementar. Retomando o tema da *Imagem Empresarial* através de outra abordagem, demos ênfase ao gerenciamento pela empresa da comunicação e ao papel da função de Relações Públicas na moderna administração empresarial.

3. POR FALAR EM IMPORTÂNCIA DA IMAGEM, UM CASO PRÁTICO

Faça de contas que você nunca ouviu falar em *Watergate* e em *Monica Levinsky* e responda com honestidade: na sua opinião, que atitude de um chefe de Estado poderia levar a opinião pública de um país a exigir o seu afastamento do cargo:

1. A de um chefe de Estado que manda gravar conversa de adversários políticos?
2. A de um chefe de Estado que pratica sexo oral com uma estagiária no próprio local de trabalho?
3. Ambas as atitudes?

Espere um pouquinho, não responda ainda. Leve em consideração que este país é os Estados Unidos da América do Norte, cuja sociedade é profundamente moralista e onde as mulheres conseguiram um enorme poder político e de mobilização.

Se você achou que a resposta certa era a de número 3, devo reconhecer que você é uma pessoa de princípios e de sólida formação moral. Mas a sua resposta está errada. Se você optou pela resposta de número 2, considero que você, além da boa formação moral, raciocina com lógica e dá muita atenção aos detalhes. Mas, infelizmente, a sua opção também foi errada. Finalmente, se a sua escolha recaiu sobre a resposta número 1 – a resposta certa –, sou obrigado a melar a questão por considerar que você não respeitou os pressupostos iniciais do enunciado, isto é, responder com honestidade, esquecendo o que aconteceu com *Nixon* e *Clinton*. Você colou, assim não vale.

Antes que você fique aborrecido(a) comigo, deixe-me esclarecer que quem agiu matreiramente aqui fui eu. Sabe por quê? Porque omiti, no enunciado da questão, uma informação importantíssima que, se fornecida, teria feito você apontar a resposta certa sem precisar colar.

Como todos sabemos, pressionado pela opinião pública, *Richard Nixon* foi obrigado, em 1974, a renunciar à Presidência dos Estados Unidos por causa do episódio de *Watergate*. Vinte e cinco anos depois, *Bill Clinton*, réu confesso de um conjunto de desvios comportamentais – práticas sexuais impróprias, abuso de poder, adultério – teve o processo de *impeachment* sustado pelo Congresso por pressão da opinião pública.

Por que os dois pesos e as duas medidas? Por que a severidade com *Nixon* e a indulgência com *Clinton*? Seriam lambanças muito diferentes? Quanto à natureza, sim. *Watergate* era de natureza política, violava direitos constitucionais e sagrados. Gravíssimo, sem dúvida. Mas o Caso *Monica Lewinsky*, embora de outra natureza, não deixava de ser um caso de "*sexo, mentira e* video tape", um deslize que, na ótica americana, é tão ou mais grave que os pecados constitucionais. Se fosse funcionário de uma empresa americana, *Clinton* teria sido mandado embora por justa causa. No ato, com uma mão na frente e outra atrás, sem choro nem vela.

Teria a qualidade de governo influído nesses posicionamentos da opinião pública? Pouco provável. Ambos tinham sido reeleitos – e bem reeleitos. Na verdade, a economia americana com *Clinton*, no momento em que o problema veio à tona, estava esplendorosa. Mas, com *Nixon*, as coisas também estavam muito bem. E ele tinha tirado os Estados Unidos do pesadelo da guerra do Vietnã, aberto negociações com a China Comunista, o país assumira de vez a liderança na corrida espacial. Melhor impossível. Não tivesse pisado na bola, *Nixon* caminhava a passos largos para a posição de estadista do século.

Então, a opinião pública é um bicho irracional, imprevisível nos seus julgamentos? Ou as coisas mudaram muito nos últimos 25 anos?

Eu diria que as duas hipóteses têm seus fundamentos. A opinião pública não é flor que se cheire e os tempos são outros. Mas não foi isto que eu omite lá atrás, quando enunciei a questão. O que eu deixei de mencionar é que a diferença entre *Clinton* e *Nixon* é que o primeiro tinha, no momento da crise, uma excelente imagem pessoal conseguida não só em cima dos seus próprios atributos, como também construída através de um inteligente programa de comunicação social, disciplinadamente seguido pelo próprio e por sua equipe. *Nixon*, além de pobre em atributos pessoais, confundia Relações Públicas com propaganda, não acreditava em assessoria e gostava de improvisar. E curtia a embriaguez de sua *egotrip*. Quando o bicho pegou para *Clinton*, ele tinha tamanho saldo de imagem pessoal que pôde pagar as contas e ainda sair com umas sobras. *Nixon*, ao contrário, quando *Watergate* pipocou, já operava na reserva. Em suas memórias, utilizando a figura de *John F. Kennedy*, seu adversário mesmo depois de morto, *Nixon* faz uma cruel avaliação de sua própria imagem. Disse ele: "*Quando pensam em Kennedy, as pessoas imaginam como gostariam de ser. Bonitas, inteligentes, dinâmicas, bom caráter. Quando pensam em Nixon, as pessoas se vêem como realmente são.*"

Cruel, né?, mas verdadeiro. Imagem é isto aí. Imagem é o que está na cabeça das pessoas.

Isto que acontece com as pessoas, acontece com as empresas e com seus produtos. As pessoas desenvolvem níveis diferenciados de preferência, tolerância, compreensão, boa vontade, simpatia em relação a outras pessoas, amigos, filhos, irmãos, parentes, colegas de trabalho, homens públicos, empresas, produtos, lugares, coisas. Se perguntarmos em que se baseia a diferenciação, elas não saberão dizer. Mas poderão admitir que é uma questão de afinidade, identidade, jeito de ser, de comunicar-se, de posicionamento, empatia.

Não há dúvida de que a administração da imagem é fator de vantagem competitiva, tanto quanto é o uso de tecnologia, dos recursos humanos e das modernas técnicas de gerenciamento.

4. PRA ENTENDER POR QUE A IMAGEM DAS EMPRESAS É TÃO RUIM

É importante relembrar em que contexto a história da imagem empresarial se desenvolveu ao longo do século 20. Este rápido retrospecto facilita o entendimento do que está acontecendo hoje e do tamanho dos desafios que têm os profissionais dedicados ao assunto. Por outro lado, explica as razões do *estigma da raça*, isto é, por que empresas e empresários não têm boa reputação.

No começo do século, como público claramente identificado pelo empresário, comerciante, etc., só existia o cliente. Essa era a única entidade que requeria a atenção do homem de negócios. Era com ele – e apenas com ele – que um esforço de comunicação se justificava. Entretanto, já nessa época, a fama do comerciante não era boa. Já tinha imagem de vigarista. Para os clientes, o comerciante roubava no troco, no peso, vendia alimento estragado, explorava empregados, fazia propaganda enganosa, só pensava em lucrar, etc. E essa fama não estava restrita ao pequeno empresário. Grandes magnatas tinham imagem ainda pior. Diga-se de passagem, mais do que merecida. Nos Estados Unidos, os *robber barons* – como eram conhecidos na época – agiam com profunda arrogância. Olhavam o resto da humanidade com absoluto desprezo. *John D. Rockefeller Jr.* chegou a ser um dos homens mais odiados da história dos negócios. Aprontou poucas e boas. Certa vez, mandou atirar sobre os grevistas da sua empresa no Colorado. *William Vanderbilt* – outro famoso barão-ladrão – cunhou, numa frase, a postura empresarial da época diante do mundo: "*A Opinião Pública que se dane*". Empresários de outras partes do planeta disseram "amém". Muitos ainda hoje rezam pela cartilha de *Vanderbilt*.

Pouco a pouco, a imprensa foi tomando as dores da opinião pública. Por idealismo e porque defender as causas populares vendia jornal. Um *business* como outro qualquer. Os *muckrakers* – algo como "fuçadores de lixo" –, uma mistura de jornalismo investigativo, *paparazzi* e imprensa marrom, ficaram na cola dos poderosos. Pau neles! E também os políticos, em busca de votos, compraram as causas da classe média. Como pano de fundo, a questão ideológica. As idéias socialistas – cujo mote era acabar com a "exploração do homem pelo homem" – tinham saído do papel para as primeiras experiências práticas. Empresas e empresários passaram a ser os vilões da vez. Sindicatos se propunham a representar os trabalhadores na luta contra os patrões. A crise da bolsa de Nova York, em 1929, as falências e a brutal recessão que se seguiu quebraram a arrogância dos capitalistas e pioraram a imagem das empresas e dos empresários. Agora, além de gananciosos, de exploradores do trabalho alheio, etc., eram incompetentes.

Além de jornalistas, políticos, intelectuais, burocratas de governo, outros atores foram pouco a pouco ingressando na arena, obrigando as empresas a pensarem em suas reivindicações e pleitos. O consumidor se organiza. Descobre sua força. Nascem as legislações em sua defesa. Até então pacíficas donas-de-casa se utilizam do boicote como arma para dobrar as empresas. Mulheres vão à luta. Primeiro, por direitos políticos. Depois, por oportunidades iguais no mercado de trabalho e por benefícios compensatórios. Minorias também se organizam: negros, *gays*, deficientes físicos, minorias étnicas. Vários países desenvolvem legislações trabalhistas. Os departamentos de Recursos Humanos das empresas são obrigados, rapidamente, a assimilar as novas demandas.

Em 1962, um estudo revela que o *fog* em Los Angeles era causado por DDT. Nova grave acusação às empresas. Além de tudo, causavam danos ao meio ambiente. Em 1989, no Alaska, o acidente com o petroleiro *Valdez*, da *Exxon*, esquenta a questão ambiental, dando força a uma nova militância: os ambientalistas.

À margem do governo, ONGs – Organizações Não-Governamentais – proliferam. Celebridades – artistas, intelectuais, atletas, etc –, em busca da construção de sua própria imagem junto à opinião pública, aderem às campanhas em que, quase sempre, as empresas fazem o papel de dragão da maldade.

Em suma, as empresas terminaram o século com grandes e sérios problemas de imagem. Apesar de esforços, emprego de técnicas, etc., o *estigma da raça* se fortaleceu. Além disto – ou por causa de –, são inúmeros e variados os públicos com os quais as empresas precisam se relacionar e se comunicar, públicos estes muito mais complexos do que cliente e consumidor, empregado ou acionista – velhos conhecidos de tantos carnavais. São públicos com demandas especiais, muitas das quais incompreensíveis para o homem de negócios. Públicos que falam outras línguas, que têm outros protocolos, outro *timing*. Isto para não falar nos terroristas, nos piratas, nos seqüestradores, nos *hackers*, nos espiões, etc., cujo esforço de comunicação e de relacionamento, em princípio, é inviável.

5. MAS, AFINAL, IMAGEM EMPRESARIAL TEM JEITO?

Imagem das empresas piorando, consumidores, empregados, investidores cada vez mais exigentes, novos públicos no pedaço, demandas esquisitas que nada têm a ver com os negócios... A esta altura do campeonato, você deve estar se perguntando: "Será que *imagem empresarial* tem jeito?"

Ou, então, pensando: "Coitado(a) de quem cuida da *imagem empresarial*! Melhor trabalhar para o crime organizado e aguardar uma boa morte."

Sinto muito, caro(a) leitor(a), se provoquei em você este estado de desânimo. Minha intenção era justo o oposto. Ao levantar todas estas questões, pretendia despertar em você interesse pela causa, ânimo para enfrentar este maravilhoso e emocionante desafio, qual seja o de conduzir a imagem de sua empresa – ou de seu cliente – por estes mares bravios, muitos deles nunca dantes navegados. Gostaria que, antes de jogar a toalha, você me desse a oportunidade de apresentar algumas idéias e visitasse comigo alguns conceitos. Diga-se de passagem, idéias e conceitos praticados com sucesso por muitas empresas. Acredito que possa convencê-lo(a) de que a *imagem e a comunicação empresarial* precisam e podem ser bem administradas.

Outro dado que pode melhorar o seu astral e acalmar sua consciência: apesar de muitas empresas e empresários terem aprontado poucas e boas ao longo do século – de forma a merecerem o estigma –, modernamente a realidade é outra. Em que pese existirem ainda muitos bandidos, o clima de *farwest* acabou. As empresas podem estar errando na comunicação, mas, na sua maioria, são sérias, responsáveis, preocupadas com a ética nos negócios. Estão muito longe do estereótipo proclamado. São do bem. Portanto, não tenha culpas nem vergonhas ao defendê-las. E mais, cara, sempre que você fizer algo no sentido de proteger a imagem de uma empresa, tenha certeza de que este esforço pode estar garantindo o emprego de muitas pessoas, aumentando a arrecadação de impostos e trazendo muitos outros benefícios para a sociedade. Se você quer prestar bons serviços à humanidade, esta é uma boa opção. Um bálsamo para a sua consciência. Melhor que praticar filantropia, doar sangue ou entrar para o Exército da Salvação.

Por último, é importante ser dito que a preocupação com a imagem faz milagres. Por causa dela, pessoas e instituições obedecem à lei, procuram ser éticas, são generosas. Muita gente deixa de fazer coisas erradas não por medo da polícia, ou da justiça. Mas por medo de que a sua imagem seja afetada. Esse medo é bom para todo mundo. Seria melhor, claro, que as pessoas e as instituições fossem assim, não por medo, mas por força de sua própria natureza. Não são. Pode ser que algum dia – quem sabe? – essa natureza mude. Enquanto isto não acontecer, vamos tirar partido da preocupação, do medo.

Falemos de estratégias.

O objetivo ideal dos estrategistas de comunicação é a construção de uma *"imagem competitiva"*. Vale dizer que não é suficiente que uma empresa seja percebida como uma *"boa empresa"* pelo público em geral. Por si só, isto não compra nada. A *imagem* só é – vamos dizer – *competitiva* se ela der resultados concretos para a empresa. Que resultados são esses? Conseguir a preferência de clientes e de consumidores, fazer crescer a renda e os lucros, alavancar negócios, atrair – e manter – bons profissionais no mercado de trabalho, despertar a confiança de investidores, abrir as portas dos poderosos, comprar boa vontade de formadores de opinião e de tomadores de decisão, aumentar o nível de tolerância da opinião pública, reduzir a força do já falado *estigma da raça*. Se a imagem da empresa puder ser traduzida nestes resultados, ela gera vantagem competitiva.

O elemento que sustenta esta estrutura chama-se *"credibilidade"*. Esse elemento é a sua argamassa. Portanto, a estratégia de imagem depende do desenvolvimento e da aplicação da credibilidade empresarial. Esse elemento tanto pode ser usado como arma para conquistar espaços – mercados, investidores, profissionais, corações e mentes – quanto também para funcionar como escudo nas investidas contra a imagem da empresa – conflitos com o poder público e nas crises com a opinião pública.

O que fazer para se construir uma *imagem empresarial competitiva* e ter credibilidade é fácil de ser enunciado: consiste em desenvolver, fortalecer e proteger os atributos positivos da imagem da empresa e neutralizar os atributos negativos. Acaciano, não? Fácil de enunciar, difícil de executar. Difícil porque estamos falando de percepções, coisas que estão na cabeça das pessoas, ali colocadas através de intrincados processos. Aí, o bicho pega.

Pela análise de várias pesquisas de opinião, de estudos de crises empresariais e pelo andar da carruagem no geral, podem-se apontar os atributos que as empresas deverão desenvolver de forma a criar a chamada *"imagem competitiva"*, a aumentar suas defesas com relação a crises e até conseguir uma certa imunidade. Em suma, o que uma empresa precisa ter e ser – e obviamente parecer ter e ser – para enfrentar o mundo nos próximos anos. Uma espécie de *kit* de sobrevivência, seu manual de escoteiro.

Estes são os "cavalos de batalha":

1. Ter bons produtos e serviços. Preços competitivos, qualidade, termos e condições, etc. Precisava dizer? É bom, né? O capitalismo selvagem ainda é uma seita muito forte e com muitos seguidores.

2. *Ser bem administrada*. Trocando em miúdos, ter uma gerência e processos modernos, e dar lucro. É isto mesmo: dar lucro. E esta não é uma demanda apenas dos investidores. Embora "lucro" seja uma palavra difícil de ser assimilada na nossa cultura, o fato é que o consumidor, no fundo, admira empresas que dão lucro e foge das que dão prejuízo. O sucesso é um forte apelo. Esta admiração é geral. Vale para formadores de opinião e autoridades. Ninguém gosta de perdedores, embora – também na nossa cultura – os vencedores nos façam morrer de inveja.
3. *Ser um bom lugar para trabalhar*. É um atributo que continua nas paradas de sucesso. Oferecer carreira, remuneração competitiva, desafios, aprendizado, bom ambiente, respeito pelas pessoas, qualidade de vida, etc. Mais do que no passado, é necessário que a empresa faça com que os empregados vistam a sua camisa. Sem demagogias e paternalismos. E, de novo, esta não é uma demanda apenas dos empregados. É da sociedade. Empresas que tratam bem seus empregados são comprovadamente mais admiradas pela opinião pública.
4. *Ter valor agregado para a sociedade*. No sentido mais amplo da expressão. Ir além dos interesses dos próprios negócios. Ser paradigma, modelo. Ter e agregar valores. É o que se chamava, no passado, "*ser uma boa cidadã corporativa*". Alguns exemplos:
   - Ser ética. Respeitar as leis, a concorrência, pagar impostos.
   - Não discriminar minorias. De preferência, ir mais longe: apoiá-las.
   - Ter responsabilidade social: respeitar o meio ambiente, contribuir para o desenvolvimento social e cultural.
   - Ser criativa e inovadora.
   - Ser transparente, relacionar-se bem com todos os públicos.
   - Ser respeitadora de compromissos.

Portanto, esse é o caminho das pedras. Os "*cavalos de batalha*". Se a empresa já dispõe de todos esses atributos, ótimo. É meio caminho andado. A questão agora é saber divulgá-los. Comunicar-se. "*Parecer ser*" como complemento do "*ser*". Transformar esses atributos em correspondentes percepções na cabeça das pessoas. Se ainda não tem todos os atributos, trate de tê-los rapidamente. Se lhe faltam muitos deles – ou os possui com sinal trocado, não quero ser ave agourenta, mas posso assegurar que brevemente a batata de sua empresa vai assar. Ela está a pé no campo de batalha. Mas, em faltando esses atributos, o melhor a fazer é ficar quietinho até as coisas melhorarem. Jamais opte pela estratégia do fingir que é ou de que tem. "*Parecer ser*" sem realmente "*ser*". "*Parecer ter*" sem realmente "*ter*". Pintar o urubu de verde-e-amarelo e tentar vendê-lo como papagaio. A imagem que não corresponde à essência é um grande risco. Dos maiores. É um esqueleto no armário. Dos bons. Muitas crises empresariais tiveram aí o seu combustível. Na existência de um fosso entre "*parecer ser*" e, na realidade, "*ser*".

A *imagem empresarial* pode ser desenvolvida e protegida através de um *sistema de comunicação integrada*. Independentemente do tamanho da empresa e da natureza de sua atividade, esse sistema tem sempre os mesmos componentes e requerimentos variando apenas no nível necessário de sofisticação. Noutras palavras, tanto uma megaempresa quanto a padaria do "seu" Joaquim podem administrar suas respectivas imagens de acordo com *sistemas de comunicação* que têm o mesmo desenho, componentes e requerimentos.

No que consiste este *sistema de comunicação integrada* e quais são os seus componentes, falaremos mais à frente.

6. DESAFIOS BÁSICOS DO COMUNICADOR NA EMPRESA

Falemos dos *estigmas de todas as raças*. Talvez ainda não fosse o momento de puxar este assunto. Certamente estou colocando a carroça na frente dos bois. Entretanto, como já levantamos parte da questão, acho que é hora de arrumar melhor a conversa. Para mim, como tentarei demonstrar, esta tese permeia toda a problemática do comunicador.

Voltemos ao mote inicial: **as instituições não têm boa imagem**. São do mal. Essa afirmação – que abriu este trabalho – constitui-se na *célula-mater* do problema da comunicação. Por assim dizer, é a raiz de todos os males. O *estigma de todas as raças*.

Esta *célula-mater* gerou três desafios básicos que valem para os comunicadores de quaisquer instituições. São seus filhotes em linha direta: primeiro, a imagem da instituição perante os outros públicos; segundo, a imagem dos outros públicos dentro da instituição; terceiro, a imagem do comunicador dentro da instituição.

No caso da *comunicação empresarial*, estes desafios são os seguintes:

Primeiro desafio:
A imagem das empresas não é boa junto à opinião pública.

Grande parte da explicação foi apresentada acima. O *estigma da raça empresarial*. Esse problema fica mais complicado na medida em que pesquisas, nos Estados Unidos e na Europa, mostram uma tendência crescente de as pessoas não comprarem ou não fazerem negócios com empresas que poluem o ambiente, que não são éticas, que tratam mal seus empregados, que discriminam minorias, que não assumem responsabilidades sociais ou que se metem em trapalhadas. Essa é uma mudança importante. Tempos atrás, o que interessava para o cliente, consumidor, freguês eram preço, qualidade e prazo de entrega. E ponto final. Agora, a conversa é outra.

Apesar de todos os esforços de comunicação, a maioria das pessoas continua não tendo a menor idéia de como uma empresa funciona, dos riscos que corre, de sua dinâmica e mecanismos, de sua inserção na economia. Tem toda sorte de fantasias e de estereótipos. As organizações não passam de imensas caixas-pretas, cheias de mistérios. E pior de tudo: sem nenhum valor agregado para a sociedade.

Alguns segmentos de negócios têm um estigma *plus*.

Principais estereótipos:

- Multinacionais são poderosas e maquiavélicas. Representam interesses de outros países. Dominam mercados, controlam tecnologias e patentes, pintam e bordam com governos.
- Bancos são mesquinhos, gananciosos, insensíveis aos problemas sociais. Agiotas sádicos.
- Laboratórios Farmacêuticos e Planos de Saúde exploram sem escrúpulos a saúde pública.
- Instituições de ensino privadas fazem o mesmo com a educação pública;
- Indústria Química polui rios, praias, ar.
- Indústria tabagista vende câncer, corrompe cientistas, falsifica pesquisas.
- Empreiteiras jogam pesado, corrompem autoridades.

- Estatais, além de ineficientes, são cabide de emprego.
- Empresas de ônibus são bandalhas no sentido mais amplo do termo.
- Empresas funerárias, supermercados, etc., etc., etc., cada um tem a sua cruz para carregar. Seu estigma adicional. O *plus*.

Quando a sua empresa pede uma audiência a uma autoridade; quando um preposto seu está na frente de um juiz; quando alguém da empresa fala ao jornalista; quando o nome da organização é mencionado numa reunião social; quando até mesmo o CEO (*Chief Executive Office*) conversa com empresários de outros segmentos; é todo esse conjunto de estereótipos que está na cabeça deles – autoridade, juiz, jornalista, empresário, pessoas em geral. Esse é um fardo para as empresas que não pode ser esquecido pelos comunicadores. Um *handicap*.

Segundo desafio:

Empresários não têm boa imagem do resto do mundo.

Se, fora da empresa, o preconceito com relação ao empresário é grande, dentro da empresa o preconceito dos empresários com relação aos outros públicos "*alheios ao negócio*" é de igual tamanho. Paga-se com a mesma moeda. O *estigma das outras raças*. Na ótica do empresário, jornalista é um profissional que só quer ver sangue, que não merece confiança, melhor sempre manter um pé atrás quando falar com ele. O político é farinha do mesmo saco. Demagogo, não entende patavina de negócios, promete uma coisa e faz outra. Distância deles. ONGs, um bando de desocupados, marginais, maconheiros, não dá para dialogar com essa raça. Advogados, bandidos. Juízes, corruptos. Opinião pública? A filosofia do velho *Vanderbilt* mais viva do que nunca: que se dane. Quero mais que ela morra.

Por outro lado, herança ainda dos anos dourados, as comunicações internas sempre deram preferência aos temas relacionados ao pequeno mundinho da empresa. O nosso umbigo. A mensagem da "*grande família*". A ênfase fazia parte da estratégia de Recursos Humanos para construir a imagem da empresa junto aos seus empregados e fazer frente ao apelo sedutor dos sindicatos. Pão e circo na galera. Diga-se de passagem, estratégia adequada para aqueles tempos. Entretanto, a mensagem desenvolveu a *ideologia dos ilhéus*. A empresa como centro do universo. Não se estimulava o contato com outras realidades nem o interesse pelo que rolava lá fora. A – chamemos assim – cosmovisão do público interno não passava das paredes da empresa, muitas vezes sequer do departamento. O mundo que se tinha na cabeça cabia numa caixa de fósforos. Toda visão corporativista – sabemos – é um obstáculo para a integração com outros mundos e à comunicação. Independentemente do estímulo, a tendência à introversão é muito forte em qualquer comunidade. Gente estranha ao nosso meio, que não fala a nossa língua, que não ama os nossos deuses, convém mantê-la à distância. No fundo, somos todos índios.

Terceiro desafio:

A imagem dos profissionais de comunicação não é boa dentro das empresas.

O *estigma da função*. E mais essa! O profissional que tem a missão de cuidar da imagem da empresa não tem boa imagem dentro dela! É um dermatologista com doença de pele. Este é um autêntico *Catch* 22. Por diversas razões – sendo a maior delas o desconhecimento da importância da *imagem empresarial* –, os profissionais não são respeitados dentro das organizações. O setor de finanças os vê como coisa supérflua. Sempre que

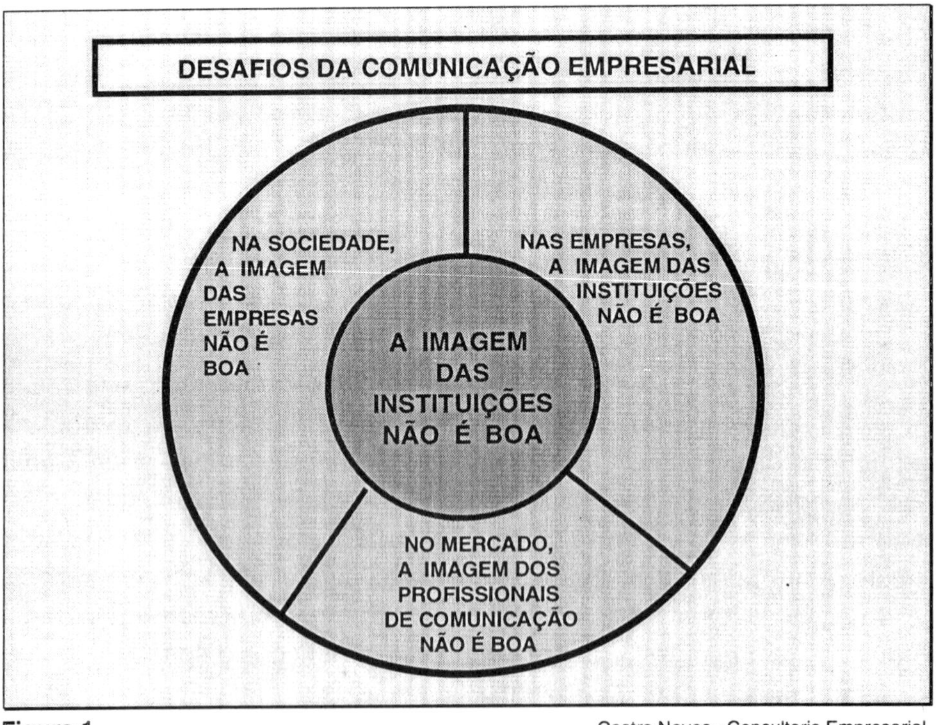

Figura 1 Castro Neves - Consultoria Empresarial

pode, corta seus recursos. Advogados, o pessoal de *marketing* e de Recursos.Humanos os vê como concorrentes. Grande parte do público interno os tem na conta de festeiros, chegados a um oba-oba, gente fútil para um trabalho idem. São poucos os que enxergam o valor agregado da função para a empresa. Com credibilidade, a vida já é difícil, imagine sem.

Anote aí: os profissionais de comunicações numa empresa têm que levar muito a sério esses três desafios, de forma a aumentar a sua produtividade e diminuir suas frustrações. Desconsiderá-los significa dar murro em ponta de faca. Voltaremos a falar desses estigmas.

Em tempo: o(a) leitor(a) atento(a) já deve ter percebido que tenho usado muito o genérico "*profissionais de comunicação*". A razão de não dar nome aos bois deve-se ao fato de que, no mercado brasileiro, a confusão em torno das funções que "fazem comunicação" é grande. Há um fenômeno interessante. Tem gente que se apresenta como "relações públicas" e não o é na sua globalidade. Apenas cuida de uma função da disciplina: assessoria de imprensa, relações com governo, promotor de eventos, *aspone*. Há, por outro lado, os autênticos relações públicas que, envergonhados, se escondem sob outros rótulos. Mas a tribo é maior. Pertencem a ela quem cuida da publicidade, dos programas de *marketing*, da comunicação interna, ombudsman e até mesmo, em várias ocasiões, os advogados. Na realidade, todas essas funções são de "relações públicas".

7. SISTEMA DE COMUNICAÇÃO INTEGRADA: PROLEGÔMENOS E POSTULADOS

Antes de entrar no tema propriamente dito, alguns postulados importantes relacionados à comunicação em geral e à comunicação empresarial em particular:

1. Comunicação é coisa muito mais complexa do que parece. É uma especialidade do conhecimento humano e, como tal, tem seus segredos, técnicas, macetes. Definitivamente, não é assunto para curiosos, amadores e comunicadores de fins de semana. Em *comunicação*, o *empowerment*, isto é, a delegação sem limites, é um risco de primeira grandeza para as empresas. Muitas crises empresariais com a opinião pública nasceram de iniciativas bem-intencionadas tocadas por quem não era do ramo.

2. *Comunicação* exige inteligência, reflexão, estudos de casos, processos, disciplina, bom senso, velocidade, trabalho em grupo, etc. É ciência e técnica.
3. Em *comunicação*, só se tem uma bala no tambor. Isto significa que ou se acerta de primeira, ou babau, o bicho nos come. Em *comunicação*, raramente há uma segunda chance.
4. Grande parte dos empresários e de executivos não conhece esses três postulados. E muitos outros.

Outros comentários pertinentes ao tema que vamos tratar.

1. Durante muitos anos, a *comunicação empresarial* clássica se segmentou em três conjuntos de esforços:

a) comunicação de Marketing, para cuidar da marca, dos produtos e serviços e basicamente voltada para clientes e consumidores;

b) comunicação Institucional, que tratava da empresa e se dirigia principalmente para formadores de opinião e à opinião pública em geral;

c) comunicação Interna, voltada para o público interno (funcionários e familiares).

Essa segmentação – ainda muito encontrada no mercado – levou muitas empresas a terem processos internos para cada tipo de conjunto, na maioria das vezes controlados por departamentos estanques, isolados uns dos outros, com estratégias, pessoal e gerência independentes. Como não poderia deixar de acontecer, a estrutura gera conflitos internos bastante desgastantes. Além disto, implica na abordagem do "*cada público, uma mensagem específica*", isto é, uma mensagem para o cliente, outra para o acionista, uma terceira para os empregados, etc. Está mais do que provado que a segmentação do esforço de comunicação numa empresa significa perda de energia, má utilização de recursos, distração gerencial, quase sempre trabalho perdido, quando não resulta em danos para a própria imagem. Como veremos, o conceito da comunicação integrada acaba com a farra. Paróquias, tô fora!

2. São vários os elementos que ajudam a construir a identidade institucional de uma empresa. Estes elementos formam um sistema de comunicação paralela e independente dentro da organização, liberando mensagens que atuam sobre o conjunto de percepções das pessoas. É a *comunicação simbólica*. São emissores dessa comunicação: a história da empresa, seus produtos e serviços, o comportamento de seus dirigentes, a atitude profissional dos empregados, a propaganda, a programação visual, as cores, a arquitetura dos prédios, o desenho dos escritórios, os eventos que realiza, os programas sociais e culturais que patrocina, como se relaciona com os diferentes públicos, etc. É esse conjunto de elementos – objetivos, visuais e simbólicos – que sustenta a imagem da empresa, fortalecendo os atributos positivos – os *cavalos de batalha* – a que nos referimos anteriormente. Esses elementos devem viver em perfeita harmonia. Para tanto, precisam ser orquestrados. Toda vez que um dos elementos desafina, produz dissonâncias. Quando isto acontece, a *imagem empresarial* sofre um desgaste. Dissonâncias repetidas alteram percepções. E a pressão para a desafinação, isto é, para que dissonâncias sejam produzidas, é infinitamente maior do que a pressão para preservar a desejada harmonia. Como veremos, a comunicação integrada controla esses elementos, garantindo a harmonia entre eles.

3. É cada vez maior a pauta de *questões públicas* (*public issues*) que afeta as empresas. Questões econômicas, políticas, sociais, tecnológicas. *Questões Públicas* têm um ciclo de vida que varia em função do tema. Umas andam muito rapidamente, outras, nem tanto, levam anos. Mas todas provocam impactos sobre os negócios das empresas e/ou sobre a sua imagem. O encadeamento é conhecido. As *Questões Públicas* começam a ser debatidas, podendo ou não virar leis, regulamentações, etc. Dependendo dessas leis, a empresa pode ser obrigada a mudar seus planos, cortar gastos, demitir pessoal, aumentar preços, etc, medidas essas que acabam resultando em conflitos entre a empresa e seus públicos, tais como empregados, clientes, fornecedores, governo, comunidades. Na imensa maioria dos casos, os profissionais de comunicação somente são envolvidos quando a questão está na sua fase terminal. Muitas vezes, ficam sabendo das novidades pela imprensa ou nos corredores da empresa. Como veremos, na comunicação integrada os profissionais de comunicação são chamados a participar desde o início do processo.

4. Definitivamente, a imagem da empresa não é construída por acaso. Ela pode ser idealizada, planejada e objetivos serem perseguidos a exemplo de qualquer outra meta dos negócios.

5. Crises acontecem nas melhores famílias. Se a sua empresa ainda não passou por uma ou por várias crises, não se sinta complexado. Mais cedo ou mais tarde, seu dia chegará. É até muito possível que o processo da crise que vai abalar as estruturas de sua empresa já esteja em andamento. Os ovos da serpente estão sendo chocados em algum lugar da organização. Talvez debaixo de seus olhos. Este cheiro de queimado com o qual você até já se acostumou pode ser um indicador. Na maioria de um sem-número de crises empresariais ocorridas por este mundo afora, havia sinais de fogo que foram subestimados. Vamos falar sobre eles. Por enquanto, guarde isto: é possível gerenciar grande parte dos riscos, dos impactos, das crises e de suas conseqüências.

8. COMUNICAÇÃO EMPRESARIAL INTEGRADA: O QUE É E COMO FUNCIONA

Chega de teoria e vamos ao que interessa.

Levando em consideração tudo o que falamos até agora – postulados, história de horrores, crendices sem base científica, preconceitos, etc –, já é hora de ver como a comunicação integrada funciona na prática.

Esse conceito requer a existência dos seguintes componentes:

1. Processo único de Comunicação Empresarial (PUC).
    - Processo que integra todas as funções que se relacionam com públicos ou que fazem algum tipo de comunicação. Noutras palavras, *marketing*, vendas, recursos humanos, relações públicas, advogados, *ombudsman*, serviço de atendimento ao consumidor, *telemarketing*, lobistas, agência de publicidade, relações com a imprensa, relações com a comunidade devem operar debaixo do mesmo processo de comunicação. Nada impede que as funções tenham suas estratégias próprias e independentes, desde que, no momento da comunicação empresarial, as ações sejam coordenadas.

- A administração da *Comunicação e* da *Imagem Empresarial* é feita através de uma gerência interfuncional com responsabilidades de:
  a) Desenvolver o *Planejamento Estratégico de Imagem* (PEI). A partir de levantamentos, pesquisas, análises e diagnósticos, o planejamento visa definir direções, objetivos e programas.
  b) Gerenciar a *Comunicação Programada* (GCP), a *Comunicação Simbólica* (GCS), os *issues* (IM) e o *Sistema de Objetivos* (GSO).
  c) Operar como "*brigada de incêndio*" nos casos de crise da empresa com a opinião pública.

Nota: Como esta gerência interfuncional é denominada não importa. Pode ser "qualquer-coisa" (grupo, comitê, fórum, etc) de Comunicação. Neste trabalho, vamos nos referir a ela como *Colegiado de Comunicação* (CC).

2. *Planejamento Estratégico da Imagem* (PEI).
   - Partindo da centralização das informações e das pesquisas, de um *check-up* organizacional, identificam-se as questões que precisam ser administradas (I*ssue Management*); os elementos da identidade institucional que precisam ser harmonizados (*Gerência da Comunicação Simbólica*); desenham-se os planos de ação e programas que precisam ser desenvolvidos (Gerência da *Comunicação Programada*); e definem-se os objetivos que precisam ser perseguidos (Gerência do *Sistema de Objetivos*).
3. *Gerência* da Comunicação Programada (GCP)
   - Como falamos, são inúmeros os públicos com os quais as empresas têm que se relacionar modernamente. Tanto faz o tamanho da empresa. Proporcionalmente, uma empresa pequena tem tantos públicos a ela associados quanto uma grande corporação. O importante no processo é a correta identificação dos públicos, análise de suas motivações, descoberta de interesses mútuos, estabelecimento de programas de aproximação, abertura de canais e sua lubrificação. Cada público tem uma particularidade, uma linguagem própria, protocolos, idiossincrasias, uma tendência a desenvolver certas percep-

ções. Pensa diferente. Vê as coisas por outro ângulo que não o nosso. A *Gerência da Comunicação Programada* objetiva:

a) Coordenar a integração dos movimentos táticos (ações, programas, projetos), bem como buscar a otimização dos recursos.

b) Integrar a comunicação e os *marketings* institucional (cultural, esportivo, social, ecológico, etc) e comercial (propaganda, publicidade, promoções, eventos, patrocínios, brindes, etc).

c) Unificar o discurso. *Mesma mensagem para todos os públicos*. A segmentação somente ocorre na definição dos programas e dos veículos, estes, sim, adequados às características do público. Primeiro objetivo dessa abordagem: dar sinergia às mensagens. Exemplo: o consumidor deve saber o que a empresa faz no campo social tanto quanto o público interno ou os formadores de opinião. Segundo: evitar dissonâncias no discurso. Exemplo: a empresa dizer que está bem de vida e anunciar plano de cortes de pessoal.

Figura 2 Castro Neves - Consultoria Empresarial

4. *Gerência da Comunicação Simbólica* (GCS)
   - Objetiva proteger os atributos de imagem da empresa, assegurando a harmonia e impedindo conflitos, entre si, dos elementos da identidade empresarial; entre eles, o discurso institucional – os *cavalos de batalha* – e os programas. Funciona como sentinela da *imagem empresarial*. *Watch Dog*.
5. *Issue Management*
   - Várias coisas podem alterar a vida das empresas, com impacto nos seus negócios ou na atividade. Para melhor ou para pior. Na maioria das vezes, para pior. Coisas que estão fora do chamado "mundo dos negócios" *strictu sensu*. São intervenções do poder público, polêmicas, celeumas, campanhas, ações e reações da opinião pública, boatos, ataques da concorrência, etc. Internacionalmente, essas coisas são chamadas genericamente de *issues*. Entre nós, a tradução mais aproximada do termo seria "questão". Ao pé da letra, teríamos "*Gerência de Questões*". Se o(a) leitor)a) me permite, vou ficar com o original – *issue management* –, mas, por favor, fique à vontade.

São 2 (Duas) as famílias de *issues*:

1 – *Issues* relacionados à imagem. Começamos pelos três desafios básicos do comunicador já comentados: o *estigma da raça empresarial*, o *estigma das outras raças* e o *estigma dos profissionais de comunicação*; seguem-se os traços da imagem da empresa: atributos positivos (transparência, agilidade, qualidade de produtos e serviços, qualidade da gerência, tecnologia, boa administração, seriedade, responsabilidade social, etc.) e atributos negativos (arrogância, lucros exagerados, insensibilidade social, lentidão, manipulação, caixa-preta, atuação predadora, maus produtos e serviços, etc.). Por fim, *issues* que são potenciais de crises com a opinião pública: esqueletos no armário (riscos operacionais, natureza do negócio e da atividade, ambiência, precedentes, boatos, ameaças, denúncias, etc).

2 – *Issues* relacionados às *Questões Públicas*: problemas e oportunidades que delas podem *ser gerados.*

6. <u>*Gerência do Sistema de Objetivos* (GSO)</u>
   - Visa estabelecer objetivos, analisar *feedbacks* e medir avanços.

Há dois importantes requerimentos no *Sistema de Comunicação Integrada* sem os quais o conceito não funcionará:

1 - Participação deste colegiado no *Decision Making Process* da organização.

2 - Envolvimento total do *Top Management* no processo.

Figura 3 Castro Neves - Consultoria Empresarial

O QUE FOI DITO NESTE CAPÍTULO

1. *Imagem* é fator de vantagem competitiva.
2. No geral, a *imagem* das instituições é muito ruim. Idem, das categorias profissionais. Todos têm um estigma.
3. A *imagem* das empresas e dos empresários não é uma exceção.
4. A pressão sobre a *imagem* das empresas tende a aumentar.
5. Os empresários não têm boa *imagem* do mundo externo aos negócios.
6. A *imagem* dos profissionais de comunicação não é boa dentro da empresa.
7. A *imagem empresarial* pode e precisa ser administrada.
8. *Imagem* não cai do céu. Imagem se constrói com inteligência, informações, pesquisas, processos, uso de técnicas, ações coordenadas, com habilidades específicas e muito profissionalismo.
9. *Imagem* não é problema de um profissional na empresa ou de um departamento. É problema de todos, a começar do Número 1.
10. Todas as grandes organizações passaram por muitas crises. Perderam dinheiro, mas sobreviveram. E o que as manteve vivas não foi apenas o trabalho dos advogados nos tribunais. Foi precisamente a força de sua imagem e o trabalho consistente feito junto a inúmeros públicos.
11. A *Comunicação Integrada* é um conceito moderno de administração da *imagem empresarial.*

CAPÍTULO DOIS

O COTIDIANO EMPRESARIAL

9. O CAFÉ AMARGO DE CADA DIA

Tomando seu café da manhã, Antunes Lisboa, um empresário do ramo de supermercados, passa os olhos no seu jornal preferido. Logo na primeira página, encontra as seguintes notícias:

- ***Tarifas públicas mais caras a partir do próximo mês***
- ***Déficit público supera previsões***
- ***Chuvas em Goiás levam governo do Estado a pedir ajuda federal***
- ***Grupo francês interessado em vir para o Brasil***
- ***Empresário seqüestrado é encontrado morto***
- ***Aumento do consumo preocupa governo***
- ***Inflação sobe nos Estados Unidos***
- ***Congresso quer mudar Lei de Defesa do Consumidor***
- ***Lei de Patentes não agrada americanos***
- ***Flamengo em crise demite técnico***

Ao todo, dez manchetes.

Para a maioria das pessoas, essa primeira página nada tinha de excitante ou de anormal. Era um noticiário igual ao de todos os dias e, pensando bem, até que dos mais tranqüilos. Assim também pensava Dona Judite, a mulher do empresário, uma dona-de-casa pouco afeita aos negócios do marido, que já dera uma olhada no noticiário. Para Dona Judite, tirando a notícia do seqüestro – [*"uma barbaridade! a gente paga impostos e o governo não acaba com estes bandidos"*] – e a dos anunciados aumentos de luz, gás e telefone, o resto era grego. Não saberia explicar o porquê da expressão fechada do marido, típica de quando ele ficava preocupado. Mas tinha aprendido, depois de anos de convivência, que a carranca de todas as manhãs tinha a ver com a leitura dos jornais.

O porquê da carranca.

Nas dez manchetes do jornal, nove afetavam direta ou potencialmente os negócios do "seu" Antunes.

1. A notícia do aumento das tarifas públicas significa liminarmente aumento dos custos operacionais da organização. Na verdade, essa notícia era esperada porque – dizia-se – as tarifas estavam defasadas. Esperada, era, mas não tão cedo. Portanto, essa antecipação alterava o planejamento anual da empresa, que fora construído com premissas mais conservadoras. Então – pensou "seu" Antunes –, torna-se necessária uma avaliação urgente de qual será o impacto desses aumentos para, em seguida, decidir se eles deverão ser repassados aos preços dos produtos, ou se poderão ser absorvidos através de medidas internas que venham a compensá-los – como, por exemplo, cortar funcionários, ou congelar salários, ou, ainda, reduzir a margem de lucro. Em outras palavras, decidir quem vai pagar a conta: se o acionista (redução do lucro), se o consumidor (aumento de preços), ou se os funcionários (congelamento de salários e – quem sabe – demissões). Ou se todos juntos.

2. A notícia sobre o déficit público é uma preocupação de médio prazo, mas não menos importante. Empresário experiente, "seu" Antunes sabe que "déficit público fora de controle", mais dia, menos dia, repercute nos negócios. Os remédios para este problema são todos conhecidos e amargos. Pode resultar em cortes na despesa pública, isto é, menos investimentos e oportunidades de negócios. Pode significar que o governo vai atrasar o pagamento de suas contas. A sua empresa não vende diretamente

para o governo, mas vende para quem vende ou trabalha para o governo, o que é mais ou menos a mesma coisa. A outra hipótese para conter o déficit seria via aumento de impostos, o que também é ruim para os negócios. Ou, ainda, emissão de moeda – com a conseqüente inflação – e que implica atualizar preços e rever salários. Entre corte de gastos pelo governo, aumento dos impostos ou inflação, fica difícil dizer qual é a pior das soluções, não só para os negócios como também para ele – "seu" Antunes – na condição de cidadão.

3. A notícia sobre as chuvas em Goiás pode ser traduzida como aumento dos preços agrícolas. É um problema que também vai pressionar os custos da organização. Aliás, todo problema climático afeta diretamente o negócio do "seu" Antunes: geada, seca, chuva, *El Niño*, até furacão na Flórida. A exemplo da economia, os fenômenos naturais também estão globalizados, pensou. Nos tempos de inflação galopante e da economia totalmente indexada, esta inter-relação é direta e perversa. Se chover muito em Goiás, a safra de arroz pode ser afetada. Se for afetada, o preço do arroz vai aumentar; aumentando, o preço do arroz – que é um componente importante do índice de preços – vai afetar os aluguéis de apartamentos, as mensalidades escolares, as tarifas públicas, os salários, até chegar na gorjeta do flanelinha. A vida fica difícil para todo mundo. De forma a equilibrar seus orçamentos domésticos, as pessoas passam a comprar menos. Resultado: quem paga a conta da chuva sou eu – pensa "seu" Antunes. Ou melhor, o seu negócio. Deveriam incluir Meteorologia como disciplina na Faculdade de Economia – resmungou.

4. Sobre o Grupo francês que anuncia sua vinda para o Brasil, por acaso, trata-se de um forte competidor do nosso amigo empresário. Embora ele declare publicamente que é a favor da livre concorrência, devagar com o andor que o santo é de barro. Afinal, estamos falando de um concorrente poderoso, com tecnologia e gerência modernas. "Seu" Antunes desconfia que o governo, com essa conversa de atrair capital estrangeiro, está – com perdão da expressão – abrindo as pernas para este grupo. Melhor checar.

5. Empresário seqüestrado encontrado morto é uma notícia que, além de alimentar a paranóia no meio empresarial, é senha para a polícia pedir aumento da "caixinha anti-seqüestro". Tecnicamente, essa "caixinha" é um imposto a mais que a organização está obrigada a recolher, talvez, o único que não dê para sonegar. A "tributação" que recai sobre o Caixa Dois das empresas tem uma fiscalização de Primeiro Mundo. A questão é que, embora seja feito lá nos porões da organização, esse tipo de transação com a polícia não é bem-visto, pessoalmente, por "seu" Antunes. Caixa Dois, polícia, bandido, tudo é coisa de risco de imagem para a empresa. Já quis liderar um movimento entre os empresários no sentido de não pagarem mais este "seguro". Depois de alguns conselhos e de telefonemas anônimos, desistiu. Aprendeu cedo que era bobagem dar murro em ponta de faca. E arriscado. Enfim, entubou a prática como mais um item do Custo Brasil. Por outro lado, terá que fazer mais investimentos internos no sentido de aumentar a segurança, não só a própria como a de outros executivos. Não quer correr o risco de ver nenhum dos seus subordinados virando presunto, o que não seria bom nem para a imagem, nem para os cofres da organização. Presunto bom não é presunto morto. É presunto na prateleira.

6. A notícia de que o governo está preocupado com o aumento do consumo é duplamente ruim. Primeiro, porque passa a idéia de que os supermercados vão muito bem e isto não é verdade. As vendas estão boas, mas daí a falar em "explosão de consumo" é forçar a barra. Certamente os economistas do governo, pra variar, trabalham com dados errados. Esses economistas... Segundo, porque, baseando-se em premissas equivocadas, os burocratas vão criar medidas para reduzir o consumo. Isto cheira a aumento dos juros. Conseqüência: o custo do dinheiro vai subir, cintos serão apertados, mais uma vez a vida ficará pior para todo mundo e as vendas vão cair.

7. A notícia sobre o aumento da inflação americana, aparentemente, é uma preocupação menor, mas ele, um empresário veterano, escolado, anos de janela, conhece estes sintomas. Em certas ocasiões, não dão em nada. Em outras, são o diabo. Todo sertanejo sabe que mandacaru quando floresce na cerca é sinal que a chuva chega no sertão. O aumento da inflação americana é como mandacaru florindo. "Seu" Antunes já cansou de ver este filme. Para segurar o consumo, o governo americano aumenta os juros, a bolsa cai, dinheiro "internacional" volta aos Estados Unidos para aproveitar as taxas melhores. A debandada provoca pressão nas contas externas dos países periféricos. Os retirantes querem trocar suas fichas: moeda local pelo dólar. Resultado: crise cambial. Para proteger suas divisas, o governo pode desvalorizar a sua moeda, desestimulando a troca. Como a empresa do nosso amigo está endividada em dólares, é melhor acompanhar o desenvolvimento deste processo. Nos negócios, paranóia não é doença. É fundamento de boa gerência.

8. Sobre a Lei de Defesa do Consumidor que pretendem alterar é algo que também precisa ser acompanhado de perto. Ao que saiba, os itens mencionados como passíveis de serem introduzidos na lei, na realidade, não são problemas para a empresa do "seu" Antunes. Ele já faz tudo aquilo e muito mais. Mas, por experiência, sabe que, quando se mexe numa lei, tudo pode acontecer. Sempre aparece um maluco que não entende nada dos negócios e insere um absurdo que ninguém pode cumprir. Perde o empresário, perde o consumidor. Quem ganha? Os fiscais.

9. Os americanos não gostaram da Lei de Patentes. "Seu" Antunes não trabalha diretamente com patentes e, teoricamente, esta briga não é dele, certo? Em termos. Diretamente e no curto prazo, nenhum problema. Mas ele sabe que essas questões internacionais, às vezes – sem trocadilho –, degringolam. Litígios como este podem resultar em retaliações comerciais sobre as exportações brasileiras. Queda nas exportações faz pressão sobre os preços no mercado interno. A cascata entra em funcionamento. Logo...

10. E, finalmente, a notícia sobre a crise no Flamengo. Sendo vascaíno, esta é a única coisa que faz o nosso amigo ter forças para enfrentar mais uma jornada cheia de problemas.

10. NOTICIÁRIO E AGENDA EMPRESARIAL

Quando foi dormir ontem à noite, o nosso amigo empresário tinha outros planos para hoje. Pretendia fazer uma reunião de rotina com seus gerentes, analisar algumas estratégias de vendas, visitar as obras do novo galpão, almoçar com dois empresários do nordeste, dar uma entrevista para uma revista especializada em vendas a varejo, receber duas dondocas do *society* que querem ajuda para programas sociais e participar de uma solenidade pública em que estariam presentes várias autoridades importantes. E, no comecinho da noite, talvez tivesse tempo de dar baixa num item sempre adiado na sua agenda: ir ao dentista.

Face ao noticiário desta manhã, mais uma vez, a sua agenda foi para o espaço. Ali mesmo na mesa em que toma o seu café da manhã, pelo viva-voz, "seu" Antunes já acionava a secretária, orientando-a a rearrumar o seu dia, que compromissos cancelar – e a respectiva desculpa a ser dada –, que ligações telefônicas precisará fazer durante o dia, etc. Dentista, nem pensar.

No automóvel, em direção ao escritório, pelo celular, o empresário vai adiantando o expediente, falando com os gerentes sobre suas preocupações, misturando pendências antigas com as novidades recém geradas pelo noticiário do dia.

Vamos decompor e analisar a problemática gerada pelo noticiário de hoje, que, de alguma forma, tem que ser descascada pelo nosso amigo e sua equipe. Eles se defrontam com as seguintes questões – "pepinos" –, como define "seu" Antunes:

1. Aumento de tarifas públicas.
2. Possível aumento de impostos e/ou inflação.
3. Aumento dos preços de fornecedores.
4. Possível congelamento de salários na empresa, ou corte de pessoal.
5. Aumento de preço de produtos agrícolas.
6. Novo concorrente na praça com novas tecnologias, dinheiro, e com possível ajuda do governo.
7. Possíveis medidas de restrição ao consumo.
8. Possível desvalorização da moeda.
9. Aumento de contribuições ilegais, risco de imagem para a empresa.
10. Segurança, aumento da fiscalização e potencial para achaques.
11. Possíveis restrições às exportações brasileiras.
12. Possíveis obrigações para as empresas em defesa do consumidor.

Dez manchetes, uma dúzia de problemas. No mínimo.

Excetuando uma questão, em todas as outras há participação do governo, ou do congresso, ou da polícia, ou de fiscais, seja como atores principais, ou coadjuvantes, detonadores do processo, ou, ainda, como seus fomentadores. O número só não é maior porque – graças a Deus! – este é um país de economia de livre mercado – ironizou "seu"Antunes. A única questão em que não há, na origem, envolvimento de atores públicos é a do aumento dos preços agrícolas, detonada por São Pedro. A aparição de um novo concorrente no mercado (número 6), noutras condições, seria um fato corriqueiro na vida empresarial. *Business as usual*, como dizem os americanos. A organização saberia lidar com estas coisas. Problema do mercado. E problemas do mercado enfrentam-se com armas próprias da guerra de mercado. *Marketing*, estratégia de preços, melhoria de processos, etc. O que faz o problema mudar de categoria, como neste exemplo, é a intervenção do governo. Essa intervenção é uma força estranha – e fortíssima – que altera as regras do jogo e a correlação de forças do mercado.

11. QUESTÕES PÚBLICAS E NEGÓCIOS

Esses petardos, disparados ou alimentados por forças estranhas ao mercado e que afetam a atividade das organizações, estão relacionados às chamadas *Questões Públicas* (*Public Issues* – como são chamadas internacionalmente). Eles derivam delas, resultam delas. As *Questões Públicas* hoje são foco de grande parte da atenção dos altos executivos das grandes empresas em todas as partes do mundo, consumindo de 40 a 60% do seu tempo. Há alguns anos, não chegavam a 10%. Em empresas menores, esse percentual é mínimo. Entretanto, isto acontece não porque o impacto sobre elas seja inferior, mas porque raramente essas organizações têm condições de analisar tendências, exercitar cenários futuros, enfim, pensar no assunto. No que tange a essas questões, pequenas empresas são gerenciadas ao sabor das ondas e pela força dos ventos. Navegam sem instrumentos. Esta é uma das razões pelas quais o índice de mortalidade dessas organizações é tão grande. Pequenas empresas, grandes desastres.

Entretanto, embora o tempo dedicado pelos altos executivos às *Questões Públicas* tenha chegado ultimamente a proporções tão elevadas, ainda são muitas as suas dificuldades para lidar com o tema. Muitos deles, verdadeiras feras em compreender o mercado e em atuar sobre ele, craques em cuidar dos negócios, quando adentram no gramado das *Questões Públicas*, jogam um futebol de várzea: pisam na bola, dão chutões pro alto, de bico, canelada no adversário, agridem o juiz, rasgam a súmula do jogo, etc. Acabam levando cartão vermelho e sendo expulsos de campo.

Quando uma *Questão Pública* impacta uma organização, ou existe um potencial de impacto nela, diz-se que essa *Questão Pública* é, em particular, uma questão para a organização. Esta questão é chamada pelos americanos – hoje a expressão é internacional – de *issue*.

As *Questões Públicas* podem impactar as organizações das seguintes maneiras:

- Sobre os negócios. Exemplos: reforma tributária, mudança de governo, etc.
- Sobre os negócios e sobre a imagem da organização, simultaneamente. Exemplo: uma campanha contra o fumo. O impacto ocorre imediatamente sobre a imagem e sobre os negócios das empresas da indústria tabagista.
- Sobre a imagem e, em conseqüência, sobre os negócios. Exemplo: campanhas ecológicas afetam, primeiramente, a imagem das empresas acusadas de agredirem o meio ambiente, repercutindo, mais tarde, sobre os negócios dessas empresas.

Uma fusão de empresas ou o desmembramento de uma organização, por decisão das próprias empresas envolvidas, é um evento tipificado como uma questão de mercado. Entretanto, se essa fusão ou desmembramento acontecer em decorrência de uma intervenção de governo – exemplo recente da *Microsoft* nos Estados Unidos, qualquer que seja esta motivação, este evento, no conceito de *Issue Management* – que discutiremos mais adiante –, enquadra-se na categoria das *Questões Públicas*. O caso citado do concorrente francês – se for verdade que esteja recebendo tratamento preferencial por parte do governo – é outro exemplo de mudança de categoria.

Porém, uma empresa pode tomar uma decisão tipicamente "de mercado", como, por exemplo, demitir seus funcionários, fechar fábricas, fundir-se com outra empresa, etc., e essa decisão, tida como "empresarial", migrar rapidamente para o âmbito *das Questões Públicas*. Em 1999, a Brahma e Antarctica se fundiram, formando uma terceira empresa, a AmBev. A concretização da fusão ficou dependente de uma interpretação do CADE (Conselho Administrativo de Defesa Econômica) quanto ao impacto da operação no mercado de cervejas, isto é, se a fusão estaria criando uma situação de monopólio ou não. Várias empresas no mundo que fizeram operações de *downsizing* (redução dramática de pessoal) enfrentaram problemas com governos, comunidades locais, sindicatos e com a opinião pública em geral. Por desconhecer esta possibilidade de migração (questão interna => questão pública) ou por menosprezá-la, muitas empresas se meteram em confusão e perderam muito dinheiro.

O impacto de uma *Questão Pública* sobre a organização pode ser direto ou indireto. Exemplos: uma lei que afete a atividade da empresa. "Fica proibido o consumo de hambúrguer em todo território nacional". Impacto direto sobre *McDonalds* e seus concorrentes; indireto sobre clínicas que tratam de doenças relativas à obesidade.

Por fim, há *Questões Públicas* que são o diabo em pessoa para algumas organizações e que não produzem nenhum impacto sobre outras (*no-issue*). Exemplo: leis de proteção ambiental para uma empresa do mercado financeiro.

Questões públicas impactam as organizações de forma diferenciada. *As Questões Públicas* chamadas de "gerais" podem resultar em danos para as organizações, mas, pelo menos, são mais "democráticas": afetam todas igualmente. Exemplo: crescimento econômico negativo, criação de impostos diretos, etc. A sua empresa perde, mas o concorrente também perde. Fica elas por elas, a menos que o seu concorrente seja de outro país e vocês compitam no mercado internacional. Outras questões afetam mais umas do que outras empresas. Exemplo: desvalorização cambial, política de juros, defesa do consumidor, propriedade intelectual, preferências em compras de governo, etc. Aí, vai depender do ramo de negócios. Há, também, aquelas questões que são positivas para umas empresas e negativas para outras. Uma política econômica, por exemplo, pode ser péssima para muitas organizações e ser excelente para outras. As leis protecionistas têm este efeito explícito: são boas para os nacionais, ruim para os estrangeiros. Entretanto, essas leis podem resultar em retaliações e a coisa acaba sobrando para quem está lá do outro lado da economia; por exemplo, um pequeno exportador que não tem nada a ver com a briga. Para ele, a retaliação é como se fosse uma bala perdida.

Com maior ou menor precisão, os impactos de quaisquer dessas *Questões Públicas* nas empresas são mensuráveis. Esta informação é preciosa para o administrador decidir sobre suas prioridades e para onde deve deslocar seus exércitos. Muitas vezes, ele pode concluir com precisão se e quando deve fechar as portas do seu negócio, ou mudar de ramo.

12. QUANTO VALE UMA QUESTÃO PÚBLICA PARA AS ORGANIZAÇÕES

Você pode ter achado que a preocupação do "seu" Antunes, o empresário do ramo de supermercados, foi exagerada. Até meio neurótica, vá lá. Ninguém sadio – diria você – pode abalar-se assim, sobretudo um homem poderoso como este que descrevemos. Dona Judite, sua mulher, não acha que ele seja um homem doente, mas também não sabe explicar por que, depois de tantos anos de vida empresarial, seu marido ainda fica irritado com estas bobagens que o jornal publica todos os dias. Para ela, nada justificava aquela carranca.

Mas o nosso amigo não está exagerando, nem devemos considerá-lo neurótico. Não por causa disto. Sabe por quê? Porque as ameaças aos negócios do "seu" Antunes enunciadas naquela primeira página são reais, concretas, não são imaginárias. Ainda no carro, indo em direção ao escritório, ele rapidamente fez uma estimativa do quanto estava em jogo somente naquelas manchetes.

⇒ Aumento das tarifas públicas: como este item representa 8% do custo total da sua organização, o aumento das tarifas na ordem de 10% vai significar 1% de impacto sobre o mesmo.

⇒ A preocupação com o déficit público pode desembocar em mais inflação, ou em aumento de impostos. Qualquer das duas pode significar perda real de receita. Impacto em torno de 3% do faturamento.

⇒ Aumento dos preços agrícolas: 2% nos custos.

⇒ Grupo francês pode vir a comer 10% do seu *market share* . Impacto mínimo de 3% na receita.

⇒ As despesas com o "seguro-seqüestro", bem como outras medidas que serão necessárias tomar na área de segurança: 0,5% nos custos.

⇒ Caso o governo venha tomar medidas para reduzir o consumo, pode perder 10% do faturamento, o que significa, no fim das contas, um impacto de 3% na receita anual.

⇒ Os efeitos da uma eventual desvalorização cambial podem inflar os custos em outros 1%.

⇒ As questões de defesa do consumidor e a de patentes, admitindo que apenas uma se concretize: 1% nos custos.

Somando tudo, sem contar os estragos de eventuais retaliações comerciais americanas, o nosso empresário calcula que, entre evasão de renda e aumento de custos, caso tudo aconteça, o potencial de perda para a sua empresa é superior a **15 MILHÕES DE DÓLARES** em um ano. Por coincidência, a importância que a organização planejava investir no próximo exercício, expandindo os negócios e criando novos postos de trabalho. Perda de **15 MILHÕES DE DÓLARES** num só dia, apenas na primeira página de um único jornal! Carranca mais do que justificada, ora, pois, pois.

13. GERÊNCIA POR INSTINTO DAS QUESTÕES PÚBLICAS

A caminho do trabalho, pelo celular, o nosso amigo Antunes Lisboa, dono das Organizações Lisboa, solicitou várias providências aos seus subordinados:

- Ao diretor de *Marketing* da organização, pediu que aprontasse um levantamento das vendas nos últimos trinta dias. Por produto. Estava certo de que elas, as vendas, permaneciam inalteradas nos últimos dois meses, apresentando até uma discreta queda no último mês. Gostaria de ver esses números no final da tarde.
- Ao diretor Financeiro, solicitou que aprontasse uma análise da pressão sobre os custos totais, considerando o aumento das tarifas públicas anunciadas e de alguns insumos agrícolas, principalmente aqueles oriundos do planalto central.
- À secretária, deu várias instruções:
    a) que ligasse para o escritório de uma firma em Brasília e encomendasse, por fax, cópia das mudanças na lei de Defesa do Consumidor em discussão na Câmara. Logo que chegasse, essa cópia deveria ser passada imediatamente ao diretor do Departamento Jurídico para uma análise urgente do teor da mesma. Gostaria, também, de saber o nome do deputado que assinava o projeto de lei;
    b) que marcasse um almoço com o presidente da Associação de Supermercados. Hoje ou amanhã. Assunto: preocupação

do governo com o aumento do consumo e com o déficit público;

c) que reservasse na sua agenda um dia da próxima semana para uma possível ida a Brasília.

[A secretária aproveita a ligação para informar que as dondocas do tal programa social ficaram uma fera com o cancelamento da entrevista. "*Acho que elas têm razão. É a terceira vez que cancelamos a entrevista*" – disse a secretária. "*Paciência! Os negócios em primeiro lugar. Se querem dinheiro de mão beijada, vão ter que esperar*" – retrucou "seu" Antunes, irritado com a velada admoestação.]

- Ao diretor de *Recursos Humanos*, solicitou que suspendesse todas as admissões e qualquer aumento programado para os próximos trinta dias. Como esperava, a reação do diretor foi de resistência. Resistência funcional. O reajuste salarial para certas categorias fazia parte de um plano para aumentar a motivação interna – argumentou. Era peça fundamental no famoso "Novo Sistema de Carreira", sistema este anunciado pelo próprio Antunes Lisboa em reunião com toda a gerentada. O que dizer pra galera? E havia ainda os aumentos legais – adicionou. "Seu" Antunes foi rápido no gatilho: sobre o reajuste, vai ter que ser explicado que a alternativa é demissão; sobre os aumentos legais, sugeriu que a questão fosse discutida com os advogados. Maldita legislação, maldita Justiça do Trabalho – resmungou.
- Logo depois, gato escaldado, pensando nos ruídos que poderiam surgir na comunicação interna, "seu" Antunes volta à secretária e pede que convoque uma reunião da diretoria para o final da tarde.
- Por fim, ligou para a casa de um jornalista amigo, a fim de saber se ele tinha mais informações sobre o tal grupo francês que pretendia se instalar no país. O jornalista estava dormindo. Lembrou-se de que a imprensa operava em outro fuso horário.

14. INTRODUZINDO O ISSUE MANAGEMENT

É possível que o Senhor Antunes Lisboa não saiba, ou que chame esse conjunto de ações disparadas por ele por outro nome. Mas o que ele fez foi acionar o *Issue Management System* das Organizações Lisboa.

Issue Management (Gerência de Questões) é uma expressão cunhada por *W.Howard Chase*, um teórico de *Public Relations*, que, em 1976, pela primeira vez, sistematizou aquilo que as pessoas já faziam intuitivamente por séculos e séculos: gerenciar problemas, a arte de quebrar galhos, de tirar o seu, o nosso, da reta.

De 1976 para cá, a disciplina ganhou várias definições e amplitude e a palavra "*issue*", nesta acepção, idem. A que mais me agrada é atribuída a *J.K. Brown,* outro teórico da matéria. Diz ele:

"*Issue é uma condição ou pressão, interna ou externa à organização, que, se continuada, poderá afetar o funcionamento da organização ou seus interesses futuros.*"

Exemplos de "condição ou pressão interna" são casos, como os citados anteriormente, de demissões em massa, fechamento de fábrica, etc. Por este enfoque, toda questão interna que, por sua natureza, possa vir a tornar-se uma *Questão Pública* inclui-se na definição: a) processos internos que passem pelo meio ambiente, pela relação com consumidores, empregados, comunidade em geral; b) pendências de auditorias, algumas pendências legais, operações de risco, esqueletos escondidos em armários, coisas varridas para debaixo do tapete, tais como boatos, denúncias não investigadas, traços negativos da imagem, etc. Muitas crises empresariais se criam nos porões da organização, outras crescem na sala de jantar, no nariz dos administradores. São conhecidas como "risco calculado". Um dia, a casa cai e você, administrador, também.

Issue Management é a orquestração de um processo que visa proteger os negócios, reduzir riscos, criar oportunidades e tratar a imagem da empresa como o seu mais valioso patrimônio.

15. REAÇÃO EMPRESARIAL ÀS QUESTÕES PÚBLICAS Ou CADA UM CHUTA O BALDE COMO SABE

Sendo um *self made man*, "seu" Antunes não sabe trabalhar de forma estruturada. Não sabe e não gosta. Pragmático e ansioso, prefere centralizar nele todas as ações – vamos chamar assim – "externas" da companhia. O seu intuitivo *Issue Management System* identificou como prioritárias as seguintes questões:

1. Aumento de tarifas públicas.
2. Possível aumento de preços agrícolas.
3. Possíveis medidas para conter o consumo.
4. Possíveis medidas de combate ao déficit público.
5. Mudanças na Lei de Defesa do Consumidor.
6. Chances de beneficiamento da concorrência.
7. Impacto no moral interno.

Na sua cabeça, ele vai "resolver" aquela tralha toda "à sua moda", isto é:

1. No almoço com o presidente da Associação de Supermercados – que, diga-se de passagem, ele ajudou a eleger –, vai rodar a baiana. Pretende cobrar do mesmo uma tomada de posição enérgica em defesa do setor. Vai recomendar fortemente que o presidente da Associação vá logo falar com o ministro da Economia e mostrar que a realidade é outra. É um absurdo aumentar tarifas. O governo deveria dar subsídios para evitar que os preços agrícolas subam. E não tem essa de "consumo está subindo". Isto é visão de tecnocrata de Brasília. Por outro lado, é preciso saber o que está na cabeça do governo com relação ao déficit público. Se a idéia é aumentar imposto no ano que vem, ou botar a guitarra para funcionar, ou o quê. Porque aumentar os juros não dá mais. Isto tem que ser dito ao ministro com todas as letras.

2. Se o parecer do diretor Jurídico sobre as mudanças na Lei de Defesa do Consumidor indicar que o que está sendo proposto não é bom para a empresa, o melhor a fazer é ir pessoalmente a Brasília e conversar com o deputado, autor do projeto. Se este deputado for um daqueles a favor dos quais a sua organização botou dinheiro na campanha, vai entrar de sola – pensa. "*Só na hora da sede é que procuras por mim*?" – lembrou o samba. "*Na próxima eleição, excelência, não vem que não tem*". É isto aí: aqui se faz, aqui se paga.

3. Sobre o grupo francês, "seu" Antunes quer saber se eles estão levando moleza do governo. Se estiver, vai botar a boca no trombone. Para tanto, pretende pedir ajuda a todos os seus amigos na imprensa. Em confirmando a suspeita, eles podem ajudar a desmontar o esquema, escrevendo notas e matérias denunciando o favorecimento. É hora dessa cambada retribuir as caixas de vinho que, em todos os Natais, recebem das Organizações Lisboa. Há, também, aquele jornalista "comunista" que não gosta de estrangeiros. Mas gosta de um bom *scotch*. Ele pode ajudar. É só dar munição. "Desnacionalização da economia" é um bom mote. Ainda tem seu charme. Claro, seria preferível que o grupo empresarial fosse americano, a cabeça do jornalista já estaria feita. Mas "francês" também é gringo. Na questão da lagosta, eles mostraram sua cara imperialista.

4. Cortes no orçamento, redução de despesas, postergação de projetos – "seu" Antunes está careca de saber – sempre afetam a motivação interna. Em se tratando de política salarial, pior ainda. A questão só pode ser atenuada com 3 (três) medidas: (1) *comunicação*, (2) *comunicação* e (3) *comunicação*. Se o público interno compreender a razão das medidas e o custo das alternativas, a coisa melhora. Mas "seu" Antunes sabe que isto não é fácil. Depois da aceitação, vem a fase em que todo mundo quer jogar o mico para o vizinho. Por que não cortar aquilo ao invés disto? O "aquilo" evidentemente está sempre no quintal alheio, nunca no de quem está propondo. Enfim, tudo é material para alimentar a boataria interna. Dentro de alguns minutos, antes mesmo de ele chegar ao escritório, os corredores da empresa já vão estar fervilhando de histórias estapafúrdias. A reunião de diretoria marcada para o fim da tarde tem o objetivo de consertar e de concertar a comunicação. Juntar a orquestra, afinar os instrumentos e acertar o samba.

16. REFLEXÕES DE UM EMPRESÁRIO CANSADO DE GUERRA

Tendo organizado o "plano de ação" em defesa dos interesses da sua empresa, a ansiedade do "seu" Antunes agora era menor. O dia vai ser agitado – pensou. Aliás, como foi o de ontem e, certamente, será o de amanhã. Sabia que, no dia seguinte, durante o café da manhã, iria tomar conhecimento de outros tantos *issues*, alguns novos e "os de sempre". Mais 15 milhões de dólares estarão em jogo. E ele agirá da mesma forma na organização de sua agenda e na gerência dos *public issues* que ele chama de "os pepinos".

Importante lembrar que tratar desses "pepinos" não é a única coisa que "seu" Antunes vai fazer hoje. Tem o dia-a-dia dos negócios. No espaço de tempo que decorreu entre sair de casa e chegar ao trabalho, inúmeros problemas operacionais surgiram. Problemas com produtos, com fornecedores, com clientes, com as comunidades. Problemas que precisarão ser resolvidos antes de serem batizados com qualquer nome, *issue* ou o que valha.

Em paralelo, há as pendências antigas que vêm se arrastando por anos e anos, como, por exemplo, a reclamação de uma Associação de Moradores – uns chatos – que quer o fechamento de uma das lojas da organização. Logo a mais rentável. De que se queixam os ranzinzas? Poluição ambiental: barulho dos caminhões, mau cheiro, lixo nas ruas e outras bobagens. O pleito já chegou ao prefeito. Não vai dar em nada – acredita. Só mais trabalho e dinheiro para os advogados. O prefeito é assim, ó, com "seu" Antunes, e essa Associação de Moradores é conhecida por todo mundo como um saco de gatos histéricos. Uma cambada de aposentados e de mal-amadas, ligada ao PT.

A Associação não morre tão cedo! No jornal de hoje, saiu alguma coisa sobre o movimento – uma passeata, algo assim – contra as Organizações Lisboa. Está na quinta página. Como "seu" Antunes só leu a primeira página, não ficou sabendo da muvuca.

Ainda no automóvel, olhando a paisagem, o mar, o sol maravilhoso, as praias cheias de gente corada, ele se permitiu pensar sobre o que fora a sua vida como empresário. Cinqüenta anos de lutas pela sobrevivência do seu negócio. Lutas de uma guerra que não terminava nunca. Neste período, já se foram a 2ª Guerra, a da Coréia, Indochina, Vietnã, a Guerra Fria e tantas outras. Mas a dele, aquela que ameaça produzir a sangria de 15 milhões de dólares diários, continuava firme e forte. Entra ano, sai ano, entra governo, sai governo, o homem vai à lua, cai o muro de Berlim e seus "inimigos" não desistem. Tem consciência de que o seu objetivo sempre foi o sucesso empresarial, o lucro, ficar rico, ter prestígio, poder dar do bom e do melhor para a família, etc. Mas, pera lá, outros muitos ganharam e continuam ganhando com ele, vindo no vácuo do seu sucesso. Embora não tenha a cara de pau para dizer que trabalhe para os empregados, a verdade é que a sua empresa garante dez mil empregos diretos e sabe-se lá quantos indiretos. Em suma, dá de comer, no barato, a milhares de famílias. Sua empresa oferece alimentação para os empregados, creches, transporte, serviço médico e odontológico, colônia de férias. Muito mais do que a lei exige. Embora tenha horror de pagar impostos, sua contribuição para os cofres públicos é gigantesca. No entanto, o governo está sempre no seu calcanhar, os sindicatos em eterna confrontação, a Justiça do Trabalho ficando sempre contra ele e ao lado dos vagabundos. E quando a imprensa se refere a ele, é para chamá-lo de "poderoso", "tubarão", "explorador da sociedade", "sonegador", "homem da direita". Certamente, muitos de seus detratores estariam agora, ali, naquela praia, arquitetando como acabar com ele. Durma-se com um barulho desses.

É claro que essa reflexão tem alguns exageros. Mas você, leitor(a), que me acompanha desde o primeiro capítulo, vai facilmente identificar alguns pontos sobre os quais já conversamos. Do que o "seu" Antunes está se queixando tem a ver com o mencionado "*estigma da raça*", isto é, a imagem das empresas e dos empresários na sociedade. No fundo, ele está certo quanto aos preconceitos. Pensam cobras e lagartos a respeito dele e da sua empresa. O lado positivo, a contribuição social da sua atividade, não é percebido nem reconhecido. O segundo ponto é exatamente sobre a outra questão já levantada: a imagem dos outros públicos dentro da empresa. Nas lamúrias do "seu" Antunes fica evidente que ele também tem uma visão preconceituosa com relação a outros segmentos, não entende suas (deles) demandas, motivações, perspectivas, direitos. Aí, a comunicação fica difícil. A porta que liga os dois mundos está trancada dos dois lados. Um provérbio antigo dizia: "*dois bicudos não se beijam*". O provérbio pode estar fora de moda, mas a sua mensagem continua totalmente válida.

17. QUESTÕES PÚBLICAS E PÚBLICO INTERNO OU DATA VÊNIA, RP PRA QUÊ?

Como era esperado, a reunião da diretoria no final da tarde foi um tumulto. Para início de conversa, ninguém tinha feito corretamente o dever de casa. Na realidade, cada diretor se preparara para a reunião com um único objetivo: defender seus domínios com unhas e dentes. A estratégia do corporativismo interno era jogar o mico para o ombro do companheiro ao lado. "*Cortes, no meu orçamento, impossível. Já estou no osso.*" Era a ladainha. "*Por que não cortamos tal projeto*?" O "tal projeto" pertencia a outro departamento que não, claro, o do proponente. Outra dificuldade: nos levantamentos feitos, os números não batiam. Num, as vendas tinham subido: noutro, descido.

A solidariedade no grupo foi aparecendo na medida em que "inimigos externos" iam sendo identificados. O governo. O congresso. A imprensa. O diretor de RH aproveitou o gancho para informar que cópias xerox da matéria sobre a tal Associação de Moradores pleiteando o fechamento de uma das lojas estavam circulando pela empresa, intranqüilizando o pessoal. Em seguida, veio a fase das sugestões: "*Temos que falar com o ministro*". Quando se soube que o autor do projeto de lei sobre Defesa do Consumidor era um deputado cuja campanha tinha sido ajudada pelas Organizações Lisboa, sugeriram: "*Temos que dar uma prensa nesse engraçadinho*". "*Precisamos dar um cala-boca nessa associação de velhos gagás e outro, na imprensa*". "*Vamos cortar os anúncios*". "*Falemos com o prefeito*". Alguém sugeriu: "*Por que não contratamos um Relações Públicas*?

A sugestão não é nova. Volta e meia ela ressurge e é sumariamente derrubada. Como sempre, o diretor Financeiro diz que não tem dinheiro e lembra que "*já se gasta muito em propaganda*". O de *Marketing* torce o nariz. RH desconversa com um: "*Não sei se é por aí*". E o diretor Jurídico pergunta: "*Data vênia, RP pra quê?*". Como nenhum dos presentes sabia explicar, mudou-se de assunto.

Embora a reunião não tivesse sido conclusiva com relação ao que fazer internamente, "seu" Antunes estava satisfeito. Em linhas gerais, todas as sugestões corroboravam a estratégia construída por ele pela manhã.

Antes de passar ao tema seguinte, permita-me, leitor, voltar à reunião para fazer mais um destaque. Viu como o pessoal se comportou? Sentiu o clima? É isto aí: de novo, a visão preconceituosa com relação aos públicos externos. E a truculência que dela deriva. Os índios em pé de guerra. Depois, aflorou no debate o terceiro desafio básico que enunciamos no primeiro capítulo: imagem ruim dos profissionais de comunicação (no caso específico, o de Relações Públicas).

18. QUESTÕES PÚBLICAS E RELAÇÕES PÚBLICAS: TUDO A VER

Todas as *Questões Públicas* mobilizam inúmeras forças que agem e reagem em função de seus interesses e de acordo com suas características, métodos e instrumentos próprios. Como está fazendo o nosso amigo Antunes Lisboa. Essa mobilização e o próprio desenvolvimento autônomo das questões acabarão produzindo vários eventos – na sua grande maioria, liderados pelo poder político. Esses eventos, por sua vez, criarão uma nova realidade, um novo cenário. O novo cenário produz impactos em toda a sociedade e nas organizações. Positivos ou negativos.

Como vimos, nas empresas, os impactos atingem os negócios e/ou a imagem. Quanto aos negócios, eles normalmente incidem sobre:

- Planos da organização com relação à expansão dos negócios atuais ou sobre projetos de novos negócios/serviços/produtos. Por exemplo, o anúncio de uma política econômica recessiva pode desencorajar ou adiar a abertura de uma nova fábrica.
- Resultados operacionais, isto é, impactos sobre as vendas, despesas, lucros e níveis de investimento. Por exemplo, cortes de investimento do governo. A sua empresa pode não vender nada para o governo, mas vende para quem vende para ele, o que vem a ser a mesma coisa.
- A atividade, a indústria, o produto. Exemplo: o legislativo vota uma lei que restringe a comercialização de um determinado produto ou estabelece obrigações para a empresa que o fabrica.
- Políticas da empresa. Exemplo: o governo exige que uma empresa estrangeira abra seu capital no país e isto esteja contra a política geral da organização.

Os exemplos acima são todos negativos para as empresas. Mas basta inverter o sinal dos elementos apresentados para que tudo se transforme em exemplos de oportunidades.

A estação seguinte do ciclo são as reações da empresa aos impactos mencionados. É a sua defesa, o seu ajuste, a forma pela qual ela vai proteger seus objetivos operacionais, seu patrimônio, seus negócios. Ou como vai aproveitar as oportunidades caso o impacto seja positivo. As ações – ou reações – mais importantes e comuns são cortes, congelamentos ou expansões de:

- Investimentos: novos produtos e serviços, tecnologia, parcerias, novas instalações, novas contratações (empregados, fornecedores, etc.).
- Custos/despesas: salários & benefícios, processos, projetos, instalações, viagens, treinamento.
- Remuneração dos acionistas (dividendos).

E, no final do ciclo, estão as áreas e os públicos afetados pela reação da empresa face ao novo cenário. Alguns exemplos de encadeamentos a partir de percepções e/ou de variáveis econômicas:

1. Desconfiança do mercado quanto à capacidade do governo de controlar o déficit público => pressão sobre o câmbio => aumento da inflação.

   Reação da empresa => aumento de preços (para manter níveis de lucratividade).

   Conflitos => Consumidores/cliente: não-aceitação dos novos preços.
   Fornecedores: pleitos por reajustes dos contratos.
   Empregados: pleitos por reajuste salarial.

2. Inflação => governo aumenta juros => retração do mercado

   Reação da empresa => corte de investimentos, de despesas, de custos, demissões.

   Conflitos => Consumidores/cliente: com relação à qualidade dos serviços
   Empregados/sindicatos: devido às demissões
   Fornecedores: devido a cancelamento de contratos

Abaixo, alguns exemplos de ações empresariais e seus impactos sobre o trabalho de Relações Públicas:

Ação sobre:	Áreas afetadas:
Salários & Benefícios	Relacionamento com empregados, sindicatos
Dividendos	Relacionamento com acionistas, investidores em potencial
Despesas e custos	Relacionamento com clientes e fornecedores
Processos	Relacionamento com clientes/consumidores
Investimentos	Relacionamento com governos
Projetos Sociais	Relacionamento com a comunidade, governos
Projetos Culturais	Relacionamento com formadores de opinião
Todos acima	Relacionamento com a mídia.

Os exemplos mostram que o estuário das *Questões Públicas*, dentro das organizações – públicas ou privadas –, é a função de Relações Públicas. É para lá que as águas correm. É o mercado que desconfia da competência do governo em controlar as contas públicas. Mas não é o mercado, nem o governo que tem a espinhosa missão de enfrentar as feras feridas no processo desencadeado por essa desconfiança. Nas organizações, isto é função de Relações Públicas. São esses profissionais que vão lidar com consumidores zangados, funcionários indignados, acionistas furibundos, enfim, segurar a barra. E naquelas organizações pró-ativas, cabe a Relações Públicas botar o guizo no pescoço do gato.

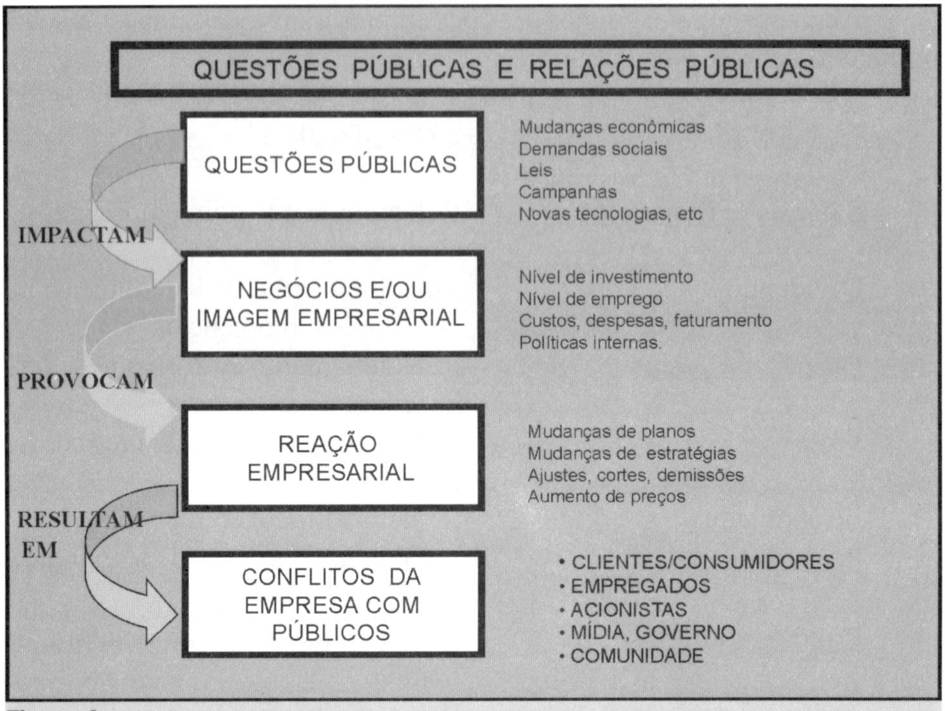

Figura 4 Castro Neves - Consultoria Empresarial

Voltaremos a falar neste assunto. Mas fica desde já a mensagem para os profissionais de Relações Públicas quanto à importância de acompanhar "o que vai pelo mundo" e de antecipar-se, de prevenir-se. Deus ajuda a quem cedo madruga, outro provérbio em desuso, porém, mais válido do que nunca. Aquilo que parece ser problema dos outros, dos economistas, dos políticos, dos administradores, da "linha", sei lá quem, etc, mais cedo ou mais tarde, aparece na quadra do Relações Públicas sob forma de "crise".

19. ACERTOS E ERROS DA GERÊNCIA POR INSTINTO

Quando dissemos que "seu" Antunes chama de "pepinos" aquilo que os profissionais do ramo chamam de *issues*, pelo amor de Deus, não estamos fazendo pouco do nosso amigo. Cá entre nós, Antunes Lisboa é um senhor estrategista de Relações Públicas, melhor que muita gente boa aí na praça. Tenho certeza de que ele nunca ouviu falar em *Howard Chase*, nem muito menos nesse tal de *Issue Management System*. Mas tudo o que ele faz, por instinto e no olhômetro, é exatamente a teoria e a prática desta disciplina. Pode não ter o refinamento, nomes em inglês, pode ter, aqui e ali, alguns erros táticos de posicionamento, pode até estar comendo algumas moscas, mas, no geral, NOTA DEZ!

Vamos analisar em poucas palavras o que o velho Antunes fez com o uso do instinto de preservação e da experiência de anos de janela:

1. Monitorou o ambiente externo.
2. Analisou o ambiente e deu foco às ameaças ao seu negócio
3. Estimou o impacto destas ameaças sobre a empresa.
4. Mobilizou imediatamente seus estafes.
5. Buscou informações importantes.
6. Acionou aliados.
7. Fez um balanço de seus exércitos e de suas armas.
8. Desenhou as estratégias.
9. Organizou um plano de ação junto ao poder executivo, legislativo, imprensa, associações e público interno.
10. Como quem sabe, fez a hora, não esperou acontecer: foi à luta.

Não há razão para espanto. Afinal, é assim que ele trabalha há cinqüenta anos. Foi assim que saltou de uma quitanda no subúrbio para uma das mais poderosas cadeias de supermercados do país. A sua história é uma história de luta. Para vencer, não teve apenas que conquistar clientes e brigar com os concorrentes e fornecedores. Aprendeu a negociar com bicheiros, enfrentar achacadores, dobrar a polícia, peitar político, fazer média com padres, botar líder sindical pra correr, o diabo. Ele sempre soube que as forças que atuam fora dos negócios são muito mais poderosas do que as de dentro. Nunca teve dúvida de que cada público é um público e que é necessário uma estratégia para cada um deles. Enfim, "seu" Antunes chegou lá através de uma bem tecida estratégia de Relações Públicas que tinha os processos, instrumentos e ética adequados à época.

Porém, não dá para fugir do lugar comum: o mundo mudou. Há inúmeros outros atores no pedaço, à sua maneira, poderosos, poderosíssimos, cheios de truques e artimanhas. O equilíbrio de forças é outro. Algumas coisas do estilo *big stick* do "seu" Antunes – que lembram *John Wayne* – não mais se aplicam. Como veremos, são até perigosas.

Alguns comentários sobre as estratégias desenvolvidas pelo "seu" Antunes e sua equipe para gerenciar os "pepinos" do dia.

1. Essa visita ao ministro pode ser, na melhor das hipóteses, perda de tempo. A argumentação é pura choradeira e os pontos não parecem estar bem sustentados. Seus números sobre consumo não dão muita segurança. Podem estar errados. Aliás, o ministro sabe que os números estão errados, todos os números, tanto os seus quanto os dele. E tem mais: se você conseguir provar seu ponto de vista através de números, o ministro vai dizer que você está certo, mas que o problema não é técnico: é político. Também, não terá nenhum constrangimento em afirmar, se necessário, justo o contrário, isto é, que o problema não é político: é técnico. A verdade é que, quase sempre, estas entrevistas são encontros entre pessoas que não estão preparadas para uma discussão produtiva. Empresários chorões e políticos vaselinas. De qualquer forma, hoje em dia, não adianta mais ir ao governo para reclamar dos juros altos, dos impostos, da abertura da economia, nem para contar a história – triste ou bonita – da sua vida. Eles, as autoridades, ouvem esta lenga-lenga o tempo todo, vinda de todos os lados. Aquele cara que saiu do gabinete antes de você entrar falou a mesma coisa. Encharcou uns dez lenços. O outro – que vai entrar depois que você sair – idem. Nada disto impressiona mais. O governo quer idéias novas, soluções, alternativas. Precisa delas. E "solução" não é empurrar o mico para o outro, como fazem os departamentos internos de uma empresa. Isto não vale. Este tipo de *lobby* está superado. Se você, que conhece o ramo, não tem idéias novas, ele vai apelar para quem as tiver, ainda que não sejam boas (geralmente não são). Se disser que vai perder 15 milhões de dólares, ele não vai achar que seja muito – na verdade, esperava que fosse mais! –, ou que este deve ser "*o preço que o empresariado tem que pagar para estabilizar a economia*". Quero ver a sua cara quando ele chamar esta mordida de "esforço patriótico". Não se esqueça de que, na cabeça deles – governo, políticos em geral –, o empresariado está sempre devendo alguma coisa ou levando uma vantagem escondida. O *estigma da*

raça. Assim, a visita pode ser lida como pressão de "grupos gananciosos", que só olham para o próprio umbigo, que não querem cooperar com o país, etc. Olha aí a *imagem empresarial* sendo prejudicada de novo! A próxima vez que precisar entrar na agenda do ministro vai ser mais difícil. Alugar ouvido de ministro é *lobby* furado. Em suma, uma entrevista solicitada a uma autoridade deve ser encarada como um evento da maior importância na estratégia de Relações Governamentais. Sua conveniência, em primeiro lugar, deve ser profundamente questionada. Decidido que sim, que pedir a entrevista faz sentido, seu preparo deve ter os cuidados de uma defesa de tese.

2. Essa visita ao deputado, sobretudo sendo ele "um devedor" da organização, também leva chance de ser um fiasco. Tudo errado: o momento, o visitante, o objetivo (pressionar), a agenda oculta (cobrar reciprocidade), o local do encontro (Brasília). Pra começar, essa abordagem é criminosa e antiética. Se isto não é *lobby*? Não, isto não é *lobby*. Sinto muito, mas *lobby* é outra coisa. Que tem gente que age assim? Claro, e como tem! Que consegue coisas? Uhmmm, não sei não. A coisa está mudando. Ninguém vai saber? Pois bem, pense na possibilidade de a conversa ser gravada ou de um assessor do deputado (justamente aquele que tinha cara de idiota) contar a história para o amigo jornalista. Posso contar vários casos – verídicos – dos quais você vai rolar de rir. Ou gelar a espinha. Portanto, há um risco enorme do "seu" Antunes ir a Brasília com um problema e voltar com dois. Ou mais.

3. Jornalista que se preza não se vende por caixa de vinho, nem é fonte de empresário. Se for "comunista" de boa cepa – raros, hoje em dia, mas ainda existem alguns exemplares na praça –, não vai se prestar a este papel. Outra coisa: dar "cala-boca" em jornalista já não se faz mais há meio século. Relacionamento com a imprensa modernamente exige um pouco mais de sofisticação.

4. Quanto à queixa da Associação dos Moradores: a) não era uma questão para ser tratada deste modo, isto é, empurrando com a barriga; b) o assunto está sendo olhado com muitos preconceitos: "velhos", "mal-amadas", "petistas". Foi um desdém parecido que fez o poderoso *Nixon* cair do cavalo no episódio do *Watergate*; c) não é também um problema apenas para os advogados. É um problema principalmente de Relações Públicas. Trata-se de um legítimo *Public Issue*; d) amizade com homem público já foi trunfo. Hoje não vale tanto. Pode, sim, ajudar no processo,

como, por exemplo, facilitar o acesso à agenda (o "falar com os homens"), furar a fila, coisas assim. Mas influir no julgamento do mérito da questão está cada vez mais difícil. Em alguns casos, a amizade até atrapalha. Gera suspeição. Prato cheio para a imprensa e para os adversários. Ele, o homem público, também está preocupado com a imagem. Dele. Se não estiver, não irá longe na carreira. Acredite: entre os eleitores e o "amigo desde criancinha", o político já se posicionou como o Tonto na conhecida anedota: nós – quem – cara-pálida?

5. As dondocas do *society* estão sendo maltratadas. Está certo, elas às vezes torram o saco, não têm mancômetro, acham que vão resolver todos os problemas do mundo. Com o dinheiro dos outros. Você tem razão: quem deveria tirar os meninos da rua é o governo, é para isto que pagamos impostos, blá-blá-blá. Mas... a) cancelar encontros agendados, deixar pessoas esperando, etc... Não se trata ninguém assim. Isto é falta pra cartão vermelho; b) dondocas – queira você ou não – são formadoras de opinião. Não têm papas na língua. Circulam por aí. Almoçam, jantam, bebem e dormem com pessoas importantes. Esse tratamento descortês não vai ficar barato. Antes do sol sumir no horizonte, seu gesto já estará na boca do povo; c) investimento em área social é um excelente meio de construir *imagem empresarial*. E está provado que ajuda nos negócios. Provadíssimo; d) há excelentes projetos na praça em busca de patrocinadores. Muitos deles – bons projetos – aparecem nessas visitas que a gente não dava nada por elas.

6. Por fim, o sistema como um todo – desde o acompanhamento do ambiente pela leitura matutina dos jornais até os movimentos estratégicos – precisa ser recauchutado. Na versão atual, tem as seguintes deficiências: a) o "posto avançado de observação do ambiente" (leitura da primeira página de jornal) não é tão "avançado" assim. Na realidade, são faróis que estão iluminando para trás. As serpentes já estão bem crescidinhas; b) a peneira que separa o joio do trigo está furada. Coisas grandes e pequenas estão passando igualmente por ela. Os problemas não estão hierarquizados, nem corretamente valorizados. Não há prioridades, foco, direção. Tudo é tratado com o mesmo chumbo grosso; c) o sistema de comunicação é pra lá de deficiente. Incompleto, desestruturado, errático, centralizado; d) como conseqüência do que foi comentado, o sistema em vigor produz um estresse desnecessário na organização, com prejuízos para os negócios. Joga muita água fora da bacia, sem necessidade.

Em suma, o *Issue Management System* das Organizações Lisboa está perto e longe de ser um bom sistema. Perto, porque "seu" Antunes – o executivo principal – conhece os fundamentos de Relações Públicas, ainda que os toque de ouvido. Tem instinto, faro, atenção, bons reflexos, energia. A seu modo, é um empresário moderno. Justiça seja feita, ele está anos-luz à frente de muitos outros empresários que simplesmente ignoram a questão. Entretanto, o sistema está longe de ser bom, porque o processo é precário e os instrumentos, medíocres.

Para fechar este *gap*, a organização do "seu" Antunes precisa de um *Sistema de Comunicação Integrada* (SCI) com aqueles componentes que mencionamos no capítulo anterior:

1. Processo único de Comunicação Empresarial
2. Planejamento Estratégico
3. Gerência da Comunicação Programada
4. Issue Management
5. Gerência da Comunicação Simbólica
6. Sistema de Objetivos

Há necessidade de um sistema mais sofisticado que o existente. Por "sistema", entenda-se "processo". Com toda a parafernália a que tem direito: direção, etapas, seqüência, *feedback*, responsáveis, medidas de sucesso. Por "gerenciamento", nos referimos a uma administração racional e organizada. "Sofisticado" não quer dizer "caro" e, sim, "inteligente".

Um *Sistema de Comunicação Integrada*, administrado por uma estrutura profissional. "Profissional" quer dizer "do ramo". *RP pra quê*? Para desenvolver dentro de casa uma cultura de relacionamento externo; para botar ordem no galinheiro – pensando, planejando, afinando discursos, agindo e integrando este povo todo: políticos, autoridades, jornalistas, empregados, acionistas, associações, clientes, fornecedores, líderes comunitários, ong's, polícia, formadores de opinião e quem mais der as caras no pedaço. E, finalmente, para aumentar a competitividade da empresa e gerar melhores resultados. Desta forma, estaremos criando um ambiente em que todos ganham: clientes, acionistas, empregados, fornecedores, governos, comunidade, o país, a sociedade como um todo.

O QUE FOI DITO NESTE CAPÍTULO

1. Todos os dias, as empresas se vêem ameaçadas por *questões públicas.*
2. Modernamente, de 40 a 60% do tempo dos altos executivos e dos empresários são gastos em atividades relacionadas às *questões públicas* e junto a autoridades, mídia, formadores de opinião.
3. Os impactos das *questões públicas* nas organizações são mensuráveis.
4. O *Issue Management* é a forma mais racional e barata de administrar as *questões públicas.*
5. *Questões públicas* mobilizam inúmeras forças na sociedade que atuam de forma diferenciada e com motivações variadas.
6. O desaguadouro das *questões públicas* na empresa é a função de Relações Públicas.

CAPÍTULO TRÊS

PROCESSO ÚNICO DE COMUNICAÇÃO

20. ESTA PRAGA DA COMUNICAÇÃO SEGMENTADA

Anteriormente, dissemos que a *comunicação empresarial* clássica se segmenta em três conjuntos de esforços: a *comunicação de marketing*, para falar com clientes e consumidores; a *comunicação institucional*, para cuidar basicamente da instituição; e a *comunicação interna*, voltada para o público interno. Dissemos, também, que cada uma dessas segmentações é operada por departamentos estanques, com orçamentos e recursos próprios e absoluta independência para definir estratégias, mensagens, programas, etc. Cada qual com a sua agenda. Em suma, cada um por si e, nem sempre, Deus por todos.

Essa segmentação da comunicação vem de longe. Vem dos tempos em que cada público tinha interesses específicos. O cliente queria excelência de produtos e dos serviços e se lixava se a empresa dava lucro ou não, se tratava bem ou não seus empregados, se tinha responsabilidade social, ou não. As outras informações eram perfumaria, não influíam na sua decisão de compra. O empregado também olhava só para o seu próprio umbigo. Muitos funcionários trabalharam anos e anos numa empresa, mas nunca souberam o que ela produzia, jamais se interessavam pelos resultados operacionais da empresa, nem pelo que ela fazia no campo social. O acionista, este, então, queria só saber do seu rico dinheirinho. No resto, era uma alienado total. Chegava a bater palmas quando a empresa anunciava demissões em massa ou corte nos investimentos. Na cabeça dele, essas medidas resultariam em melhores dividendos. Se acontecia uma crise na empresa, corria para vender as ações. Era o primeiro a abandonar o navio. E, finalmente, autoridades, a mídia e outros formadores de opinião ficavam sabendo um pouco mais da empresa de vez em quando, nos surtos das campanhas institucionais. Quando a empresa enfrentava uma crise, caíam de pau em cima dela.

O ambiente moderno requer outra abordagem de comunicação. A velha idéia da soberania do mercado já era. A arena está congestionada por inúmeras forças novas e atuantes. Mesmo aqueles públicos, nossos velhos conhecidos, já não são mais os mesmos.

O cliente/consumidor, o acionista e o funcionário, hoje, têm uma coisa em comum: a consciência de que são cidadãos. Como tal, querem saber muito mais da empresa do que apenas sobre seus produtos e serviços, suas políticas de recursos humanos e dividendos. Nesta condição, entre outras coisas, eles querem saber se a empresa produz riquezas para o país, se respeita as leis, os indivíduos e a natureza, se tem um papel social relevante. Sua lealdade com a empresa depende hoje também destas respostas. E descobriu-se que estas entidades – cliente, acionista e funcionário – têm outra coisa em comum: como cidadãos e como parcela da opinião pública, eles podem ser muito úteis na defesa dos interesses da empresa, interesses estes que, aliás, são deles também. A pauta de preocupações empresariais cresceu enormemente nos últimos anos com problemas que extrapolam a questão mercadológica. São as *Questões Públicas*, sobre as quais falaremos adiante. As empresas, sozinhas, não têm condições de brigar em tantas frentes. Precisam de aliados. Clientes/consumidores/usuários, acionistas e empregados, na maioria das questões, são aliados naturais da empresa na arena das *Questões Públicas*.

Outras "modernidades" a serem consideradas: um empregado pode ser também consumidor e/ou investidor da empresa. A opinião pública – da qual consumidores, investidores e empregados fazem parte – olha a empresa holisticamente. Isto é, no seu todo, de cabo a rabo, de fio a pavio. O corolário da tese é que as mesmas mensagens principais – aquelas que carregam no seu bojo os atributos positivos da empresa – devem ser levadas igualmente a todos os públicos. Lembram-se delas? *Dos cavalos de batalha*? Então, repita comigo: *Bons produtos e serviços; empresa lucrativa e bem administrada; lugar bom para trabalhar; e valor agregado para a sociedade.*

Vejamos outra perversidade do modelo da comunicação segmentada.

Desenvolvendo "*estratégias de comunicação*", temos os departamentos de *marketing*, as agências de propaganda, os relações públicas, os departamentos de recursos humanos, consultores, etc. "Comunicando-se" com públicos, temos, além da diretoria e dos profissionais da linha de frente (vendedores, gerentes, secretárias, atendimento técnico, etc), os relações públicas, *ombudsman*, *telemarketings*, *call centers*, lobistas, advogados, assessoria de imprensa, relações com a comunidade, etc. Isto sem contar a praga das iniciativas individuais, dos francos-atiradores, dos esforços de fazer comunicação pelas próprias mãos.

Além da perda de sinergia que o modelo proporciona, dos ruídos que a Babel produz e da falta de comunicação entre as paróquias, a empresa assiste à briga entre as facções, como se elas pertencessem a organizações inimigas. Brigas por recursos, por poder ou motivadas por outras coisas inerentes à Natureza Humana Futebol Clube, tais como vaidade, ciúme, inveja, despeito, ambição. Muitas vezes, o mais alto dirigente da empresa é obrigado a intervir para apartar as *gangs* em conflito e resolver os litígios entre elas. Para delírio dos concorrentes.

Diante desta barafunda, o público interno vai à loucura. Sem um fornecedor de informação confiável, o jeito é abastecer-se na boataria que corre solta nos corredores. Se o modelo não permite uma boa comunicação dentro de casa, imagine o estrago que produz fora dela.

A razão do conflito entre os grupos, além das dificuldades inerentes ao relacionamento humano e profissional, está naqueles desafios básicos que já mencionamos: temos uma imagem ruim dos outros, portanto, não confiamos neles. Pela mesma razão, eles não confiam na gente. Na empresa, os advogados consideram os demais profissionais verdadeiras antas. Profissionais de *marketing* desprezam os "estafetas", tidos como "alienados da realidade do mercado". Gente de RH é vista como jurássica, pessoal de relações públicas, como fútil. Lobistas – cheios de segredinhos de estado – têm a imagem sinistra.

Obviamente, nossas imagens – a deles e a nossa – são ruins porque a comunicação, em todos os sentidos, é péssima. A exemplo das instituições, nós – eu e você – nos comunicamos mal e eles também. A comunicação, sendo péssima, não nos permite saber o que o outro, na realidade, é, o que faz, qual é o seu agregado, no que podemos nos complementar, etc. A recíproca é verdadeira. Também somos olhados com desconfiança. A imagem que temos dos outros baseia-se em estereótipos, em impressões superficiais, em preconceitos. Enfim, tudo isto impede que se atinja um estágio superior e importante na comunicação que é a possibilidade de ver as coisas na perspectiva dos outros.

A vida na tribo é difícil, companheiro(a).

21. PROCESSO ÚNICO E GERÊNCIA POR COLEGIADO

Diante das inconveniências expostas, para ser eficaz, a *comunicação empresarial* deve ser gerida por um *colegiado* interfuncional. Esse é o melhor processo para unificar e integrar a comunicação, diminuir o desgaste interno, somar habilidades e conhecimentos, aproveitar visões diferenciadas, economizar recursos, evitar dissonâncias, produzir conflitos positivos, criar uma cultura interna, e, por fim, assegurar a proteção à *imagem empresarial*. As funções de marketing, de advocacia, de relações públicas, de recursos humanos, de relações com a imprensa, relações com governo, agências de propaganda, enfim, todas aquelas que fazem um tipo de comunicação com públicos devem trabalhar em equipe, debaixo do mesmo sistema gerencial. Na verdade, nem toda empresa tem este povo todo organizado em departamentos. Mas certamente existem algumas dessas funções – ou imitação delas –, dos papéis, das responsabilidades atribuídas a profissionais dentro da empresa. Por menor que seja a organização, os papéis existem. "Seu" Joaquim da padaria, por exemplo, desempenha pessoalmente todas essas funções. Ora ele é o marqueteiro, ora o lobista, ora o relações públicas.

Obviamente, quanto menor a empresa – como a padaria do "seu" Joaquim –, mais fácil é a integração dessas funções. Menor é a perda por atrito interno.

Nas empresas grandes, o que reforça a eficácia do *colegiado* – além da redução do atrito interno – é o fato de que cada função acima mencionada pode agregar ao processo habilidades e conhecimentos específicos, e – mais importante – uma visão particular da realidade. No enfrentamento de um problema ou na arquitetura de uma solução, o advogado pode contribuir com conhecimentos legais e com sua visão ética; os profissionais de marketing, com seus conhecimentos do mercado e dos produtos; os de relações públicas, de relações com a imprensa, com governo, de recursos humanos, etc., com conhecimento dos públicos e das técnicas de abordagem apropriadas a estes públicos. Não aproveitar esse leque de habilidades é um desperdício absurdo.

No capítulo anterior, mencionamos duas condições de sucesso do sistema:

a) Participação do *Colegiado de Comunicação* no *decision making process* da organização. Vale dizer que o grupo deve ser envolvido no processo de formação das principais decisões da empresa, tanto nas questões de negócios, tais como desenvolvimento de produtos, investimentos, aquisições, cortes, etc. quanto também em questões administrativas, a exemplo de decoração de ambientes, estabelecimento de procedimentos de segurança, organização de eventos, etc. Na maioria das vezes, os comunicadores somente são envolvidos na fase terminal dos processos, isto é, na hora de "redigir o *press release*", de "fazer a carta" (muitas vezes apenas "para corrigir o português"), etc. A filosofia do "tomemos uma decisão, depois a gente vê como comunica" está na contramão do conceito de comunicação integrada. Essa filosofia transforma o comunicador em parteiro do bebê de Rosemary. A comunicação deve ser considerada no bojo da formação da decisão. Muitas vezes, quando a preocupação caminha junto com o processo de decisão, ela pode influenciar nessa decisão, certamente para melhor.

b) Envolvimento do *Top Management* – principalmente do Número 1 – no processo da comunicação. Em pensamentos, palavras e obras. A Alta Direção da empresa deve não só liderar o processo de comunicação, como também operar como mídia das principais mensagens.

As responsabilidades deste Colegiado também já foram mencionadas:

a) desenvolver o *Planejamento Estratégico da Imagem* (PEI);

b) gerenciar a *Comunicação Programada* (GCP), a *Comunicação Simbólica* (GCS); os *issues* (IM); e o *Sistema de Objetivos* (GSO);

c) operar como "*brigada de incêndio*" no caso de uma crise da empresa com a opinião pública.

O *Colegiado de Comunicação* pode operar da seguinte maneira:

- Reuniões operacionais periódicas (mensal ou bimensal ou trimestral) em que são discutidos: a situação dos negócios da empresa, a situação dos *issues*, o andamento dos projetos de comunicação, avaliação dos resultados, comparação entre objetivos traçados e o realizado. A reunião pode – e deve – ser recheada com discussões teóricas em torno de temas relacionados com comunicação.

- Reuniões estratégicas (semestral ou anual) em que se revê o planejamento anterior, discutem-se cenários, corrigem-se rumos, estabelecem-se novos objetivos.
- Reuniões Extraordinárias, no surgimento de novos *issues* (por exemplo, uma crise empresarial, quando o colegiado assume a função de "brigada de incêndio") ou no clímax de uma *questão pública* (por exemplo, votação de uma lei importante).

O QUE FOI DITO NESTE CAPÍTULO

1. Na empresa, a comunicação segmentada é mais um problema do que uma solução.
2. Modernamente, as empresas são olhadas como um todo pela opinião pública.
3. O *Colegiado de Comunicação* deve participar das principais decisões da empresa.
4. O envolvimento da alta gerência na comunicação empresarial é condição *sine qua non* para a eficácia do Sistema de Comunicação Integrada.

CAPÍTULO QUATRO

PLANEJAMENTO ESTRATÉGICO DA IMAGEM

22. JÁ VEM VOCÊ COM ESTA CONVERSA DE PLANEJAMENTO

Por que planejar?

Francamente, cara, a estas alturas do campeonato, partindo de você, eu não esperava esta pergunta.

Por que planejar? Ora, por quê. Porque, primeiro, o ambiente é complexo e mutante. Quando você acha que começa a entendê-lo, ele já mudou. Segundo, porque os públicos com que a empresa tem que lidar são muitos e de características especiais. Como vimos, a maioria não fala a nossa língua, não reza pela nossa cartilha. Alguns, inclusive, nos odeiam. E – cá entre nós – nós a eles. Terceiro, porque os recursos são finitos. Jogar água fora da bacia pode fazer falta. O oposto, isto é, tocar de ouvido – aliás, preferência nacional –, pode dar menos trabalho, etc., mas só complica a vida.

Portanto, assim como navegar, planejar é preciso. Vá por mim.

O *Planejamento Estratégico de Imagem*, doravante chamado de PEI, passa pelas seguintes etapas:

- ⇨ Avaliação e acompanhamento do ambiente externo à organização. Construção de cenários.
- ⇨ Levantamento, identificação, análise e diagnóstico das coisas devem ser objeto da preocupação na estratégia de comunicação da empresa: *Questões Públicas*, *questões de imagem*, etc. Esse é o insumo básico para o IM (*Issue Management).*
- ⇨ Definição de como administrar essas coisas e como agir sobre elas: recursos, processos e programas. É a base para o estabelecimento da *Comunicação Programada.*

Por enquanto, ficamos por aqui. Oportunamente, a gente detalha mais este processo.

23. EMPRESA E AMBIÊNCIA Ou DESCULPE INSISTIR, MAS NÃO SOMOS MAIS O CENTRO DO UNIVERSO

Ptolomeu morreu há dois mil anos e sua tese foi revogada há quinhentos. No entanto, tem muita gente que ainda pensa que seu mundinho é o centro do universo.

Incrível, não?

Volta e meia nos deparamos com quem acredita que economia, política, negócios, ciência, tecnologia, etc, sejam mundos independentes, cada qual regido por leis específicas e todos devidamente separados, uns dos outros, por espessas paredes. É a ideologia dos ilhéus.

Exemplos concretos desta reencarnação de Ptolomeu são economistas brilhantes que desprezam a questão política; e de renomados políticos ostentando profunda ignorância em matéria econômica. Uns e outros, economistas e políticos, até se gabam deste desprezo e ignorância recíprocos, convencidos de que a seara alheia não passa de uma grande empulhação.

Como falamos em capítulos anteriores, a maioria dos empresários acredita em Ptolomeu. Muitos deles – competentíssimos na condução de seus negócios – têm enorme dificuldade em relacionar coisa com coisa, isto é, sua atividade e o mundo a sua volta. Fora do "seu" *business*, tudo mais não passa de uma grande chatice, perda de tempo, ou, quando muito, conversa catalogada como "para se jogar fora" e pauta para o *happy hour*. Temas como "os peitos de silicone de um famoso travesti", "a nova contratação do Flamengo" e "reforma do judiciário" estão no mesmo patamar de interesse.

Entenda como boa ou má notícia, essa alienação não é local. Apresentações para executivos americanos sobre política e economia provocam bocejos e, geralmente, são interrompidas com um *"come back to reality, let's talk about business"*, como se o apresentador estivesse falando de como se prepara o acarajé. Um poderosíssimo CEO, num debate com executivos da própria empresa, indagado sobre suas estratégias para lidar com o governo e com a imprensa, não poderia ter sido mais curto e mais grosso: "*Politicians... journalists... I don't give a shit!*" Tradução livre: "*Políticos, jornalistas... Cago um monte pra eles*". Melhor e mais legítimo *Vanderbilt,* impossível. Quando esta pérola foi proferida? No início do século 20, no tempo das diligências? Que nada, sô. Agorinha. Hoje, de manhã.

E, para fechar este assunto, registre-se que intelectuais da maior expressão – desses que estão diariamente nas páginas dos jornais – são totalmente analfabetos em relação às questões relativas à economia, negócios e ao desenvolvimento tecnológico. Aí, o desprezo é assumido e exercido. Claro, isto não seria problema não fossem eles – Deus que me perdoe – formadores de opinião.

Em suma: somos todos orgulhosos proprietários de currais de conhecimentos e de especialidades, narcísicos com relação aos nossos próprios umbigos e com enormes dificuldades de nos relacionarmos com nossos vizinhos. Cada categoria chamando a si a propriedade da verdade e a condição de centro do universo.

Portanto, pendurar a questão dos negócios numa moldura maior, subordiná-la a um universo mais amplo, sempre foi um desafio para quem tem este encargo numa empresa. Como dissemos, esta não é uma realidade apenas brasileira. A visão departamentalizada e corporativista – em maior ou menor grau – é universal. Como soe acontecer aos bons ilhéus. Quem sai fortalecido desta incomunicabilidade? Acertou, leitor(a), o *estigma das raças.*

24. EMPRESA E GLOBALIZAÇÃO Ou QUANDO FALAMOS "UNIVERSO", O QUE VOCÊ ENTENDE POR ISTO?

A famosa "aldeia global" – expressão cansada de guerra criada nos anos 60 por *McLuhan* para explicar a expansão dos fenômenos da *comunicação* – há muito deixou de ser uma metáfora. É uma realidade em todos os setores. Aplica-se aos sistemas políticos, ao conhecimento científico, às ideologias, às questões que desafiam a época, tais como a fome, a *aids*, o buraco de ozônio, o desrespeito aos direitos humanos, o crime organizado, a violência e – paradoxalmente – até mesmo o nacionalismo.

As questões importantes são universais, desculpe, planetárias. Embora ainda esperneiem os fundamentalistas, cada vez mais a nossa pátria é a Humanidade. A celeuma em torno da chamada "economia globalizada", satanizada por alguns, glorificada por outros, é uma discussão bizantina. A economia sempre foi globalizada. Essa é a sua natureza. A novidade em relação aos tempos das Grandes Navegações é a tecnologia farta e distribuída que deu velocidade à expansão dos fenômenos. Enfim, somos hoje a aldeia global, sem aspas.

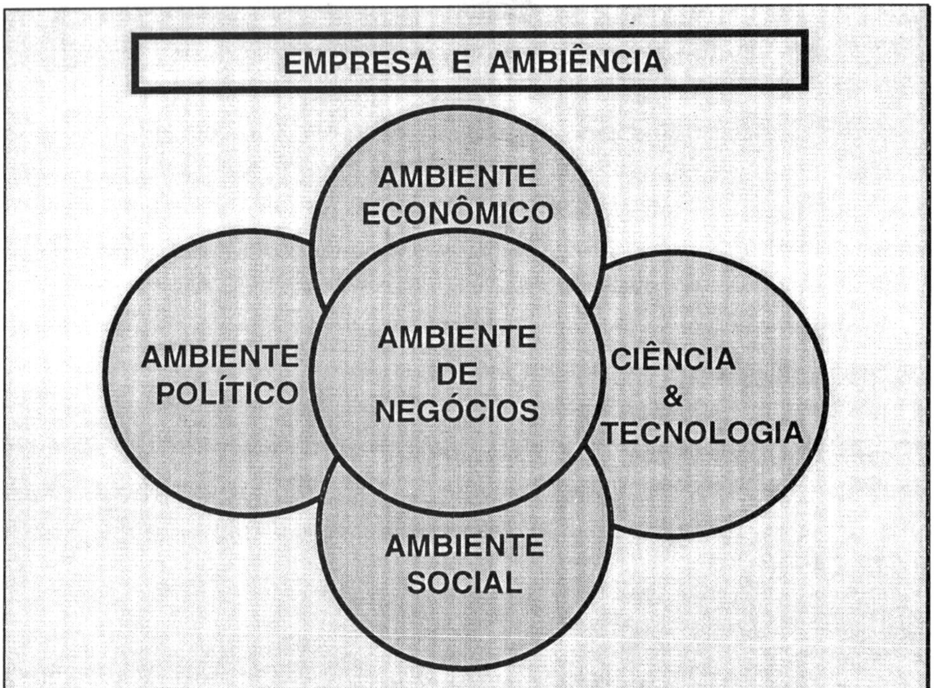

Figura 5 Castro Neves - Consultoria Empresarial

Portanto, olho no mundo. Qualquer que seja a sua atividade, profissão, ocupação, ideologia, concorde ou não com o que aqui está escrito, não deixe de se informar – como dizia o noticiário das *Atualidades Francesas* dos anos 50 – "*o que vai pelo mundo*". Você pode estar hoje por cima da carne seca, ganhando o seu rico dinheirinho numa atividade que "*não tem pra mais ninguém*", admirado e invejado na sua comunidade. E, do outro lado do mundo, num fundo de quintal, alguém pode estar desenvolvendo o produto, ou o serviço, ou o conceito que vai fazer o seu próspero negócio virar picadinho.

Se você quiser falar contra a "globalização" numa roda de chope ou na festa numa cobertura de Ipanema, fique à vontade. Aliás, deve. Não só vai impressionar como poderá ficar excluído(a) da conversa se posicionar-se de forma diferente. Não seria politicamente correto. Vá em frente. Esconjure o belzebu. Conquiste o seu espaço. Mas, nos seus negócios, tenha mais juízo e não leve tão a sério essas idéias ptolomaicas, porque elas poderão arruiná-lo(a).

25. EMPRESA E AÇÃO Ou GATA BORRALHEIRA VAI TER QUE CORRER ATRÁS

Outro ponto para reflexão. Com a tecnologia cada vez mais barata, a informação está sendo mais rapidamente bem distribuída do que a renda. Abre parêntesis. Bom que seja assim, porque "*informação*" é uma nova forma de riqueza. Fecha parêntesis. Essa democratização – imperceptível a olho nu – está quebrando organizações hierárquicas, atropelando estados nacionais, obsoletando paradigmas. Velozmente. A quantidade de demandas que vão surgir em razão dessa democratização é inimaginável.

Dentro deste grande novo cenário, todas as forças da sociedade – algumas que ainda nem deram o ar de sua graça na arena política – vão demandar o que têm direito e o que não têm. E as empresas, como é que ficam?

Cabe, aqui, uma pequena digressão. Há quem acredite que a História tem um sentido predeterminado. Que será, será. Em oposição, há quem sustente que o acaso é o grande comandante e o que vai acontecer no futuro não está, hoje, num envelope. Enfim, não existe nenhuma predeterminação. As coisas acontecem, mais ou menos, aleatoriamente. Quando muito são empurradas pelas escolhas e ações dos líderes e pronto.

Não vamos tomar partido nesta polêmica. O assunto é trazido à discussão apenas para fazer o ponto de que – quaisquer que sejam as suas filiações na questão acima e mesmo que você jamais tenha pensado no assunto – esforços organizados de pessoas, de grupos, de governos, etc. podem alterar o curso dos acontecimentos, ainda que apenas por curto prazo, ou podem atrasar o surgimento dos eventos tidos como inevitáveis, sina, destino, carma ou o que seja. E se não existir essa tal de "predeterminação", isto é, se a História for mesmo uma sucessão de acasos, algo ainda por ser definido, mais ainda esses esforços são válidos, na medida em que podem criar eventos que a redirecionem. Puxando a brasa para a nossa sardinha, é claro. É o que todo mundo faz. Fim da digressão.

As empresas? As empresas terão que entrar na dança sob pena de, em não fazendo, não sobreviverem. Gata Borralheira vai ter que correr atrás.

Em poucas palavras, tanto quanto navegar e planejar, agir é preciso. "Agir" significa participar, botar a boca no trombone, produzir ações que possam influir na elaboração de leis, regulamentos, políticas, campanhas, posicionamentos da opinião pública. Ações que possam vir a alterar cursos ou tendências, gerar, atrasar ou antecipar eventos. Como todas as forças da sociedade estão fazendo ou estarão fazendo. Se você ficar quietinho(a) no canto, somente reclamando da vida, saiba que vão passar o trator por cima de você e de sua empresa, sem dó nem piedade. E quando, por causa da sua inação, os empregos sumirem, os impostos arrecadados diminuírem, ainda vai ter gente criticando você.

Resumindo o sermão, para que você saia desta conversa com algo mais concreto, anote aí.

1. Quando estiver pensando estrategicamente, derrube as cercas que separam estes currais. O social, o político, o econômico, os negócios, a ciência e a tecnologia se inter-relacionam. Fazem parte do mesmo ecossistema. É tudo como se fosse uma coisa só.
2. Aceite que esta tal de "globalização" é real, irreversível e profunda. Vento que venta lá, vai ventar aqui. Ou melhor, já está ventando. Assuma e pronto. Não dê murro em ponta de faca. Não gaste suas energias, preces, oferendas com o tema. Deixe isto para os fundamentalistas caipiras.
3. O futuro ainda não está escrito. Tire a bunda da cadeira e vá à luta. "Cobra que não anda, não engole sapo".

26. INDICADORES DE ANTECEDÊNCIA, OS FARÓIS DO BUSINESS

– "*Meu joanete hoje tá danado da peste! É chuva na certa, sô* – diz o caboclo.
"*Mandacaru quando fulora lá na cerca, é sinal que a chuva chega no sertão*".
(Luiz Gonzaga, Rei do Baião)

O homem do campo, analfabeto, sem recursos tecnológicos que o auxilie na previsão do tempo, sabe ler e interpretar sinais na natureza que antecedem os fenômenos naturais e, em função dessa interpretação, posicionar-se. Aprendeu essas coisas na vida, através da tradição oral, ou com a própria observação. Ainda hoje, já no terceiro milênio, caboclos, pescadores, camponeses, como acontecia nas civilizações mais primitivas, usam esses sinais para tomar decisões sobre o que fazer nas atividades das quais dependem o seu sustento, o da família e o da comunidade em que vivem. Hora de começar a plantar. Tempo de iniciar a colheita. Momento de pôr a jangada no mar, ou de recolher-se. Que rumo tomar. E se dão bem, dificilmente erram nas previsões e nas decisões.

Além da nem sempre efetiva ajuda dos deuses, ele sabe que nada pode fazer para controlar fenômenos naturais. Não pode, por exemplo, impedir ou antecipar a chuva. Mas, tendo certeza de que certos sinais antecedem e preanunciam esses fenômenos, ele pode organizar-se, tanto para aumentar ganhos quanto para minimizar perdas. Se ele espera muita chuva, pode antecipar a colheita e estocar. Se tudo acontecer como esperado – e o concorrente não tiver tido a mesma intuição –, essa antecipação pode lhe valer grandes lucros. Por outro lado, se a "previsão" é de seca, pode mudar a lavoura para algo mais adequado à longa estiagem.

Esta capacidade de interpretar sinais da natureza e a velocidade com que age em função dessa expectativa são os fatores que lhe dão vantagem competitiva.

Ele não precisa saber da existência do "processo" *inversão térmica => perspectiva de chuva => aumento da umidade ambiental => inflamação de calcificações => joanete dói.* O que ele aprendeu – e que nunca falhou – é que sempre chove depois que o joanete o incomoda. Não sabe ao certo se é a iminência da chuva que provoca a dor do joanete, ou se é a dor do joanete que provoca a chuva. Tanto faz. Mas, que uma coisa tem relação com a outra, disso ele tem absoluta certeza.

Estes sinais – o joanete doendo, o mandacaru florindo, a cigarra cantando, a passarada inquieta, cavalos agitados no curral, o pio do macucu, urubu voando alto – são, a seu modo, *indicadores de antecedência.*

Indicadores de antecedência, portanto, são sinais ou sintomas que preanunciam a possível ocorrência de eventos que poderão produzir mudanças, as quais, por sua vez, nos obrigarão a reposicionamentos ou a ajustes. Assim como nas doenças, quanto mais cedo um *indicador de antecedência* detectar um processo em evolução, isto é, quanto mais perto da origem do processo ele se manifestar, mais útil ele será. Entretanto, quanto mais no início a detecção, mais difícil de saber se o processo está mesmo iniciando uma onda que vai dar em alguma coisa importante, ou seja, se vale a pena preocupar-se com ele. Um espirro, por exemplo, é um sinal de que a pessoa pode estar começando a se resfriar (evento), o que vai alterar o estado de saúde dessa pessoa (mudança), que, adoentada, terá que se ajustar a essa nova situação, fazendo ou deixando de fazer coisas diferentes do anteriormente planejado. Entretanto, o espirro pode ser uma pequena alergia e não dar em nada.

Portanto, é importante estarmos de olho nesses *indicadores de antecedência,* de forma que possamos avaliá-los, especular sobre possíveis mudanças ambientais e examinar o impacto dessas mudanças sobre o que fazemos. O resultado da especulação e do exercício pode levar-nos a antecipar ações decisivas, como fez o homem do joanete. Por exemplo, se temos uma empresa e os tempos se preanunciam como sendo de vacas gordas, poderemos estocar, investir, aumentar a produção, criar sociedades, contratar pessoas, fazer encomendas, etc. Poderemos até pensar numa comunicação otimista, tanto para o mercado, quanto para os acionistas e funcionários. Quem sabe até aproveitar o clima para dar baixa em alguns esqueletos incômodos escondidos no armário. A hora é essa. E, finalmente, *carpem diem*. Entretanto, se, ao contrário, as nuvens são negras, certamente o melhor a fazer é baixar a bola, desovar estoques, cortar gastos, colocar em promoção o que puder, baixar preços, congelar contratações, dar um "guenta". Fazer o que os especuladores fazem na surdina: *"mudar de posição"*. Tomar cuidado com os esqueletos que não foram baixados porque, em tempos bicudos, eles costumam dar o ar da graça. Nada de comunicações ufanistas. O tempo é de hibernação. E, em último caso, se a coisa pintar muito preta, até sair do negócio, por que não?

27. INDICADORES DE ANTECEDÊNCIA E EVENTOS

Os *indicadores de antecedência* podem ser das seguintes naturezas:

a) Políticos. Exemplos: crises institucionais continuadas, níveis de popularidade do governo ascendentes ou descendentes; eleições marcadas.

b) Econômicos. Exemplos: tendências acentuadas das variáveis econômicas, crises internacionais em curso.

c) Sociais. Exemplos: comportamento dos indicadores sociais: nível de emprego, distribuição de renda, índices demográficos, etc.; ambiência de discriminações sociais, religiosas, étnicas, de minorias; tensões sociais permanentes.

d) Tecnológicos/científicos. Exemplos: descobertas científicas, rupturas, saltos tecnológicos (*breakthroughs*); experiências em curso.

e) Domésticos, isto é, existentes dentro da própria empresa. Exemplos: pouca inovação, perda de talentos para o mercado, alto *turnover*, resultados operacionais medíocres, clima de bode na organização.

Como vimos, *indicadores de antecedência* são sinais que preanunciam eventos que podem implicar em mudanças do estado das coisas (novos cenários). Eventos são detonadores de um processo de mudança e podem ser classificados da seguinte maneira:

a) Políticos. Exemplos: mudanças ministeriais, mudança da base de sustentação do governo; novo governo (por eleição ou outra forma).

b) Econômicos. Exemplos: intervenção do governo, mudança na política econômica; acordos internacionais.

c) Sociais. Exemplos: novas leis; decisões judiciais.

d) Tecnológicos/Científicos. Exemplos: novas aplicações industriais.

e) Culturais. Exemplo: mudanças comportamentais, novos hábitos, modas, etc.

28. INDICADORES DE ANTECEDÊNCIA E CENÁRIOS

A relação entre *indicadores de antecedência* e eventos/novos cenários não mantém necessariamente uma correspondência exclusiva. Isto é, sintomas de natureza política podem preanunciar tanto eventos/novos cenários de ordem política quanto também de ordem econômica ou social. Exemplo: a baixa popularidade do governo (político) pode sugerir que este venha tanto trocar o ministério quanto mudar a política econômica; alta taxa de desemprego (indicador social) cria expectativa de que o governo venha a "fazer alguma coisa". Este "alguma coisa" pode ser no campo político ou no econômico. Por outro lado, um evento pode vir a se tornar um novo indicador de antecedência. Exemplo: uma mudança ministerial (evento político) pode preanunciar mudança na política econômica (evento econômico), etc. Enfim, são muitas as combinações possíveis de serem feitas, relacionando indicadores de qualquer natureza com eventos/novos cenários de qualquer ordem. Vimos essa transposição de áreas no exemplo do homem do joanete. O processo se inicia num fenômeno climático (inversão térmica com aumento da umidade), que produz um fenômeno físico (a inflamação de uma calcificação), que causa a dor, que é associada a uma expectativa meteorológica (possibilidade de chuva com antecipação da estação), que pode desembocar numa atividade econômica (colheita antecipada) com eventuais efeitos na economia (alteração da relação entre a oferta e demanda de determinados produtos nos mercados, afetando níveis de inflação) e, em seguida, produzir efeitos políticos (popularidade do governo), etc, etc, etc.

Indicadores de antecedência são, para os negócios, como faróis que iluminam à longa distância. Ou, se preferir, o anjo Gabriel dos empresários.

"Seu" Antunes Lisboa, mal ou bem, descobriu vários *indicadores de antecedência* nas notícias publicadas no jornal que leu pela manhã: (1) déficit público supera previsões; (2) chuvas em Goiás levam governo do Estado a pedir ajuda federal; (3) aumento do consumo preocupa governo; (4) inflação sobe nos Estados Unidos; (5) lei de Patentes não agrada americanos. Esses são os seus joanetes inflamados. O rastilho ele conhece bem de outros carnavais.

Bons *indicadores de antecedência* são as "*tendências teimosas*", isto é, aquelas que resistem por muito tempo. O pertinaz viés das chamadas "situações-limites". O que são estas "*tendências teimosas*"? São tendências, para pior ou para melhor, observadas em indicadores por um longo período de tempo. O gerúndio é a forma de verbo que denuncia um processo. Ele pode ser uma dica. Alguns exemplos: índices de déficit público subindo (ou caindo); nível de pobreza aumentando (ou diminuindo); exportações caindo (ou subindo); inflação disparando (ou descendo); satisfação popular baixando (ou subindo); inadimplência aumentando (ou caindo), etc. Outras tendências: saturação tecnológica chegando, monotonia passando dos limites, etc. Enfim, tudo caminhando para uma "situação-limite". Quando "se chega" ou "se está" numa "situação-limite"? Difícil dizer. Podemos estabelecer as nossas "situações-limites", isto é, o momento em que vamos saltar do barco. "*Se a ação da companhia X cair tantos por cento, eu vendo*" – costumamos dizer. Esses "tantos por cento" é o nosso limite. Mas é difícil dizer qual é o limite que os outros estabeleceram para tomar suas decisões. Mas que ele (limite) existe, existe. E, em se tratando de algo tão complexo quanto decisões de governo na economia, coisas que envolvem tantas variáveis e tantos interesses, não há outro jeito senão apostar, claro, usando a experiência, o sentimento e a informação de boa qualidade. Esses são o elementos básicos para o chamado "palpite educado".

A "extrapolação" é outra técnica para "adivinhar" o que pode acontecer. Por esta técnica, chegar ao "fundo do poço" pode ser uma notícia alvissareira. A tese é que nem sempre as coisas vão inexoravelmente de "mal a pior". O "mal" pode ser o fim de linha e a próxima estação se chama "sofrível". Noutras palavras, inverteu-se a tendência, começou o caminho de volta. Isto porque alguns indicadores econômicos, perfis de consumidores, curvas tecnológicas têm um comportamento cíclico. Em suma, a tese é que o seu comportamento no passado vai se repetir no futuro. O famoso pêndulo. Há inúmeros exemplos que dão sustentação à tese. A tecnologia, por exemplo, tem uma curva manjadíssima. Tem a trajetória do foguete. Sobe rápido e bem íngreme, desacelera, segue reto por um tempo e começa a cair. É verdade, no longo prazo, as curvas e os comportamentos se repetem. O problema é determinar quando é mesmo o "fundo do poço", ou o ponto de inflexão da curva. Outro problema: a tese pode ser válida quando falamos de longo prazo. Mas é no curto que acontecem as surpresas, aquelas inflexões que, mais tarde, nem aparecem no gráfico.

São essas que podem derrubar a sua empresa. A tendência da Bolsa de Nova York, desde 1929, é de alta. Mas, em 1987 e 1997, a bolsa arruinou muita gente. No futuro, esses dois momentos não aparecerão nos gráficos.

29. O BÁSICO PARA CONSTRUÇÃO DE CENÁRIOS

Existem vários métodos de construção de cenários, alguns bem sofisticados, usando inclusive softwares especiais. Não é necessário tanto. Como o sucesso destes exercícios está na qualidade das informações, não acho que se deva complicar o que pode ser simples, nem gastar muito tempo e dinheiro com um instrumento de análise cuja base é o bom senso de quem o constrói. Vamos simplificar.

Empresas que têm *Planejamento Estratégico* obviamente já dispõem dos elementos necessários (dados, informações, análises). Algumas possivelmente tenham até cenários montados. Trabalhe com eles. Se não for este o caso, mesmo assim cenários podem ser facilmente construídos. Ingredientes necessários: informação qualificada, massa cinzenta e carimbo de validação.

Informação qualificada se obtém:

1. Na imprensa. As colunas econômicas veiculam – pelas vias tradicionais ou pela *internet* – as expectativas existentes no mercado; publicações especializadas informam sobre tendências tecnológicas e mercadológicas.
2. Em boletins especializados. Empresas de consultoria e algumas associações abastecem o mercado com estudos de muito boa qualidade sobre economia, política, tecnologia e negócios.
3. Em contatos com outros empresários, analistas de mercado, consultores, etc. Muitas informações de "cocheira" circulam a preço de banana ou de um drinque.
4. Participando de congressos, feiras e conferências. Informações tecnológicas são bastante debatidas e divulgadas. Trabalhos, teses trazem especulações interessantes. Mesmo idéias absurdas, extravagantes fazem a gente pensar.
5. Através de consultoria própria.

6. Ouvindo consultores externos à empresa. Uma técnica muito usada chama-se Estudo de Delfos. Consiste em um questionário preparado pela empresa sobre determinado tema: economia, tecnologia, etc. O questionário é mandado para autoridades no assunto – consultores, professores, cientistas, especialistas na matéria. As respostas são compiladas. Numa segunda rodada, os questionários são novamente submetidos às mesmas autoridades, agora incorporando as diversas opiniões. Os consultados podem confirmar seu ponto de vista ou reformulá-los. Na realidade, é como se fosse uma grande mesa-redonda, com a vantagem de ser muito mais barata e de os participantes terem muito mais condições de elaborar o tema.
7. Na participação em grupos empresariais *ad hoc*.

Com a combinação dessas fontes, dá para montar um bom "posto de observação avançada". Tenho certeza de que você já usa um monte destes recursos. Talvez falte sistematizá-los.

<u>Massa cinzenta</u> é o ingrediente que vai possibilitar organizar e avaliar as informações obtidas e escolher as que serão adotadas. Ou seja, a nossa aposta.

<u>Validação</u> é o julgamento feito por alguém que não tenha participado da construção do estudo. O carimbo. A validação não é uma "segunda opinião". Esta, se existiu, deve ter sido considerada no decorrer do estudo. Validação é quando se obtém o veredicto "o estudo faz sentido". O selo de qualidade. Claro que "juízes e jurados" devem ser do ramo e com independência para dizer o que pensam.

30. MÉTODOS DE CONSTRUÇÃO DE CENÁRIOS

Dois métodos ou modelos de construção de cenários são mais usados:

a) Método da probabilidade.

Segundo o método, devem ser construídos três cenários:

1. Cenário mais provável
2. Cenário alternativo
3. Cenário menos provável

1. O "cenário mais provável" é aquele que está recebendo o maior número de apostas no mercado. É o "mais votado" nas pesquisas entre empresários, economistas e políticos. Só não acontecerá o que está ali previsto se uma determinada premissa (*assumption*) usada como base não ocorrer e/ou alguma variável independente surgir, como, por exemplo, a crise asiática em fins de 1997.

2. O "cenário alternativo" é o segundo na escala de possibilidades. Tem chances de acontecer se não funcionarem algumas premissas do cenário anterior ou variarem muito.

3. O "cenário menos provável" é o terceiro na escala, mas não o último. Tem chances de acontecer se todas as premissas dos cenários anteriores falharem. Não necessariamente precisa ser um cenário de desastre. Pode ser também um cenário maravilhoso, todo florido, com vacas gordas pastando no jardim.

Normalmente, usam-se percentuais para estabelecer as probabilidades. Embora possam existir outros cenários menos votados e, portanto, com menores probabilidades, os três acima devem fechar os 100%.

Falamos de "premissas" (*assumptions*). O que vem a ser isto?

Cada cenário deve ser uma resultante natural e lógica de um conjunto de eventos e acontecimentos tomados como "prováveis". Se acontecer isto, teremos aquilo. Se não acontecer isto, teremos outra coisa. Tomemos o exemplo da questão mais comum neste tipo de planejamento e importantíssima para a estratégia dos negócios: crescimento econômico. Assumindo que o congresso aprove tais leis, que não haja crises internacionais, nem pressão cambial, é razoável acreditar que haja crescimento da economia em x%. No exemplo dado, as suposições (premissas) (a) "aprovação pelo congresso de tais leis", (b) "inexistência de crise internacional", (c) "câmbio estável" são condições para que o crescimento da economia ocorra em torno de x%. Essas suposições são condições básicas para que o cenário desenhado venha a ocorrer. Noutras palavras, o cenário depende da transformação em realidade dessas suposições, isto é, da confirmação dessas premissas.

Um dos fatores de sucesso deste tipo de planejamento é o estabelecimento adequado das premissas básicas e de seus desdobramentos. Este nexo é o pilar de toda estrutura. Se o conjunto – premissas e desdobramento – estiver bem sólido, o cenário desenhado estará bem sustentado. Portanto, esse detalhe deve merecer toda a atenção dos planejadores. Essas premissas são importantes insumos para o desenvolvimento das estratégias de imagem da organização.

b) Método subjetivo.

Também trabalha com três cenários.

1. Cenário otimista.
2. Cenário pessimista.
3. Cenário mais provável.

Observação: as definições de "otimista" e "pessimista" estão relacionadas aos interesses da empresa. Se acontecer isto, será bom (ou ruim) para a empresa.

1. O cenário otimista – como não poderia deixar de ser – é aquele no qual sempre ou quase sempre coisas boas para a empresa irão acontecer. As variáveis econômicas que mais ajudam os negócios vão transformar-se em realidade, os projetos de lei que favorecem os negócios da empresa serão aprovados e os que prejudicam, rejeitados, as pressões sociais vão diminuir, etc.

2. O cenário pessimista, claro, é o oposto do de cima. As coisas deverão acontecer de modo que a gente possa dizer: "Pior, impossível".

Entretanto, esses cenários extremados (otimista e pessimista) devem estar dentro dos limites da razoabilidade e estar sustentados por suposições sólidas. Eles precisam ser "possíveis" de acontecer. A probabilidade de acontecer deve ser razoável.

Como foi dito, as definições de "otimista" e "pessimista" estão relacionadas aos interesses da empresa. Por exemplo: "manter o câmbio estável" é um "cenário otimista" para empresas importadoras ou que estejam endividadas em dólares. Contrariamente, "a desvalorização da moeda nacional" funciona como "cenário pessimista" para esses senhores. Entretanto, outros podem ver a coisa de forma inversa. Uma empresa exportadora, por exemplo, vai adorar a medida. Situação mais clara acontece nos projetos de lei. Eles sempre favorecem e contrariam interesses. A aprovação de um projeto de lei significa que os gregos vão tomar champanhe pelo gargalo e os troianos beber cicuta. A rejeição provoca o vice-versa.

3. O cenário mais provável é aquele que combina previsões positivas, negativas e intermediárias, mas deixa de lado a questão do interesse. É o que a maioria das pessoas está apostando, o que faz mais sentido acontecer. Ele se aproxima do cenário de mesmo nome no método subjetivo anteriormente explicado. De preferência, é o mesmo.

Qual método utilizar?

Qualquer dos dois métodos é bom e ambos têm valor agregado. O "método da probabilidade" oferece mais alternativas para planejamento das operações. O "método subjetivo" – que coteja os interesses da empresa com o cenário mais provável – tem a vantagem de possibilitar mais *insights* sobre projetos e estratégias. O ideal é a utilização dos dois. Eles se complementam.

31. PLANO DE AÇÃO FACE AOS CENÁRIOS OU APRONTANDO-SE PRA QUANDO O CARNAVAL CHEGAR

Os cenários estão prontos. E agora?

Agora, mãos à obra. Hora de olhar para o próprio umbigo. A partir deste momento, você vai estabelecer o seu plano de ação como se tudo o que foi imaginado fosse realmente acontecer. Planejar os tais ajustes necessários (cortes de investimentos, demissões, etc.). Chame os homens do *business*. Do *main stream*. Eles sabem melhor do que ninguém o que deve ser feito. Assim espero.

Mandam a inteligência e o juízo que você também tenha um "plano de ação" para os cenários "menos prováveis". Mesmo aqueles com 10% de probabilidade. Trocando em miúdos, se esse cenário de risco vier a acontecer, não é suficiente demitir seus consultores para reparar o erro. Isto pode tirar a sua empresa da corrida. Veja bem, estamos falando de "planejamento". Ainda não está na hora de mover os céus e a terra. Trata-se de um exercício teórico, cujo custo é o consumo de alguns neurônios, papel e tinta.

O momento de apertar o gatilho? Ou seja, quando transformar o pensamento em ação? Quando demitir ou contratar? Hora de saltar do barco?

Agora você me pegou. Adoraria saber. Estaria milionário, embora com o risco de já estar em poder de algum grupo terrorista.

Vai depender de cada situação. Da sensibilidade, da intuição dos dirigentes. Claro que se um cenário chegar a ser cotado em 90% de probabilidade, o momento de agir chegou. Talvez até já tenha passado. Se seu concorrente saltou do barco quando a probabilidade bateu em 70%, claro, levou vantagem. Mas a vida real não é assim tão óbvia. Enfim, o importante do planejamento é que o *script* do "que fazer" esteja pronto. Não será mais um salto no escuro. O "quando" decide você.

Quanto aos profissionais de comunicação na empresa, principalmente os de Relações Públicas, pode-se afirmar que, de tédio, não vão morrer. Como dissemos no item 18 – *Questões Públicas* e Relações Públicas –, a sua praia é o estuário das *Questões Públicas*. É para lá que as águas correm. Às vezes, chegam volumosas, barrentas, incontroláveis, cheirando mal. O que chamamos de "*indicadores de antecedência domésticos*" também não pode ser esquecido. Olhe com atenção dentro de casa. A economia é um céu de brigadeiro, o governo está em lua-de-mel com a opinião pública, mas a empresa está patinando, não inovando, não investindo, perdendo talentos e *market share*, etc. Tudo isto são nuvens pretas no horizonte. São joanetes inflamados. Mais cedo ou mais tarde um desses esqueletos sai do armário e é você – Relações Públicas – quem vai ser chamado para encarar as feras. Depois não diga que não avisei.

32. PLANEJAMENTO DINÂMICO

Por facilidades didáticas, mostramos aqui exemplos de cenários desenhados para curto prazo. O ideal, claro, é trabalhar com cenários de longo prazo e acompanhá-los a partir do primeiro esboço. Por mais distante que o horizonte esteja, faz sentido pensar nele. Por menos necessário que pareça, planejar é de grande utilidade. Os exemplos ficaram também restritos à área econômica. Mas bons cenários são aqueles que cobrem todos os aspectos da ambiência, inter-relacionando e integrando variáveis de outras naturezas, conforme falamos em capítulos anteriores.

Outra questão diz respeito à pilotagem dos cenários. Como mantê-los saudáveis, fazendo sentido, funcionando como referência. Bem, já falamos que a realidade não é assim "pão, pão; queijo, queijo". Há nuances, sutilezas. É uma mistura complexa de premissas. Planejamento não é profecia. Realidades mudam como nuvens. Portanto, planejamento só tem sentido se for dinâmico. O *feedback* – isto é, a incorporação do que aconteceu na parte da tarde no planejamento que fizemos de manhã – é fundamental para corrigir rumos e para a boa pilotagem. Planejamento dinâmico é aquele que é reajustado permanentemente em função das mudanças das condições objetivas. Pode-se alterar também um planejamento por correção de uma informação ou de uma premissa, ou até por causa de uma reavaliação. Tudo isto só enriquece a prática do *planejamento estratégico*.

Em média, cenários econômicos/políticos devem ser revisitados trimestralmente. Mais do que isto, correm o risco de perda de significado. Envelhecem. Freqüências maiores, excetuando em fases de muita turbulência, é produzir adrenalina sem necessidade. Cenários tecnológicos devem ser revistos de acordo com o ponto da curva em que a tecnologia se encontra. Exemplos: novas tecnologias => 2 anos; tecnologias estáveis => anualmente; tecnologias em fase descendente => semestralmente. Cenários mercadológicos que tratam de hábitos de consumo, culturas, comportamentos, etc. podem sobreviver por dois a três anos.

33. VALOR AGREGADO DA TÉCNICA DE CENÁRIOS OU QUE VANTAGEM MARIA LEVA

Má notícia: é grande o número de céticos dentro das organizações quanto à importância e contribuição, para os negócios, do planejamento estratégico. Mais especificamente, sobre qual seria o valor agregado da "técnica de cenários". É tida como pura masturbação. Abaixo, relacionamos os mais importantes ganhos com o uso da técnica:

1. Ajuda na validação e na depuração das premissas.
2. Ajuda na compreensão do ambiente global.

3. Mantém a organização atenta aos fenômenos tidos como "extranegócios".
4. Permite inúmeras sacações (*insights*).
5. Ajuda na educação de quem participa.
6. Dá elementos para revisão de projetos existentes ou programados.
7. Organiza o pensamento estratégico da função de comunicação e da empresa.
8. Auxilia no estabelecimento das estratégias de comunicação e nas ações preventivas.
9. É usado como referência.
10. É elemento de monitoramento futuro do ambiente externo.
11. É peça importantíssima na comunicação gerencial.
12. E – aqui entre nós – ajuda na imagem dos comunicadores dentro da empresa. Lembra-se do estigma: oba-oba, gente fútil, porra-loucas? Pois é, não precisa ficar batendo boca com esses detratores.O planejamento é uma bofetada com luva de pelica.

O QUE FOI DITO NESTE CAPÍTULO

1. Planejar a comunicação é necessário. Os benefícios do planejamento para a organização são inúmeros. E planejar é baratíssimo.
2. Não existem fronteiras entre negócios, problemas sociais, política, economia, ciência e tecnologia.
3. Não existem fronteiras entre economias. Entre culturas, já não são tantas.
4. O empresário tem que ir à luta para defender os seus interesses – que, aliás, são os da sociedade.
5. A partir da identificação e da análise de *indicadores de antecedência*, a empresa pode ganhar vantagem competitiva.

CAPÍTULO CINCO

QUESTÕES PÚBLICAS

34. A PAUTA DAS QUESTÕES PÚBLICAS

Vimos, em capítulo anterior, a definição abaixo:

"*Issue é uma condição ou pressão, interna ou externa à organização, que, se continuada, poderá afetar o funcionamento da organização ou seus interesses futuros.*"

Vimos, também, que dentro deste universo estão as questões relativas à imagem (os desafios básicos – o estigma das raças; traços da imagem empresarial, potencial de crises – riscos operacionais, boatos, denúncias, etc.) e as *Questões Públicas.*

Comecemos pelas *Questões Públicas.*

O elenco de temas – aos quais as *Questões Públicas* normalmente estão relacionadas e que potencialmente são *issues* para as empresas, isto é, "*podem afetar o funcionamento da organização ou seus interesses futuros*" – é o seguinte:

Econômico/financeiras:

Política Econômica:
- Crescimento econômico
- Inflação
- Taxa de juros
- Câmbio
- Balança comercial
- Balança de pagamentos
- Exportação/importação

Orçamento Público
- Impostos
- Controle orçamentário
- Tarifas públicas
- Controle de preços
- Incentivos de qualquer natureza
- Investimentos públicos
- Etc.

Ações sobre o mercado:

Práticas monopolísticas
Defesa do consumidor
Ações sobre capital estrangeiro
- Remessa de lucros
- Compras de governo
- Medidas protecionistas
- Restrições ao investimento estrangeiro

Privatização/estatização
Reservas de mercado
Custo de fazer negócio
- Burocracia
- Corrupção
- Problemas de Infra-estrutura

Padrões (Standards)
Etc.

Políticas:

Eleições
Novos governos
Mudanças de ministério
Etc.

Sociais:

Questão agrária
Direitos trabalhistas
Política salarial
Reflexos do avanço tecnológico
Direitos humanos
Segurança pública
Fluxos migratórios
Aborto
Violência urbana
Direito das Minorias
Biotecnologia
AIDS
Previdência social
Educação
Nível de emprego
Ergonômicos
Política de Saúde
Questões religiosas
Consumo de drogas
Meio ambiente
Distribuição de renda
Ética nos negócios
Abuso sexual
Etc.

Internacionais:

Blocos de comércio
Propriedade intelectual
Conflitos de fronteiras
Narcotráfico
Lavagem de dinheiro
Terrorismo
Acordos de comércio
Relações bilaterais
Protecionismo
Contrabando
Livre Comércio
Etc.

Obviamente, nem todas as organizações são impactadas por todo o elenco das *Questões Públicas*. As empresas são afetadas – mais ou menos ou nada – em função de sua atividade. Uma lei de proteção ambiental, por exemplo, dificilmente criará qualquer tipo de constrangimento para uma empresa do segmento financeiro. Já a intervenção do governo nos juros praticados na economia tem um impacto maior nas empresas desse segmento do que em qualquer outra organização. Entretanto, mesmo que uma empresa não seja atingida diretamente pela onda, dificilmente escapa da marola. Exemplo: cortes nos investimentos do governo impactam diretamente as empresas que transacionam com ele, governo. Mas a marola certamente acaba atingindo outros segmentos.

A pauta das *Questões Públicas* é mutante, sobretudo as chamadas "*questões sociais*". Vários temas não existiam há dez anos, ou tinham outra cara. Portanto, é razoável esperar que novos temas estejam na lista daqui a dez anos e que temas de hoje mudem de cara no futuro.

Obviamente, nem todas as questões existem em todos os países, ou na mesma intensidade. Depende da cultura, do estágio da economia e do regime político. A questão dos "direitos dos *gays*", por exemplo, bastante agitada nos Estados Unidos, inexiste, hoje, em Cingapura e em Cuba. Quer dizer, "*gay*" existe, o que não existe é o debate da questão dos seus (deles) direitos, porque o regime autoritário não permite. Já o problema do controle do déficit público e da previdência social é universal, digo, planetário.

Vamos percorrer rapidamente o menu apresentado, fazendo alguns comentários sobre seus impactos nas atividades empresariais em geral.

35. QUESTÕES PÚBLICAS DE NATUREZA ECONÔMICA

- Todos os indicadores que são objeto de política econômica são, obviamente, importantíssimos para qualquer atividade. Estamos falando de taxas de crescimento, inflação, juros, câmbio, exportação, importação, orçamento e déficit público, etc. Em qualquer país, o administrador de empresa programa a sua organização (investimentos, empregos, despesas, lucros) em função do que ele acha que vai acontecer na economia. "O que ele acha" está baseado nas chamadas premissas discutidas anteriormente. Apostar em premissas erradas pode ser fatal para a atividade empresarial. Na pauta das *Questões Públicas*, no que tange a negócios, a política econômica adotada pelo governo é a mais importante de todas. É a que mais atenção recebe do empresariado. Ou deveria receber.

- Controle ou congelamento de preços, fechamento de importação, desvalorizações cambiais – componentes dos famosos "pacotes", publicados *overnight* – são típicos de decisões de política econômica de efeitos imediatos, quase sempre desastrosos para todos, pessoas e empresários. É o pavor dos investidores estrangeiros. Nos períodos de turbulência, o planejamento empresarial vira pura loteria. As decisões são tomadas com base em *inside information*, palpites, "ouvi dizer", dicas de "amigos do rei" e de oráculos bem situados. Ações sobre Preços gelam a espinha do empresário. A liberdade de fazer o preço é uma flexibilidade vital para a atividade empresarial. Seu oxigênio. Controle de preços significa engessamento da empresa. Câmbio é fundamental para quem importa ou exporta e/ou opera em moeda estrangeira. Entretanto, como afeta a inflação e outros indicadores importantes, acaba sobrando para todo mundo. Hoje, com os mercados integrados e as economias interdependentes, intervenção no câmbio resulta em impactos além das fronteiras.

- O tema "Impostos", desde que o mundo é mundo, sempre foi uma questão da maior importância para os negócios, qualquer que seja a sua natureza. É insumo básico na atividade de planejamento. As pessoas não gostam de pagar impostos e as empresas odeiam. Portanto, elas dão enorme atenção a este assunto, não só buscando formas para otimizá-los (leia-se "pagar menos impostos") como também para neutralizá-los ou escapar deles. A busca do paraíso fiscal é sonho de qualquer contribuinte. Nos Estados Unidos e na Europa, existe uma quantidade enorme de escritórios especializados no assunto, desde peritos em "sonegação legal" (elisão) até em *lobby* parlamentar especializado na matéria. Como é grande o número de interessados, tanto do lado de quem arrecada quanto do lado de quem paga, o jogo é pesado. A boa gerência deste tema, seja para reduzir a carga tributária, seja para otimizar os pagamentos de impostos, é fator de vantagem competitiva. Isto é, quem paga menos ou melhor, sai na frente. No Brasil, há um problema adicional. Não temos propriamente uma política fiscal. Temos, sim, uma política de arrecadação. Noutras palavras, o sistema tributário brasileiro não se baseia na justiça fiscal, na lógica, na racionalidade, nem muito menos nos princípios gerais do direito. Seu fundamento tem sido o fechamento do caixa. O nosso fisco não fiscaliza. O nosso fisco legisla e o faz em função desse fundamento. No momento em que este livro foi publicado, era possível criar-se imposto por "medida provisória". Toda esta mixórdia significa um adicional de incerteza para a atividade empresarial. A empresa é obrigada a operar com um olho no mercado e outro no governo.

- Incentivos e subsídios de qualquer natureza produzem grandes impactos sobre as empresas, tanto para quem é beneficiado quanto para quem fica de fora. Estão incluídas nesta rubrica as famosas renúncias fiscais, isenções, anistia, etc. criadas para favorecer ou estimular alguns segmentos. Esses dispositivos alteram o equilíbrio competitivo, desarrumam o mercado. São muito usados em políticas de governo em diversas áreas (industrial, agricultura, pecuária, tecnológica, cultural, etc.). Com maior ou menor desfaçatez, é praticado em todo mundo há muitos anos. Hoje, com a melhor estruturação dos grupos interessados, a questão promete grandes confusões. Seattle, em fins de 1999, foi só uma amostra.

36. INTERVENÇÕES DO GOVERNO NO MERCADO NUMA ECONOMIA DE LIVRE MERCADO

- "Privatização/estatização" atualmente são questões mundiais. Tanto num sentido (empresa pública que se privatiza) quanto no seu inverso (empresa privada que é estatizada), o movimento provoca grandes marolas sobre os negócios, sobretudo de grandes empresas. O movimento de privatização nem sempre é uma boa notícia para quem vende muito para o governo. Isto porque, em qualquer parte do mundo, não existe um comprador mais generoso e menos exigente do que o governo. Por outro lado, "privatização" pode significar um alívio para as contas públicas, diminuindo os déficits públicos. No final das contas, a operação pode resultar em mais investimentos públicos e menos impostos.

Tudo o que o empresário gosta. Por último, as privatizações exasperam os interesses corporativistas contrariados. Toda empresa recém privatizada enfrenta a ação orquestrada desses interesses – que inclui atos de sabotagem – contra a sua imagem.

- "Direitos do consumidor", excetuando os Estados Unidos onde já existe há anos, é uma questão emergente no mundo. Será o grande frenesi dos países recém ingressados na economia de mercado ou onde se tenha adotado o capitalismo selvagem como paradigma. Na verdade, o "consumidor" é a força mais importante na democracia moderna e poucas empresas estão aparelhadas para lidar com ele. Na medida em que cresce a legislação e mecanismos de controle são criados, o consumidor deixa de ser uma entidade puramente mercadológica para ganhar a dimensão política. Empresas de serviços, públicas ou privadas, cujo conhecimento das expectativas do *cliente/consumidor /contribuinte* nem sempre é o correto, além de problemas de qualidade, vão viver momentos de choro e de ranger de dentes. A propaganda enganosa, o desrespeito ao compromisso assumido e contratado, etc. serão os grandes geradores de crises empresariais com a opinião pública.

- Controle de Remessa de lucros, restrições a pagamento de *royalties*, reservas de mercado, tratamento diferenciado para o investidor estrangeiro e outros derivados do nacionalismo econômico – fetiches adorados por políticos, tanto de esquerda quanto de direita, e por empresários não-competitivos – são preocupações permanentes para empresas não-nacionais e por empresas nacionais mais internacionalizadas. Normalmente, são apetrechos embutidos nas chamadas "políticas industriais". O investidor estrangeiro foge disto como o diabo foge da cruz.

- Tarifas aduaneiras. Trata-se do mecanismo protecionista mais aceito universalmente. Entretanto, sua estruturação é uma matemática complicada e requer muita sensibilidade para que ela não tenha efeitos perversos. Um pequeno desvio para cima ou para baixo pode criar ou inviabilizar empreendimentos. Por exemplo, o estabelecimento do diferencial do imposto de importação entre produtos acabados e sobre componentes é tarefa de extrema complexidade. Em suma, estruturas tarifárias pouco inteligentes podem significar um tiro no próprio pé do país que as pratica. Por fim, práticas protecionistas sempre resultam em retaliações comerciais e quem acaba pagando a conta é uma outra empresa nacional que opera do outro lado da economia.

- Standards ou "padrões" é uma questão muito pouco discutida perante a opinião pública, mas importantíssima para muitas atividades. Como se trata de coisa muito técnica, cheia de jargões, chatíssima, não dá mídia. As grandes empresas e as associações, entretanto, não dormem no ponto no que diz respeito a este *issue*. Acompanham as discussões sobre o tema com muita atenção, participam de uma guerra encarniçada que acontece nos gabinetes, nas comissões técnicas. Sobretudo as empresas fabricantes. Elas sabem que um cochilo pode significar a perda de muito dinheiro. Uma decisão nesta área pode criar tremendos embaraços para alguns e muitas vantagens para outros. Imagine uma decisão de burocratas que estabeleça como padrão nacional algo que se encaixa como uma luva no modelo do seu concorrente e é totalmente diferente do seu. Moral da história: você está fora do negócio e ele, dentro. E pode ter certeza de que o seu concorrente vai sempre tentar jogar você fora da pista.

- "Custo de fazer negócios" é uma questão de grande amplitude. É tão examinada por investidores estrangeiros quanto o potencial do mercado em si. Na medida em que as economias se abrem, este custo passa também a ser um problema para os investidores nacionais que pretendem competir internacionalmente. É uma mistura de preocupações que envolve muitos dos indicadores econômicos acima mencionados com as questões sociais, mais problemas da qualidade da infra-estrutura – telecomunicações, portos, estradas, segurança, transportes, organização judiciária, legislação trabalhista, preço da ponte aérea Rio-São Paulo, etc –, nível educacional, burocracia, velocidade de decisão, grau de corrupção, etc.

37. QUESTÕES PÚBLICAS DE NATUREZA POLÍTICA

- "Eleições" – ou a perspectiva de mudança de governo ou do perfil congressual – é uma questão extremamente importante para muitas atividades. Sobretudo eleições presidenciais em regimes presidencialistas; ou congressuais, no parlamentarismo. "Eleições Gerais", isto é, para todos os níveis, são mais importantes ainda pela profundidade da mudança que elas podem produzir. "Eleição presidencial" – ou para um novo parlamento – significa, quase sempre, perspectiva de mudança, tanto em política econômica quanto social. Mesmo na esfera estadual ou municipal, as mudanças são inquietantes para os empresários. Um novo governo, ainda que de mesmo partido ou linha ideológica, traz com ele novos atores políticos, muitos dos quais desconhecidos e que poderão imprimir uma administração até mesmo diferente da prometida em campanha ou em desacordo com suas biografias. Enfim, incertezas. Em países como o Brasil, um novo governo, na esfera federal, significa mudar, no barato, em torno de 5 mil cargos. Outro aspecto de impacto nos negócios são os últimos meses de mandato. Os americanos chamam este período *de lame duck period* (a fase do pato coxo). O Governo, lá – dizem eles –, manca. Aqui, na verdade, o pato é paraplégico: o governo simplesmente pára. Gabinetes vazios, as pessoas limpando as gavetas. Ninguém decide nada. É o famoso clima de "barata voa". As empresas se desesperam com a descontinuidade do processo decisório. O Custo Brasil agradece.

- Mudanças ministeriais, de posições-chaves no Congresso, podem também detonar várias questões públicas ou mudar o rumo de outras em andamento. Uma nova equipe pode pensar diferente e não honrar compromissos assumidos por antecessores. Um novo relator de um projeto de lei pode dar uma reviravolta naquilo que parecia já estar decidido, trocar o dito pelo não-dito. A falta de experiência dos novos ocupantes e o tempo necessário para "tomarem pé da situação" podem resultar em adiamento da implantação de decisões praticamente tomadas. Veja bem, o *timing* do político não tem nada a ver com o *timing* do empresário. Resumindo: seis meses antes de sair do poder, o governo "velho" (*lame duck*) não funciona por falta de motivação; nos primeiros seis meses de poder, o governo "novo" não funciona por inexperiência. Período total de inoperância: 1 ano. Resumo do resumo: como eleições ocorrem a cada 4 anos (governos estaduais, municipais, congresso, assembléias estaduais, em cada 4 anos a economia do país funciona a pleno vapor em 3 (75%).

- Crises institucionais são também preocupantes. As mais comuns: escândalos, renúncias, *impeachments*, CPIs, morte súbita de altos dirigentes, etc. Geram expectativas de mudança ou de instabilidade. Os negócios páram.

- Exploração política. Situações derivadas do conflito político-partidário ou debates ideológicos. Exemplo: empresas oriundas de privatização estão permanentemente sob o fogo cruzado dos partidos que se opõem à política de privatização. Idem, as empresas estatais com relação aos privatistas. Empresas que, por alguma razão, passam a ser associadas a escândalos, suspeitas de corrupção que envolvam políticos, autoridades, estão expostas à exploração política. E não duvide de que o seu concorrente esteja por trás da intriga toda. Como dizia o sambista Ataulfo Alves, "*a maldade nesta gente é uma arte*".

38. QUESTÕES PÚBLICAS DE NATUREZA SOCIAL

- **A** relação entre *questões sociais* e os negócios em geral é direta e permanente. Por exemplo, nível de emprego no país, política salarial, perfil da distribuição de renda, etc. são questões que podem aumentar ou reduzir o mercado de consumidores, ou a capacidade individual para consumir. Um empresário do ramo de produtos populares que defende a necessidade de uma reforma agrária, ou de aumento do poder aquisitivo da população, além de estar alinhado com a solução de um grave problema social, pode estar visando a expansão de seu mercado. SEMPRE, melhoria das condições sociais significa melhoria dos negócios. Ninguém mais interessado na distribuição de renda que o empresário inteligente. Mas o que está na cabeça das pessoas – no *estigma da raça* – é justo o contrário. Empresas e empresários estão se lixando para os problemas sociais.

- A Previdência Social é, em maior ou menor grau, um problema no mundo todo. Talvez venha a ser a principal questão do início do novo milênio. Propostas para o problema existem muitas. Soluções, nenhuma que agrade a todo mundo. Mas uma coisa já se sabe: toda legislação que implique em novos encargos, ou obrigações, para o empresário privado leva-o a rever a equação receita/despesa/lucro. Em outras palavras, é preciso definir quem vai pagar a conta: se o acionista (retorno do investimento), se o cliente (preço e/ou qualidade), ou se o recurso humano (emprego/salário). Se a obrigação é do Estado, paga o contribuinte. Não há milagre. *Lavoisier*, aquele abraço! Nada se cria, nada se perde, tudo se transforma.

- Educação é uma questão importantíssima para os negócios. Onde não há recursos humanos com formação básica, o esforço de desenvolvimento profissional acaba sobrando para as empresas. Não estamos falando de treinamento profissional e, sim, de educação básica. Algumas empresas são obrigadas a ensinar a língua pátria para os seus funcionários, mesmo para aqueles que chegam a ela com diploma de formação superior. O advento da comunicação eletrônica, que obriga o funcionário a redigir alguma coisa, expôs a qualidade do nosso ensino. Se com "português" é assim, imagine com o resto. Conseqüências: mais custos para a empresa que, evidentemente, são repassados para o consumidor (o que seria uma espécie de "imposto indireto"). Ensino deficiente tira, a nível internacional, a competitividade das empresas. É uma das partes invisíveis do chamado "*custo de fazer negócio*". Não é à toa que líderes empresariais, brasileiros e estrangeiros, têm sustentado que o Brasil precisa investir em Educação. Aquela história de que o capital internacional vinha pra cá porque a mão-de-obra era barata podia fazer sentido nos primórdios da chamada Era Industrial. Hoje, os robôs são ainda mais baratos. Na Era do Conhecimento, a educação é condição de empregabilidade. E mais: gente educada, no sentido profissional, pode ganhar mais. Ganhando mais, de alguma forma, ativa a economia.

- A questão da tecnologia pode ser vista de dois ângulos. O primeiro, sob o aspecto do impacto que ela venha a produzir diretamente – e por si só – sobre a atividade empresarial. Por exemplo: tecnologias que modifiquem processos industriais. Organizações que dependem de tecnologia, seja na condição de fornecedoras, seja na de usuárias, têm que estar alertas ao que acontece, no mundo, nas tecnologias da qual depende. Dormiu no ponto, sambou. O segundo ângulo, pela reação da sociedade para acomodar o impacto da tecnologia sobre ela, sociedade. Exemplo: leis que controlem seu uso. O primeiro é uma questão puramente de desenvolvimento de negócios e foge da esfera deste trabalho. O segundo trata-se de uma *Questão Pública* e é dela que vamos tratar aqui. Tecnologia sempre foi motivo de grandes querelas face à desarrumação que ela produz na organização da sociedade. Por um lado, ela agrega valores para a sociedade; mas, na outra ponta, significa mudança na cultura e, principalmente, no perfil das atividades. Para uns é festa. Para outros, falência, desemprego. Entre os principais subprodutos da tecnologia moderna, a automação – industrial, bancária, comercial, etc – é a mais conhecida e preocupante. É aquela que "acaba com empregos", que substitui o homem. A reação, portanto, é natural e necessária. Acontece que, em todo mundo, legisladores, líderes sindicais e formadores de opinião – muitos deles bem-intencionados, mas desinformados – têm proposto soluções piores que o problema. Voltaremos ao assunto.

- "Ergonômicos" também é uma questão polêmica no mundo todo. Doenças profissionais têm surgido pelo uso inadequado de instrumentos, ou por desenhos, e por processos geradores de agressões físicas ao profissional. Exemplo: DORT (Distúrbios

Osteomusculares Relacionados ao Trabalho). Se a organização é fornecedora de produtos com suspeita de serem danosos aos usuários, as preocupações devem ser, nesta ordem: (1) com a correção ou eliminação do produto, (2) com a imagem do mesmo, (3) com legislações exageradas e com a criação de *standards* desnecessários. Se a organização é usuária, a preocupação deve ser com os seus próprios recursos humanos. É um item de qualidade de vida e eticamente requerida.

- "Minorias" estão cada vez mais fortes, organizadas e demandantes. Nos Estados Unidos, a "*equal opportunity policy*" – uma espécie de "*todos são iguais perante a lei*" levada a sério – é uma realidade e o exemplo tende a ser imitado nos países em desenvolvimento. Questão de horas. Conflitos com minorias são péssimos para a imagem da empresa e acabam refletindo sobre os negócios. Minorias são ativas, barulhentas, organizadas. Há inúmeros exemplos de boicotes, campanhas, boca a boca negativo contra empresas que não foram "politicamente corretas" e, por causa disto, amargaram grandes prejuízos. O público interno é muito sensível a essas questões e os departamentos de RH são lentos em enfrentá-las.

- As preocupações ecológicas cresceram geometricamente nestas duas últimas décadas. Também se incluem na rubrica do "politicamente correto". Desde 1962, quando se descobriu que o DDT era o responsável pela poluição ambiental em Los Angeles, o número de casos de empresas que se embaralharam na questão não parou de crescer. Exemplos de florestas devastadas, rios contaminados, ares empestados, natureza destruída. Em 1989, o caso *Valdez* alertou o mundo empresarial quanto aos riscos que as organizações corriam. Mostrou que muitas delas dormiam sobre um paiol de pólvora. E que não bastava fazer tudo direito, andar na linha, ser nota dez em qualidade, ter ISO disto ou daquilo. Quando tem que acontecer, acontece. E quando acontece, se a sua empresa não tem a bala de uma EXXON ou de uma PETROBRAS, simplesmente desaparece. Mas a sua empresa não precisa de um megaproblema desses para ganhar as páginas e conhecer o inferno. Basta sujar a calçada, suas máquinas perturbarem o sono das pessoas nas redondezas, suas kombis atrapalharem o tráfego, seu *outdoor* maravilhoso emporcalhar a paisagem. As novas gerações estão tão ligadas a essa questão quanto as anteriores estavam às questões políticas e sociais. Se a sua organização depende dos jovens, como consumidores ou como recursos humanos, ligue-se logo enquanto é tempo. O "balanço ambiental" de sua empresa tem que ser positivo, isto é, dar mais ao ambiente do que tirar dele. E, hoje, não basta apenas não-sujar. É necessário mostrar que não suja. E convencer a sociedade de que você está falando a verdade.

- Saúde e Segurança Pública, no que diz respeito às empresas, se misturam com Direitos do Consumidor. Erros nessas questões podem literalmente liquidar uma empresa, qualquer que seja o seu tamanho. Há centenas de exemplos de organizações que faliram ou arcaram com grandes prejuízos por causa de produtos contaminados, processos deficientes, defeitos de fabricação, profissionais mal treinados. A poderosa *Johnson & Johnson*, em 1982, diante da suspeita de que seu produto carro-chefe *Tylenol* seria responsável pela morte de consumidores, passou maus momentos. Em proporções muito menores, no Brasil, em 1998, a *Schering*, com as pílulas anticoncepcionais de farinha, comeu o pão que o diabo amassou. A empresa gastou dezenas de milhões de dólares em indenizações e advogados, e ainda passou o vexame de ter dois de seus principais executivos condenados a dois anos e quatro meses de cadeia. As pílulas de farinha – liberadas no mercado por uma falha no processo industrial – não afetaram a saúde das consumidoras nem de seus bebês, como aconteceu com a talidomida nos anos 60. Aquela droga produziu uma legião de aleijões na Europa. Mas o produto liberado pela *Schering* não atingia seu objetivo: evitar a gravidez. Por outro lado, campanhas dirigidas contra fumo, bebidas, medicamentos, hábitos, etc. devem crescer nos próximos anos. Haverá um grande empenho da sociedade na melhoria da qualidade de vida, como decorrência do fato de que as pessoas estão vivendo mais. Se a sua empresa está contribuindo – indiretamente, suponho – para que os consumidores entrem para grupos de risco de doenças cardíacas (obesos, colesterol alto, hipertensos, diabetes, estressados) ou vir a desenvolver algum tipo de câncer, impotência ou outra patologia, prepare-se, porque a sua empresa pode ser a bola da vez.

- Direitos Humanos: Trabalho escravo ou em condições insalubres, uso de menores em atividades próprias para adultos continuam sendo praticados por este mundo afora. A *Nike* enfrentou problemas com acusações de usar mão-de-obra escrava no oriente. Em 1992, *Wal-Mart*, uma das maiores cadeias de varejo dos Estados Unidos, fundada pelo legendário *Sam M. Walton*, foi acusada de usar crianças de *Bangladesh* para, por cinco *cents* a hora, produzirem os artigos vendidos pela cadeia. Os produtos vinham com a rubrica *Made in* USA. Ah! É importante lembrar que, nos anos 80, *Sam Walton* foi um fervoroso defensor do programa *Buy American* – Compre (produto) Americano – e propugnava o fechamento das importações para proteger o nível de emprego nos Estados Unidos. (2)

- Ética nos negócios começa a ser alvo da preocupação da sociedade. Empresas e empresários, homens públicos, profissionais liberais tiveram problemas de imagem nesta área com reflexos profundos sobre os seus negócios. Corrupção, concorrência desleal, pirataria, contrabando, sonegação, fraudes são considerados ilícitos penais há anos pela legislação, mas culturalmente sempre foram tolerados. Sobretudo aqui. Chegamos a ter orgulho deste nosso "lado criativo" que resultou numa entidade genuinamente nacional: o famoso "jeitinho". Mas, mesmo aqui, os tempos serão outros. Quem sair da linha, vai sambar. Pode até escapar da cadeia, mas, em termos de negócio, será varrido do mapa. Temos já recentes bons exemplos, incluindo um presidente da República.

- AIDS, drogas, aborto, uso de armas, assédio sexual são todas questões muito importantes para empresas, sobretudo em suas políticas de Recursos Humanos.

- Terceira Idade. O aumento gradual da expectativa de vida está transformando uma minoria em maioria. Esta mudança de perfil etário vem trazendo muitos problemas e oportunidades. Os sistemas de previdência social, como falamos, é um *issue* em quase todos os países. Para as empresas, a terceira idade, ativa e ociosa, bem como o aumento da perspectiva de vida, trouxe novas oportunidades de negócios: um imenso mercado. Mas vão enfrentar pressões para oferecer empregos para idosos.

39. QUESTÕES PÚBLICAS INTERNACIONAIS

- Os blocos de comércio (*Mercosul*, *ALCA*, *NAFTA*, Europa, etc, etc, etc) e mesmo as relações bilaterais reguladas por tratados podem influir em todas as questões que vimos acima. Protecionismos, tarifas, legislação trabalhista, *standards*, direitos do consumidor, propriedade intelectual, questões ecológicas são temas que tendem a ser regulados internacionalmente. Na questão da propriedade intelectual, a pirataria é uma questão muito séria, pela capacidade de fazer sangrar organizações. Idem o contrabando, que produz enormes prejuízos ao país e ao comércio legal. A aldeia global está fazendo com que as chamadas políticas sociais e econômicas deixem de ser nacionais. Cada vez mais se interconectam e se interpenetram.

40. O CICLO DE VIDA DAS QUESTÕES PÚBLICAS

Para entender melhor a *Questão Pública,* é importante conhecer a sua natureza e o seu ciclo de vida, isto é, onde e como nasce, quem são seus pais, como se desenvolve, amadurece e morre. Às vezes o ciclo não se encerra com a morte. Muitas questões ficam vagando como espíritos sofridos e não-resolvidos, buscando uma oportunidade para reencarnar. E quando reencarnam – anos, às vezes, séculos depois – podem não ter a mesma cara, mas o espírito é o mesmo.

Esse tema, por si só, caberia num livro. Mas, simplificando ao extremo, uma questão nasce como resultante do conflito entre quem tem e quem não tem; entre quem quer e quem não quer. Quando alguém diz "*quero mais*" (comida, moradia, emprego, aposentadoria, oportunidades de crescimento, etc., etc., etc.) ou "*também quero*", "*deu pra ele, tem que dar pra mim*" (pleito das minorias), este alguém está construindo uma demanda e ativando uma questão. Esta demanda não vai ficar barata. Inevitavelmente estará pisando nos calos de alguém que "já tem" ou "sempre teve" e que não abre mão dos "seus direitos" nem morto. "*Não vem, que não tem. No meu, ninguém mexe*" – avisa. "*Só passando por cima do meu cadáver*". Ou a demanda pode ferir os ouvidos de quem não concorda, produzindo dissonância cognitiva em alguém. Encrenca formada.

As *Questões Públicas* têm um ciclo de vida semelhante ao dos vegetais. São plantadas, germinam, crescem, às vezes, dão frutos, envelhecem e morrem. Também, assim como os vegetais, dependendo da espécie, as questões têm ciclos de maturação diferente. Há *Questões Públicas*, por exemplo, que podem levar décadas entre a semente e os frutos, como, por exemplo, a questão da escravidão negra no Brasil, que levou anos entre as primeiras manifestações de crítica ao trabalho escravo (em torno de 1825) e a assinatura da Lei Áurea (1888). Parêntesis. Aliás, esse é um bom exemplo de uma *Questão Pública*, aparentemente com exclusiva motivação humanista, mas que, na realidade, embutia interesses das elites internacionais. De direita, digamos assim. A mão-de-obra escrava no Brasil não interessava aos ingleses, porque tirava a competitividade de suas (deles) mercadorias. Os versos carbonários de Castro Alves podem ter ajudado a convencer a princesa a colocar o jamegão real na lei, mas o determinante mesmo foi o paciente *lobby* inglês. Fecha parêntesis. Mais recentemente, tivemos a questão do divórcio, que se arrastou por anos no Congresso Nacional. A questão do aborto vai pelo mesmo caminho.

Mas uma reforma tributária radical pode ter um ciclo bem menor. E algumas idéias malucas podem passar a vigorar em dias: por exemplo, mudança do regime cambial.

De qualquer forma, as *Questões Públicas* levam um certo tempo para transformar-se em algo coercitivo, mandatório, que nos obrigue a fazer ou deixar de fazer alguma coisa. Em média, oito anos. Só então o seu impacto acontece na plenitude. E não se pode culpar ninguém por esta demora. Não se trata da morosidade habitual dos poderes públicos. É o ciclo. É o tempo necessário para a controvérsia ganhar contornos, nitidez; tempo para mobilizar os interessados – quem pode ganhar, quem pode perder e neutros; tempo para acomodar as idéias. Portanto, quem trabalhar nesta área não pode ser afobado. Os executivos, orientados pela aflição do quartil ou mesmo pelo calendário gregoriano, têm muita dificuldade de entender o *timing* das *Questões Públicas.*

A principal semente das *Questões Públicas* são as idéias. Elas podem derivar de posições ideológicas clássicas, como os chamados "pensamento conservador" e "pensamento progressista" – embora hoje seja difícil dizer quem é quem –, podem nascer nos princípios religiosos, éticos, morais, bem como podem surgir da participação de novos atores na democracia moderna, tais como consumidores, contribuintes, ongs, minorias, etc.

O período correspondente à germinação começa quando as idéias encontram quem as leve para a opinião pública. Geralmente, a liderança do processo de agitação é das forças da chamada "democracia participativa" (ver adiante). Campanhas, passeatas embandeiradas, utilização da mídia, movimentação de lobistas, intenso boca a boca, *think tanks* entram na jogada para melhorar o nível da conversa. A onda está formada. Pequena ou grande, vai justificar pelos seus adeptos o uso de uma expressão incomensurável: "adesão da opinião pública".

A fase de crescimento começa quando o governo ou alguém do congresso decide encampar o "apelo popular" e apresenta um projeto de lei. Segue-se um longo período de tramitação. Uma batalha surda de lobistas – a favor e contra – acontece longe dos olhos da opinião pública, junto a membros das comissões das duas casas (Câmara e Senado). Audiências públicas, negociações, alterações, emendas, relatórios, destaques. Fora do congresso, artigos no jornal, *talk-shows*, etc. Às vezes, passeatas, panfletagem, anúncios na mídia. O grande sonho de consumo dos estrategistas é o surgimento de um "cadáver" para dar emoção e impulso à causa. "Cadáver" não precisa ser necessariamente humano, como, por exemplo, o do arquiduque, em 1914, em Sarajevo, que detonou a primeira guerra mundial. Podem ser animais. Exemplo: fotos de peixes e de pássaros vitimados por um vazamento industrial podem acelerar a votação de uma lei ambiental. Podem também ser inanimados. Exemplos: revelação de documentos secretos, do teor de telefonemas grampeados, pode ser a gota d'água que a causa precisa. Entretanto, apenas um percentual mínimo de projetos chega, um dia, à aprovação e promulgação. Só então passa a vigorar.

Existem *Questões Públicas* de maturação mais rápida. São aquelas relacionadas à Política Econômica. O ciclo delas é mais veloz porque as causas que lhes deram origem também surgem velozmente. A resposta precisa ser rápida. Para isto, o governo tem autonomia para dispor de instrumentos de efeitos quase imediatos: medidas administrativas, portarias, etc. Dispõe também das chamadas "medidas provisórias", um projeto de lei com força de lei e de efeitos instantâneos. A única forma de prevenir-se quanto a esses mísseis é através do acompanhamento dos chamados "*indicadores de antecedência*". Conversar com o Anjo Gabriel todos os dias.

Como vimos, muitas *Questões Públicas* jamais morrem. Como o Conde Drácula, entram em estado de letargia e ressuscitam quando uma velha idéia é redescoberta e reativada. É a sua lua cheia. Pequenos ajustes aqui e ali, um palavreado moderno, parecem novas. Há várias almas penadas, vagando no éter legislativo, pedindo pouso.

O ressurgimento de muitas assombrações ocorre em campanhas eleitorais, ou nas crises de qualquer natureza, ou nas chamadas "*situações-limites*". Esses são terrenos férteis, caldo de cultura para a semente ser tentada de novo. Exemplo: num determinado momento, existe uma grande preocupação ecológica (demanda social). Mas nenhuma ação concreta foi ainda tomada no sentido de corporificar esta preocupação. Eis que acontece um desastre ecológico ou um acidente inesperado, ou problemas com um produto. O cadáver. A opinião pública, emocionada, pode esquentar a idéia e disparar o processo que estava em banho-maria.

No Brasil, nem sempre uma *Questão Pública* resolvida – e sua solução formalizada – constitui um problema para quem perdeu a batalha ou um ganho para os seus vencedores. Isto porque o nosso regime jurídico informal dispõe de um instituto conhecido como o da "lei que não pegou", que é um tipo de "desuso ou caduquice por consenso entre as partes", isto é, quem deveria respeitar a lei e quem deveria fiscalizar a aplicação da mesma concordam que a lei não faz sentido. Ao não imaginar este instituto, o Direito Romano comeu enorme mosca.

41. GERADORES DE QUESTÕES PÚBLICAS

Os principais geradores de *Questões Públicas* são:

a) Demandas sociais: melhoria da qualidade de vida, questão agrária, segurança na velhice, garantia de emprego, habitação, saúde, educação, segurança pública, justiça, cuidado com o ambiente, etc. Essas demandas jamais foram e serão totalmente resolvidas. Tirando "ecologia", que surgiu na segunda metade do Século 20 (anos 60), as outras são centenárias. A questão da terra é milenar. Entra governo, sai governo; entra ideologia, sai ideologia; entra século e sai século; muda a geografia política, o homem vai à lua, descobre a cura do câncer, e essas demandas continuam firmes e robustas como se tivessem sido inventadas ontem. Renascem espontaneamente ou são estimuladas por lideranças políticas e/ou comunitárias. Depois, o Governo faz a sua parte. Quando renascem, têm ciclos de longa maturação. Algumas delas se transformam em "políticas públicas". Educação, saúde, previdência social, habitação, segurança pública são exemplos clássicos. Como as soluções geram pressões sobre o orçamento público, a discussão descamba para a identificação de quem vai pagar a conta. Aí, a coisa pega.

b) Demandas ideológicas. Tanto a esquerda clássica quanto a direita idem têm uma ampla e centenária agenda. Alguns posicionamentos são comuns. Exemplos: o nacionalismo econômico e a intervenção do estado na economia e na sociedade. Para a esquerda, eles são meios; para a direita, um fim em si. Com o fim da União Soviética – o maior *show room* do socialismo mundial –, ambas, esquerda e direita, ficaram sem o que ser a favor e contra. A coisa ficou meio confusa. Doutrinariamente, têm divergências na questão do direito de propriedade, sobretudo a rural – uma relíquia do feudalismo –, e com relação aos chamados "direitos humanos". Na Europa, a direita tem claro posicionamento contra a imigração e extremistas recomendam a intimidação física como solução. Nos Estados Unidos, a direita, como manda a tradição, é racista e segregacionista. Na Ásia, fundamentalista. Até os anos 80, a esquerda tomava posições contra o *business*, sobretudo o chamado "*big business*", tido como grande empecilho para a "revolução social". Depois, na medida em que foi tomando o poder por via pacífica, passou a distinguir entre o "bom" e o "mau" capitalismo. Nos matizes menos extremados, a centro-direita e a centro-esquerda têm posicionamentos muito parecidos, a começar pela sustentação do sistema democrático. As discordâncias residem ainda na questão do papel do estado e do nível de regulamentação da economia. Ainda que alguns preconizem o fim das ideologias, a demanda de ordem ideológica não deve desaparecer. A ideologia – disseram – é a incapacidade de ver o mundo numa perspectiva da humanidade. Se quem disse isto está certo, as ideologias não vão morrer nunca. Mas mudam de cara. Na verdade, o maniqueísmo "esquerda e direita" não significa mais nada. Nem o binômio "liberal" (no sentido americano) e "conservador" e suas variantes. Afinal, o que vem a ser "social democracia"? E o neo-anarquismo? Enfim, cada vez fica mais difícil catalogar as idéias e rotular as pessoas segundo esses paradigmas. Portanto, o que se tem que fazer é conviver com essa bagunça toda e esperar que algum guru iluminado bote ordem na casa.

c) Pressão internacional. Que pode ser:

- Resultante de descumprimento de acordos comerciais ou tratados bilaterais ou multilaterais; ou de regras estabelecidas por integrantes de blocos econômicos, tais como Mercosul, Alca, Nafta, CEE, Tratado de Não-proliferação nuclear, etc.
- Importação de demandas sociais. Exemplo: medidas para proteger negócios e empregos na Europa se transformam em restrição à importação de produtos estrangeiros no mercado europeu, afetando assim a exportação para lá de produtos de outros países de fora do bloco.
- Importação de interesses de classes internacionais. Exemplo: pressão do G-7 (Estados Unidos, Inglaterra, França, Alemanha, Japão, Itália e Canadá) por abertura total da eco-

nomia para favorecer os investidores estrangeiros; no extremo oposto, seria estimular medidas protecionistas num país para justificar a reciprocidade. Os pecuaristas europeus adoram quando outros países implantam proteções em seus mercados. Isto dá cobertura "moral" ao protecionismo que eles praticam.

- Necessidades da nova ordem econômica internacional. Exemplo: controle do déficit público na Europa pelos signatários do Tratado de *Maastricht* como condicionante para implementação da moeda única; a questão das patentes no mundo todo.
- Questões já "globalizadas". Exemplo: direitos humanos, ecologia, combate ao tráfico de drogas, ao terrorismo, à pirataria, ao contrabando, aos crimes cibernéticos, desarmamento nuclear.

d) Descobertas científicas e tecnológicas (*breakthroughs*). A tecnologia é o maior agente de mudanças. Agentes de mudanças costumam ser bons geradores de *Questões Públicas*. A tecnologia, entre outras coisas, transforma hábitos, comportamentos, forma de pensar. Modifica processos produtivos, empresariais, altera o perfil da mão-de-obra, destrói e constrói profissões. O automóvel, por exemplo, acabou com o emprego dos cavalariços, cocheiros, charreteiros, ferreiros e criou o proletariado de classe média. A tecnologia da informação produz mudanças ainda mais velozes. As empresas, comandadas pelo mercado e pressionadas pela concorrência, não têm outra alternativa senão a de ajustar-se ao novo patamar tecnológico. Rapidamente. Sem choro nem vela. Do contrário, morrem. Enquanto as empresas correm atrás do prejuízo, grande parte da sociedade entra em estado de perplexidade. Procura os gurus de sua confiança. Como poucos sabem do que se trata – mas não abrem mão de uma opinião – a confusão aumenta. Neste momento é que a tecnologia deixa de ser uma questão industrial – ou o que seja – para transformar-se numa Questão Pública. O mesmo vale para as descobertas e experiências científicas. Do rolo formado, nascem quatro grupos:

- O primeiro grupo defende que a descoberta (ou a nova

tecnologia) vai resolver todos os problemas do mundo. Deste grupo, participam os descobridores e os que, detentores das patentes, vão tirar partido da descoberta (ou da tecnologia).

- O segundo grupo afirma que a descoberta (ou tecnologia) é "*a maior ameaça para a Humanidade*". Obra do diabo. São os que não descobriram, os que não têm controle das patentes e aqueles que vão ser prejudicados pela descoberta (negócios, emprego, etc).
- O terceiro grupo são as bandas de música de ambas as facções. As charangas. São elas que vão "mobilizar" a opinião pública. São os *media oriented*, isto é, aqueles que falarão na imprensa, em *talk-shows*, mesas-redondas, conferências, escreverão artigos a respeito. Fauna variada: líderes políticos, empresariais, religiosos, intelectuais conhecidos, artistas e atletas consagrados, pagodeiros, modelos, emergentes, ex-presidentes de qualquer coisa, etc. Todos darão a sua opinião, cada um de acordo com o seu preconceito e o nível de informação sobre o assunto, em alguns casos, próximo de zero, senão, o próprio.
- O quarto grupo é formado por 80% da população que não se interessam por este e/ ou por qualquer outro assunto.

Este período em que ninguém sabe do que se está falando – diga-se de passagem, longo – é o mais perigoso. Como o tema "dá imprensa" (polêmico, ameaçador, permite mil fantasias), o legislador, atento às mídias, tende a surtar e a produzir peças legislativas inacreditáveis. Inúmeros exemplos – tipo revogação da lei da gravidade – poderiam ser citados. Verdadeiros bebês de Rosemary pululam nos arquivos legislativos. Deixamos de citá-los porque muitos autores ainda estão vivos ou têm essa impressão.

42. CRISES EMPRESARIAIS E QUESTÕES PÚBLICAS

Crise empresarial é definida como uma situação inesperada que foge ao controle dos administradores e cujo desdobramento vai prejudicar a atuação normal da empresa. Em certo sentido, ela é um *issue*. Um *issue* sangrando.

A literatura sobre crises empresariais é vastíssima. Casos e mais casos escabrosos de empresas que afundaram – ou quase – são estudados nas universidades americanas e européias. Acadêmicos, professores, profissionais de Relações Públicas buscam construir processos e descobrir receitas para lidar com as crises. Entretanto, as empresas continuam mergulhando nelas todos os dias, apesar de tudo que se estudou e se debateu sobre o assunto.

Grandes crises empresariais estão normalmente ligadas a:

- Produtos e serviços com problemas.
- Conflitos com empregados: demissões em massa, greves.
- Escândalos envolvendo altos executivos: corrupção, fraudes, etc.
- Processos legais de várias naturezas.
- Atos de terrorismo contra a organização.
- Catástrofes: queda de avião, desastres ecológicos, etc.
- Panes sistêmicas: falhas de computadores, erros de softwares, etc.
- Falhas humanas.

Em média, por ano, vinte mil processos contra produtos foram abertos contra empresas na década de 90 nos Estados Unidos. O dobro de processos registrados no início dos anos 80. O que está acontecendo? Está caindo a qualidade dos produtos? Claro que não. As empresas nunca investiram tanto em qualidade quanto nestas últimas duas décadas. O que está acontecendo é que o consumidor está ficando mais esperto, mais exigente, mais demandante. Bobos não existem mais.

A relação entre crises empresariais e *Questões Públicas* é direta. Estas, aliás, são grandes alimentadoras das crises. O episódio de *Valdez* – a crise que a *EXXON* viveu com o derramamento de óleo no Alaska, em 1989 – não teria tomado as proporções que tomou se a questão ecológica não estivesse na crista da onda. Tivesse acontecido nos anos 50, a empresa faria um comunicado à praça – se tanto – e não se falava mais no assunto. *Valdez* aconteceu na hora exata. Foi a sopa no mel. O cadáver que faltava para animar a festa dos ambientalistas. Tinha todos os ingredientes que a campanha pedia: natureza ofendida, fotos de impacto e corporação poderosíssima. Um Golias. Um prato cheio. Hoje, passados mais de dez anos, o local do acidente está praticamente recuperado. A imagem da empresa, não.

Em chinês, "*crise*" e "*oportunidade*" são representados pelo mesmo ideograma. Na vida, isto geralmente pode ser verdade. Uma crise pode interromper um processo de decadência, mexer com os brios, acordar as pessoas e instituições. Neste sentido, ela é uma oportunidade de virar o jogo. Mas naquilo que classificamos de "crises empresariais", as organizações jamais ganham. Sempre perdem. E perdem muito. Como mencionamos, nos Estados Unidos, as empresas perdem anualmente, por causa de crises, mais de um trilhão de dólares. São gastos com advogados, com propaganda reparadora, com a perda da lealdade de clientes, com a desvalorização de suas ações, com desmotivação dos empregados e distração da atenção gerencial. Assim, quando chegar a sua vez, se o seu estrategista vier com a conversa de "vamos de fazer de um limão, uma limonada", despeça-o no ato. Trata-se de um autêntico bobalhão. O único objetivo sensato aceitável numa crise empresarial é diminuir as perdas e encurtar o tempo de sofrimento. Não há espaço para limonadas nem para humoristas.

Uma característica das crises empresariais – que está na definição acima citada – é serem inesperadas. Está tudo aparentemente bem e, de repente, o inferno se instala. Inesperadas mas não imprevisíveis. Necrópsias de várias crises empresariais têm mostrado que muitas delas deram sinais importantes antes de aparecerem. Problemas reportados pelas auditorias que não foram acompanhados, indícios significativos que não foram levados a sério, processos sem qualificação, operações de "risco calculado", rotinas fatigadas, recursos humanos despreparados, reclamações de clientes desdenhadas, boatos não investigados, não acreditar em bruxas, embriaguez de sucesso, etc. Enfim, ovos de serpentes chocados debaixo dos tapetes.

43. QUESTÕES PÚBLICAS E IMAGEM EMPRESARIAL

As *Questões Públicas* não precisam terminar o seu ciclo para que a imagem de uma empresa a ela relacionada seja afetada. O impacto sobre a imagem é instantâneo. Exemplo: alguém sofre um dano por causa de um produto; a mídia dá ampla divulgação ao fato e ataca a empresa que o produz (a semente é plantada). Um deputado, pensando nos seus eleitores (veja bem, nada de errado nisto), aproveita a oportunidade para apresentar um projeto de lei que proíbe a fabricação do tal produto. Aqui está a diferença: o impacto que este projeto de lei vai causar na empresa só vai acontecer daqui a anos. Se acontecer. Até lá, muita água vai rolar, alguém da empresa pode procurar o deputado e convencê-lo que não é nada disto e ele, convencido, desistir do projeto. Por aí, ninguém sai perdendo: a empresa deu baixa na ameaça (restrição à fabricação do seu produto), o deputado fez média com a empresa (até pede uns trocados para a próxima campanha) e seus eleitores nem ficarão sabendo do recuo do seu paladino. Mas a lesão sobre a imagem do produto e da empresa entrou em vigor quando a matéria apareceu no jornal. As perdas são imediatas.

Um grande risco para as empresas é serem transformadas no símbolo daquilo que os militantes da causa pretendem combater. No belzebu. A estratégia tem uma história de sucesso. Quando, nos anos 50, os nacionalistas brasileiros quiseram criar o monopólio estatal do petróleo, elegeram a *Esso* o belzebu da temporada. Vinte anos depois, usando o mesmo *know-how*, os militares e a comunidade científica brasileira, para sustentar a política de reserva de mercado na informática, carimbaram a IBM como "*um risco para a segurança nacional*". Em janeiro de 2000, em *Davos*, atendendo à palavra de ordem "*protecionistas de todo mundo, uni-vos*", os manifestantes escolheram a *McDonalds* como símbolo da globalização. A empresa virou o primeiro belzebu do novo milênio.

44. ESTRATÉGIAS DE MARKETING E QUESTÕES PÚBLICAS

São inúmeros os casos de campanhas de *marketing* "de tirar o chapéu", propagandas "geniais", supercriativas, etc., que acabam se voltando contra a imagem da empresa. Muitas vezes, são iniciativas que realmente conquistam clientes, aumentam as vendas. O pessoal de *marketing* – claro – comemora, os acionistas, idem. Mas, por outro lado, fecham inúmeras portas e compram poderosos inimigos. Nem sempre este lado negativo é percebido. Ou, quando é percebido, já é tarde demais. Processos de *Comunicação de Marketing* que não envolvem advogados e profissionais de Relações Públicas costumam arranjar boas encrencas. Poderiam ser citadas empresas e mais empresas, grandes e pequenas, nacionais e estrangeiras que andaram pisando na bola.

São exemplos mais comuns:

- A propaganda. No passado, valia tudo. Exagerar, mentir, vender gato por lebre. Aos poucos, o consumidor foi conseguindo espaço, ganhando direitos e a coisa foi ficando mais difícil para os marqueteiros irresponsáveis. Surgiu internacionalmente a figura da "propaganda enganosa". Em muito países, foi tipificada em lei. Os cuidados aumentaram por parte das empresas, mas ainda há os que gostam de correr riscos. Viver no fio da navalha.
- Campanhas politicamente incorretas. O que parece ser engraçado para a maioria dos públicos pode ser uma grave ofensa a uma minoria. Tempos idos, essa minoria ficava quietinha, engolia em seco e tinha que sorrir amarelo diante da humilhação. Hoje, protesta, vai para as ruas, organiza boicotes. Pelo barulho que faz, ninguém diz que é uma minoria.
- Campanhas que podem ser entendidas como crítica ou engajamento em temas tais como religião, ideologia, política-partidária. Empresas estrangeiras podem ser acusadas de intromissão indevida em assuntos nacionais.

45. QUEM É QUEM NA ARENA DAS QUESTÕES PÚBLICAS

A maioria das sociedades contemporâneas evolui de acordo com as regras do chamado "jogo democrático". Por "democracia", fiquemos com a definição ao pé da letra: "*governo do povo*". Por "*povo*", entenda-se "todos os indivíduos de uma determinada sociedade", sem qualquer tipo de discriminação.

Examinando o enunciado acima e olhando a sociedade como ela está, noutras palavras, contrapondo a teoria à prática, entendemos rapidamente a razão do permanente quebra-pau: a realidade está muito longe da intenção. Avançou-se muito, mas ainda há muito que melhorar. Isto é, se queremos ter a democracia ao pé da letra.

O "jogo democrático" é a forma encontrada pela sociedade para administrar este quebra-pau, isto é, os conflitos entre quem tem e quem não tem, entre quem está dentro e quem está fora. O "jogo" é o meio para acomodar interesses, resolver as tensões entre as forças conflitantes, sem perder de vista o objetivo de aproximar-se, cada vez mais, do ideal democrático tal e qual enunciado acima.

O "jogo democrático" – como qualquer jogo – tem regras. Que também – como qualquer outro – podem mudar desde que os participantes aceitem.

O "jogo democrático" moderno é praticado por três conjuntos de forças:

(1) O primeiro conjunto é onde se digladiam as forças da chamada "*democracia representativa*". Estas forças representam o povo – ou segmentos dele – com delegação explícita e formal. É o poder político formado pelos partidos políticos, pelos governos eleitos, isto é, membros do poder executivo e do legislativo (e do judiciário, em alguns países). A grande característica dessas forças é que, na condição de legítimos representantes do povo, elas têm a reserva de poder para formalmente mudar a sociedade. Em suma: o poder de decidir. Se, na prática, a mudança ocorre, isto é outra conversa.

(2) O segundo conjunto abriga as forças da chamada "*democracia participativa*". Estas forças também, à sua maneira, representam o povo, a opinião pública, ou seus segmentos, mas esta repre-

sentação não tem a mesma legitimidade da representação das forças do poder político. Portanto, elas participam mas não decidem. Entre estas forças estão as associações, os sindicatos, as organizações-não-governamentais, os grupos de pressão, a mídia, etc. Como não têm poderes para decidir, resta-lhes o papel de pressionar as forças do primeiro conjunto no sentido de que essas encampem suas teses e pontos de vista. Este conjunto – insignificante no início do século 20 – cresceu e multiplicou-se no decorrer do período. O chamado "multiculturalismo" ajudou a engrossar o caldo.

(3) Um terceiro conjunto reúne aquelas forças cujo diploma de representação é discutível e que não aceitam as regras do jogo. São os grupos extremistas.

Esses três conjuntos formam a arena das *Questões Públicas*.

(1) Forças da *democracia representativa.*

a) Poder Executivo. Com relação às mencionadas demandas, o Executivo atua em três momentos do processo legislativo. No primeiro, ao acolhê-las, elabora projetos de lei que serão debatidos pelo parlamento. No segundo momento, através de sua bancada no congresso, participa dos debates e das votações. E, no terceiro momento – depois que o projeto vira lei –, nos vetos e nas regulamentações. O momento da elaboração destas regulamentações – como é realizado fora dos holofotes da opinião pública – é muito perigoso para os interessados, sobretudo para as empresas. Enquanto estas estão lá comemorando a aprovação da lei maravilhosa, burocratas mal-intencionados, ou mal preparados, ou as duas coisas, na calada da noite, desfiguram o que foi discutido e aprovado. De resto, as ações do governo, em qualquer nível – local, estadual e federal – podem mudar da água para o vinho o ambiente empresarial. Há inúmeros exemplos de decisões de administradores públicos, de presidentes a prefeitos, que destruíram empresas médias ou pequenas mas sólidas e honestas. Modernamente, uma ferramenta que tem levado governantes a sacar da caneta de uma hora para a outra são as pesquisas de opinião, muitas delas apuradas em tempo real (*on line*). Pela *Internet*, os governos acompanham os humores da população sobre qualquer questão, desde o escândalo sexual que envolve um membro do governo até a expectativa de voto na próxima eleição. Caminha-se para uma espécie de democracia ou de representação *on line*, que tem méritos e riscos. Outro evento que excita o governante a produzir intervenções – nem sempre razoáveis – é a proximidade das eleições.

b) Poder Legislativo. Também é um agente das demandas mencionadas, atuando ora como proponente de projetos de lei, ora como relator dos projetos de iniciativa do executivo, mas teoricamente sempre como representante dos interesses da sociedade. No Legislativo, há os francos-atiradores. Normalmente são políticos obscuros, que introduzem destaques, ou emendas, em projetos de lei tidos como inofensivos. Às vezes, são encomendas produzidas por lobistas oportunistas. Como não têm nenhuma lógica política, elas surpreendem todo mundo. Outra fonte fértil de questões miúdas – mas que dá muito trabalho – é a tecnocracia escondida por trás dos congressistas. Costuma embutir bombas de efeito retardado – autênticos vírus – em alíneas, parágrafos, itens, incisos de leis, muitas vezes sem que o próprio parlamentar saiba. Um grande hospedeiro desses vírus são os apêndices legais introduzidos na calada da noite, tipo "salvo se", "exceto quando".

c) Poder Judiciário. Em muito menor escala que os outros poderes. A fonte geradora de *Questões Públicas* está na interpretação das Cortes, sobretudo as Supremas. Um bom exemplo foi a decisão de um tribunal na Flórida, em 1996, com relação à indústria de tabaco. Durante anos, as empresas da indústria permaneceram invictas diante das ações de responsabilidade pelos problemas do fumo. Não eram com elas. De repente, sem que tenha mudado a constituição do país, ou leis existentes, apesar de milhares de sentenças anteriores favoráveis às empresas, diante de uma nova interpretação dos tribunais o que era sólido desmanchou-se no ar. Isto pode acontecer em qualquer atividade. O Poder Judiciário é base do sistema democrático. Entretanto, talvez pelo fato de não ter que mostrar resultados, tem sido, entre os poderes, o de maior lentidão no processo de reciclagem. O corporativismo, a dificuldade na compreensão dos fenômenos extrajurídicos, o apego ao formalismo, o anumerismo (dificuldade de lidar com números), a incapacidade do sistema de auto-adaptar-se às mudanças de todas as naturezas são responsáveis por manter o Poder quase sempre a reboque da sociedade.

Há uma outra forma de ver a instituição "Governo". Existe um "*Governo transitório*", que é este cujos titulares elegemos de tempos em tempos. No Brasil, são os presidentes da República, governadores de estado, prefeitos, senadores, deputados e vereadores. Ligados a esse governo transitório, há uma camada nomeada por ele: ministros, secretários, dirigentes de estatais, de departamentos, etc. E existe um outro "Governo", cujos ocupantes são permanentes: os funcionários públicos de todos os três poderes. A relação entre esses dois governos quase nunca é pacífica.

(2) Forças da *democracia participativa*

a) Grupos de Interesses. Vivemos, hoje, a chamada Era da Nova Política, isto é, o declínio dos partidos políticos e o surgimento de *Grupos de Interesse* (GI) como articuladores das demandas políticas e sociais. Funções que somente os partidos políticos usavam para atuar – seleção de candidatos, levantamento de fundos, minutas de lei, agitação de temas – estão sendo hoje feitas por esses grupos com mais desembaraço e agilidade. *Grupo de Interesse* não é a mesma coisa que movimento social e político, nem pode ser confundido com partido político. O partido político aspira ao poder. O GI se interessa pela causa, pelo tema, pela questão. Os GI são organizações formadas por voluntários, embora suas estruturas tenham, também, profissionais remunerados. A grande maioria de seus membros apóia a organização informalmente. Nos Estados Unidos, havia, em 1980, 14.726 organizações; em 1996, já eram 22.663. Representam categorias, segmentos, classes. "Classe" não é aqui empregada no seu sentido sociológico, mas na acepção corporativista. Estes interesses são desenvolvidos dentro das "comunidades", levados à opinião pública e ao poder político através de suas lideranças (associações, federações, confederações, sindicatos, e outras organizações-não-governamentais), por seus *lobbies* e seus postos avançados dentro da estrutura do poder (parlamentares, burocratas, jornalistas). Muitas vezes, esses interesses se confundem com as demandas ideológicas. O corporativismo é muito forte e tem capacidade de alterar a agenda política do governo, quando não de derrubá-lo. Na Europa e de certa forma nos Estados Unidos, as mais fortes corporações são as dos funcionários públicos, dos empregados da indústria e de transportes. Na América Latina, África e alguns países da Ásia, além dos segmentos citados, os militares – uma categoria que se caracteriza por ter porte de arma – também têm muita força como corporação. Com o fim da guerra fria, o militarismo saiu de moda. Mas morto não está. Recicla-se. As classes de empreiteiros, banqueiros, latifundiários, exportadores são os segmentos mais organizados das chamadas elites empresariais. Na Europa, os agricultores e pecuaristas são igualmente organizados e fortes. As demandas corporativistas geralmente são bem-sucedidas, sobretudo as de classe média, uma grande eleitora. Em fins de 1999, em *Seattle*, todas as corporações famosas estiveram representadas. Foi o *Woodstock* deles.

As principais famílias de grupos de interesse:

- Empresariais: são as associações comerciais, confederação e federação de indústrias, câmaras de comércio, sindicatos patronais, associações setoriais, etc. Costumam ter bastante recursos financeiros e bom relacionamento com o poder.

- Profissionais: são associações que representam classes de profissionais, chamados, aqui, de "liberais". Nos Estados Unidos, a AMA (*American Medical Association*) é poderosíssima. As similares brasileiras são caricaturas. Não têm representatividade e servem de trampolim político para seus dirigentes.
- Sindicatos de Trabalhadores: organizações fortíssimas no mundo todo pela capacidade de mobilização. Uma das mais poderosas é a americana AFL-CIO. Um fenômeno acontece nos Estados Unidos e na Europa: a queda do número de trabalhadores do setor privado sindicalizados. Nos Estados Unidos, em 1970 eram 17 milhões; em 1997, 10 milhões. Por outro lado, cresce a sindicalização dos trabalhadores do setor público.
- Minorias: grupos que representam interesses de negros, gays, índios, deficientes, minorias étnicas, etc. O movimento pelos direitos civis nos Estados Unidos – que gerou *Martin Luther King* e tantos eventos – é emblemático.
- Ambientalistas: o número de organizações que defendem o meio ambiente cresce vertiginosamente. O *Greenpeace* diz ter 4 milhões de membros no mundo todo.
- Aposentados: a população do mundo está envelhecendo. Ou, olhando de outra forma, as pessoas estão levando mais tempo para ficarem velhas. Nos Estados Unidos, em 1995, o número de pessoas com mais de 65 anos era a metade do número de pessoas com menos de 18. Em 30 anos, serão iguais. Em 1950, havia 16 pessoas trabalhando para cada aposentado. Hoje, a relação é de 4,5 para 1. Em trinta anos, será 2 para 1. Na Europa, em breve, a relação será 1 para 1. A NCSC – *National Council of Senior Citizens* e a AARP – American *Association of Retired Persons* tinham 1 milhão de membros em 1967; em 1995, 33 milhões. 15% da população do país. É o maior grupo de interesse dos Estados Unidos. Imagine este povo todo, com todo o tempo do mundo, para agitar, escrever para os deputados, para os jornais, fazer passeata, boicotes e votar!

- Temáticos: são organizações que se concentram na defesa de causas, como, por exemplo, aborto (contra e a favor), defesa do consumidor (lembra-se do *Ralph Nader*?), direitos humanos (Anistia Internacional), animais, etc. Há de tudo. Recentemente, na França, foi anunciada uma organização que se propõe a libertar os anões de jardim.
- *Think Tanks*: institutos geralmente financiados por empresas ou partidos políticos para se dedicarem a pesquisas, formulação de políticas públicas e dar substância a teses. Em suma, melhorar o nível da conversa. A propósito, uma pesquisa feita na Inglaterra, em 1995, reforça a tese do estigma da raça das empresas. A pesquisa girou em torno da credibilidade dos cientistas. Um dos achados é o seguinte: para os jornalistas, cientistas que trabalham para ONGs têm 73% de credibilidade; cientistas que trabalham para o governo, 41%; cientistas que trabalham para empresas, 38% !!! (3)

b) Imprensa. O chamado Quarto Poder é um dos maiores geradores e fomentadores de *Questões Públicas*. A imprensa moderna procura combinar dois papéis: o de informar e o de sobreviver como empresa. No primeiro papel, ela agita as questões, municia o debate, posiciona-se contra ou a favor, faz a cabeça do leitor. No segundo papel, sua contribuição para o debate é questionável. Buscando audiência a qualquer custo, a imprensa pratica a "*mídia-espetáculo*" ou "*mídia-show*". É o noticiário dos escândalos, das acusações não-checadas, do denuncismo, da criação dos deuses e dos belzebus. Esse noticiário – que garante o leite das crianças das empresas de jornalismo – é acompanhado avidamente pelos leitores como se fossem novelas: em capítulos, e com direito a todos os truques dramatúrgicos, ou seja, muita fantasia, emoção, suspense, mistério. E a verdade, às vezes. Nesta novela, fruto do *estigma da raça*, as empresas são sempre vilãs. E imaginação é o que não falta.

c) Opinião Pública. Trata-se de uma grande arquibancada. Por sinal, seu comportamento se assemelha mesmo ao de uma torcida de um time de futebol: aplaude, vaia, aplaude de novo, vaia de novo, xinga o juiz, o atleta, perdoa, ri e chora, deixa o estádio antes de o jogo terminar. Estatísticas feitas nos Estados Unidos ao longo de décadas mostram um dado desconcertante. Em qualquer questão, mesmo aquelas cabeludas, a distribuição da opinião pública tem sido a seguinte:

- 5% são radicalmente a favor.
- 5% são radicalmente contra.
- 10% começam indecisos e vão se posicionando depois contra ou a favor ou neutros.
- 80% não querem nem saber do que se trata. Numa pesquisa de opinião, podem até responder que têm uma posição, mas, na realidade, não estão dando a mínima para a questão, ainda que seja de seu interesse.

Outras considerações sobre essas estatísticas:

- Os 5% (contra ou a favor) não são convencidos ao longo dos debates sobre as questões. Eles já partem convencidos e não vão mudar de opinião nunca.
- São os 10% (a soma dos radicais de lado a lado) que promovem a barulheira toda: marchas, charangas, passeatas, distribuição de panfletos, formação de piquetes, agitam os *grass-roots*, assinam abaixo-assinados, falam nas assembléias, pintam a cara, etc.
- Os 10% de indecisos têm interesse real em conhecer o que está sendo discutido, a fim de tomar uma posição. Eventualmente, convencidos de que posição devem tomar, podem aderir às manifestações de forma mais explícita.
- Portanto, quando se diz "total apoio da opinião pública", estamos falando de, no mínimo, 15% do universo (5% dos radicais + 10% de indecisos que, na melhor das hipóteses, tomaram posição). (4)

(3) Forças fora do jogo democrático

São grupos que não aceitam as regras do jogo democrático e se utilizam de recursos ilegais – alguns criminosos – em busca de seus objetivos. A motivação destes grupos pode ser ideológica, ou religiosa, ou nacionalista, ou que tenha o crime em si como sua finalidade. Ou até mesmo por diletantismo, como a maioria dos *hackers*. Independentemente da motivação, as empresas têm sido um dos alvos preferidos de suas estratégias. Em 1988, a PANAM foi escolhida por líbios fanáticos. Teve um 747 derrubado sob o céu da Escócia. Duzentos e setenta pessoas morreram. Com sessenta e um anos de existência, o ícone americano, que já vinha mal das pernas, não resistiu à crise. Faliu. As empresas têm que considerar este segmento como um *player* importante na arena dos negócios e da imagem.

O QUE FOI DITO NESTE CAPÍTULO

1. *Questões Públicas*, de várias naturezas, produzem grandes impactos nas empresas.
2. *Questões Públicas* mobilizam grande número de interesses.
3. Os principais geradores de *Questões Públicas* são as demandas sociais, as demandas ideológicas, as pressões internacionais, as descobertas científicas e o desenvolvimento tecnológico.
4. Crises empresariais com a opinião pública geram prejuízos irreparáveis para as empresas.
5. Muitas crises empresariais poderiam ter sido evitadas se as organizações tivessem processos adequados para detectar *indicadores de antecedência*.
6. Estratégias de *marketing* "criativas" podem criar bons embaraços para a empresa.
7. São muitas as forças que se digladiam na arena das *Questões Públicas*. A maioria delas se posiciona contra as empresas.

CAPÍTULO SEIS

COMUNICAÇÃO PROGRAMADA

46. O QUE É GERÊNCIA DA COMUNICAÇÃO PROGRAMADA

A *Gerência da Comunicação Programada* tem por objetivo compatibilizar, harmonizar e otimizar programas da *comunicação empresarial* entre si, e assegurar a adequação das mensagens aos meios (veículos) e, desses, aos públicos.

Compliquei?

Então, vamos por partes.

Comunicação Programada é tudo aquilo que a empresa faz *conscientemente* para se comunicar com os diferentes públicos. Publicidade, promoções, eventos, patrocínios, contatos pessoais com autoridades, com a mídia, com formadores de opinião, etc.

"*Programas de comunicação*" são pacotes que contêm mensagens, explícitas ou não, emitidas pela empresa. Exemplo: uma festa de Natal promovida pela organização para os seus funcionários é um programa desta natureza, é um pacote de mensagens. Mensagens que estão neste tipo de pacote: a importância do congraçamento, importância do trabalho em equipe, carinho que a empresa tem pelos funcionários, agradecimento pelo empenho de todos, esperança de que dias melhores virão, etc. Esse é o conteúdo do pacote.

"*Compatibilizar e harmonizar programas de comunicação*" é o esforço para que não hajam conflitos de mensagens entre eles. Exemplo: na semana seguinte a essa festa de Natal, a empresa anuncia (comunica) demissões em massa. Esta nova comunicação faz com que as mensagens liberadas na festa sejam anuladas. Quer dizer, os dois pacotes são incompatíveis, se bicam. Mesmo sendo a posteriori, o primeiro evento perdeu grande parte do seu conteúdo. Quase zerou. Pode até ter invertido o sinal de muitas mensagens e assim o que era "bom", "simpático", "carinhoso", "legal", "esperança" virar "crueldade", "cinismo", "deboche", "insensibilidade", "festa macabra". Esse tipo de conflito – pode acreditar, leitor(a) – acontece a três por dois, constituindo-se numa bela contribuição à esquizofrenia da galera.

Quanto mais mensagens um programa carregar – observando, claro, as dosagens adequadas e os limites de saturação –, mais barato ele se torna, maior o seu retorno. Isto é "*otimizar programas de comunicação*". Exemplo: aproveitando a festa de Natal, a empresa pode fazer reconhecimentos públicos a funcionários que se destacaram no ano em "gerência de pessoas". Um pequeno discurso, o nome do(a) destacado(a) anunciado em voz alta, uma medalhinha entregue, palmas e abraços. O "reconhecimento" é basicamente um programa de recursos humanos, mas é, sobretudo, um programa de comunicação. Ele carrega mensagens de agradecimento, de estímulo, dá publicidade ao exemplo e – como quem não quer nada – à mensagem de que a empresa leva a sério este negócio de "*gerência de pessoas*". Um belo de um pacote. Desse modo, o evento foi enriquecido e as mensagens, turbinadas. Bingo, bingo, bingo. Sinergia é isso aí. A soma dos elementos maior que o total.

A propósito, como é o *colegiado* que gerencia a *comunicação integrada* e como RH tem assento nesse mesmo *colegiado*, a integração dessas programações é facilmente conseguida. Não existe mais aquela relação de cachorro e gato entre os "departamentos", que caracteriza a *comunicação segmentada*.

Outra importância da otimização. Os recursos, em qualquer empresa, são limitados. E – lembra-se? – em *comunicação* ou a gente acerta de primeira ou o bicho nos come.

Vamos esticar essa história da festinha de Natal para fazer outros pontos importantes.

As presenças do *Big Boss* e da diretoria ao evento podem, também, vitaminar mais ainda todas essas mensagens. Isto é, desde que nenhum desses senhores forneça evidências de que esteja lá principalmente para paquerar aquela secretária popozuda recém-admitida. A secretária talvez ache um barato ser paquerada por um figurão (afinal, tem que pensar na carreira), mas o que vai passar para a galera é outra coisa. Essa atitude do dirigente faz parte da *comunicação simbólica* que será discutida no próximo capítulo. É um emissor fora de controle, que fica liberando mensagens na contramão das mensagens que se deseja passar. Além disto, a iniciativa pode ser configurada como "*assédio sexual*", uma *questão pública* que vai esquentar os tribunais na próxima década e dar muita dor de cabeça para os profissionais de RH.

Como é que você dá jeito no diretor assanhado?

Boa pergunta, leitor(a). Não, não precisa chegar ao ponto de contar para a mulher dele. Nem de fazer intriga com o chefe a respeito. Não, por favor, não entre nesta de madre superiora. Contaria ponto negativo para a sua imagem. Nem ficar de cara feia, espumando de raiva, resmungando "*a gente gasta uma nota e vem este testicucéfalo estragar tudo*". Sai dessa. Seja profissional. A forma correta é, sem que ninguém perceba, falar com o delinqüente. Direto. Na bucha. Como se ele estivesse com o zíper da calça aberto. Chame-o num canto e diga que a galinhagem está sendo notada e que o evento, sendo filmado. Ele pode estar sendo vítima de uma pegadinha. Depois, deixe rolar. Relaxe. Você fez a sua parte, esta secretária vale uma missa e o homem é filho de Deus.

Adiantando o expediente. Sabe o que você fez nessa de cutucar o galinha? Você acabou de fazer "*Gerência da Comunicação Simbólica*". Pegou o espírito da coisa?

Antes de fechar este item, vamos resolver uma pendência que ficou sobre a incompatibilidade entre a festa de Natal e as demissões em massa.

Que fazer? Cancelar a tradicional festa ou cancelar as demissões?

Não e não. "Tradição" é comunicação. Suponho também que as demissões sejam necessárias. Se não forem, a pergunta é o que é que você está fazendo nesta empresa. E transferir o Natal também não dá. Teria que esconder os calendários, avisar o resto do mundo. Muita mão-de-obra.

Aí a gente volta àquela questão da participação do *Colegiado de Comunicação* no *decision-making process* da organização. Imagino que a decisão de demitir não foi tomada de repente. Deve ter sido concebida há alguns meses, baseando-se em certas premissas. As comemorações de Natal também não são uma novidade. Acontecem há dois mil anos. O ponto é que se, no momento da tomada de decisão, o colegiado tivesse participado, esta decisão poderia ter sido outra, ou na forma, ou no conteúdo, ou no *timing*, ou amaciada através de uma estratégia de comunicação, enfim, de modo a conciliar uma medida "necessária para o negócio" e a proteção do *cavalo de batalha* número 3 – *Ser um bom lugar para trabalhar*. Do jeito que a coisa foi feita, este cavalo estaria baleado.

47. MENSAGENS, MEIOS E PÚBLICOS, UNIDOS, JAMAIS SERÃO VENCIDOS!

Falando de *mensagens* e de cavalos.

Um teste importante que deve ser feito diz respeito à saúde dos "*cavalos de batalha*". Estarão eles em forma, estarão na ponta dos cascos? É bom checar.

Comece o teste dentro de casa. Os funcionários realmente "amam" os clientes ou esse negócio de "*cliente é o nosso rei*" é só da boca pra fora? O pessoal compreende que eles – os clientes e consumidores – são os seus reais patrões? Relaciona a satisfação do cliente com os resultados da empresa? Sabe que o seu (deles) emprego, carreira, leite das crianças dependem dos resultados da empresa – melhor dizendo, e com perdão da má palavra –, do lucro da empresa? Quer apostar? Não sabem.

O quanto essas coisas estão firmes na cabeça da moçada é que vai determinar a programação do galope dos cavalos de batalha (freqüência, distribuição, meios, etc.).

Quando este teste deve ser feito? Sempre. Todos os dias, todas as horas.

Mesmas mensagens para todos os públicos, certo?

Certo.

Mesmos meios (veículos) para todos os públicos, certo?

Claro que não. Valeu!

Perguntei para ver se você estava prestando atenção.

Não, mesmo.

Os veículos que conduzirão os *cavalos de batalha* dependem dos públicos, isto é, do receptor. Exemplo: "*Esta empresa é um bom lugar para trabalhar*" (*cavalo de batalha* número 3) é historicamente uma mensagem de Recursos Humanos dirigida aos funcionários, obviamente para motivá-los e mantê-los na empresa. Essa mensagem tem sido levada ao público interno através de programas típicos de RH e da chamada "*comunicação interna*" pelos *house organs*, pelas campanhas internas, pela programação social, pelo portfólio de salários & benefícios, pela qualidade de vida, pelas oportunidades de crescimento, através da forma de remuneração e de reconhecimento, etc. Para ser levada aos clientes, claro, não é por aí.

Para chegar a eles, clientes e consumidores, essa mensagem precisa de outros veículos. Geralmente, o meio escolhido é a publicidade institucional. Por custar os olhos da cara, estas campanhas acabam sendo esporádicas e descontínuas. Resultado: o *cavalo de batalha* número 3 fica enfraquecido no *front* externo. Quer saber qual é o melhor veículo para essa mensagem chegar a este público? Os próprios funcionários. Isto mesmo, os funcionários podem ser excelentes mensageiros. Como? Tratando bem os clientes, demonstrando atenção, resolvendo seus problemas. Os clientes certamente concluirão que esta atenção, este carinho, esta eficiência e bom humor somente são possíveis numa empresa bem administrada (*cavalo de batalha* número 2) e que trata bem seus funcionários (o número 3). A atitude do funcionário é o veículo. Um veículo com toda credibilidade, mais barato do que qualquer outra iniciativa. E com um fluxo de comunicação contínuo, uma das características da *comunicação simbólica.*

Outro exemplo. "Parte da remuneração condicionada ao lucro da empresa" (salário variável) é um excelente veículo para informar os funcionários sobre a saúde financeira da organização e a sua importância. Educar pelo bolso também funciona.

Outro. Quando a empresa estimula seus funcionários a participarem de trabalhos voluntários na comunidade, através deste veículo (a participação) ela, a empresa, está comunicando, em primeiro lugar, aos seus próprios funcionários, e depois à opinião pública, que ela "*é mais que seus produtos e serviços*" (*cavalo de batalha* número 4).

48. MARKETING TEMÁTICO – O QUE É E QUANDO SE APLICA

Comecemos pelo Marketing Cultural.

No colégio, tive um professor de história que, com ódio na expressão, falava assim:

- "Fulano (e citava um personagem histórico, imperador, rei, ditador) era um grande canalha. Frio, sanguinário, cruel, traiçoeiro, uma peste, ruim que só ele".

Abria um largo sorriso e continuava, agora falando com carinho:
- "... mas era amigo das artes".

Somente muito mais tarde fui relacionar esta tolerância do professor com os "déspotas esclarecidos" aos frutos do que chamamos hoje de *Marketing Cultural.* A gente poderia pedir mais um chope e enveredar tema adentro, falar dos mecenatos, da razão da simbiose entre os poderosos e os artistas. Mas agora não dá. Dado ao adiantado da hora, o papo fica para uma outra ocasião. Neste momento é importante aceitar a tese de que "*ser amigo das artes*" é ter passaporte para o céu. É garantir tolerância, boa vontade, simpatia, paciência por parte de importantes formadores de opinião, isto é, gente que faz a cabeça da opinião pública e – não se pode desprezar – fala no ouvido dos poderosos. Muitas empresas que tinham uma imagem horrível no meio de formadores de opinião, tão logo passaram a investir nesse tipo de *marketing*, viram perdoados seus "crimes" cometidos no passado. Perdoados e esquecidos. E com crédito para o futuro. *Marketing Cultural* funciona como sedativo e como vacina.

Entretanto, se a sua empresa pretende vacinar-se através desse tipo de *marketing*, precisa investir com critério. As ofertas são muitas. Há mais gatos do que lebres. É um ganha-pão para muita gente. Nada de errado nisto. Apenas o objetivo da empresa ao usar essa forma de *marketing* não é gerar emprego nem distribuir renda e sim melhorar a imagem da organização. Portanto, assessore-se convenientemente. Não se esqueça de que o projeto tem que ter a cara da empresa e a cara da sua atividade. E outras malandragens. (5)

<u>Marketing Social.</u>

Esta é uma conversa que também mereceria ser regada a chope. A gente falaria do papel do estado, do mercado e do chamado "*terceiro setor*" quanto à responsabilidade pela solução dos problemas sociais. Também essa conversa fica para outra ocasião.

Em síntese, as teses em conflito nos principais botequins do mundo são as seguintes:

1. "Problema Social" é problema do estado. O imposto que se paga – empresas e contribuintes – é para isto. Os governos é que administram mal estes recursos.

2. "Problema Social" somente vai ser resolvido quando ocorrer uma mudança radical na sociedade do ponto de vista ideológico. E aí a visão tem várias nuances.
3. Os governos estão falidos e são incompetentes. O mercado é insensível aos problemas sociais. Quem deve liderar este movimento de transformação é o "*terceiro setor*" (empresas não-governamentais e sem fins lucrativos). Aqui, também, há grandes quebra-paus. Uns querem "*humanizar o capitalismo*", cuidar de suas "enfermidades", tipo "lavou, tá novo"; outros pretendem ir mais fundo, criando um sistema econômico "baseado na solidariedade".

O nome das teses e as palavras são novas. Mas as idéias em conflito têm mais de duzentos anos.

Não sei qual a sua opinião, caro(a) leitor(a), mas, pra gente não perder tempo, vamos admitir que as três teses e suas derivadas têm lá suas verdades e seus exageros, seus sonhos e suas possibilidades. A trilha pela qual o mundo vai caminhar está, mais ou menos, no que há de melhor e de viável em cada tese. Mas, qualquer que seja a opção, a principal fonte dos recursos financeiros é a mesma: as empresas, seja sob a forma de impostos ou de contribuições voluntárias. [(6)]

Antes de continuar, veja só que coisa interessante e que tem tudo a ver com a questão *imagem empresarial.*

É inquestionável que a contribuição voluntária tem mais visibilidade do que o imposto pago. A empresa paga 1000 (mil) unidades de impostos e ninguém dá valor. A mesma empresa decide doar 1 (uma) unidade a uma ONG (ou seja, um milésimo do que paga de impostos), avisa a imprensa, faz um evento – no qual gasta o dobro da doação – e ganha logo *status* de *madre tereza de calcutá*. [A proporção que usei é rigorosamente exata.] Por quê? Por que o imposto é compulsório e a contribuição, voluntária? Por que quando se paga imposto não se faz coquetel? Sei não, leitor(a). Mistérios da vida.

Enfim, o *Marketing Social* dá bons retornos em termos de imagem. Junto a formadores de opinião (mídia, celebridades, intelectuais, dondocas), junto a grupos vocais e atuantes (organizações-não-governamentais, líderes comunitários e religiosos), junto a autoridades e junto a caronas (políticos, papagaios de pirata). Este investimento costuma ser salvo-conduto, a redenção de todos os pecados passados e futuros.

Tem de tudo no pedaço. Há excelentes projetos e projetos ruins. Há gente séria e picaretas. Há gente competente e trapalhões. A decisão de abraçar um projeto deve levar em consideração esses aspectos. Poderia contar boas histórias de empresas que adotaram projetos para melhorar a sua imagem e o tiro saiu pela culatra.

De qualquer forma, o "*terceiro setor*" não pode ser ignorado. Pelo menos nas próximas duas décadas. Em 1995, no Brasil, o "*terceiro setor*" já movimentava onze bilhões de reais, ocupando 2,2 % da população ativa. Sabe quantas cabeças (pensando) e bocas (falando)? 1 milhão e 120 mil empregados e 330 mil voluntários, o equivalente a quinze maracanãs lotados. [7] Acha muito? Que nada, cara. Tem países que chegam a 12%. Éééé, cara, poucos segmentos chegam a tanto. A média mundial está em torno de 5% [8]. Portanto, o espaço para crescer, entre nós, é enorme. Se a sua empresa tem planos de durar mais alguns anos, é bom pensar no assunto.

Ah... e não se esqueça de que pagar impostos, gerar empregos, disseminar valores, etc também são elementos do *Marketing Social*. Não compram a boa vontade do "*terceiro setor*" mas compram, desde que bem cacarejados, a simpatia dos governos.

Marketing Esportivo.

É um tipo de marketing que, entre outras, tem a vantagem de que o nome de sua empresa ou de seu produto (retorno da marca) chegue ao público sem que você pague pela mídia. O retorno de um patrocínio esportivo é significativamente maior que uma boa campanha publicitária. Só por aí, já dá para pensar no assunto. Mas há outras boas vantagens. O patrocínio esportivo é uma aproximação simpática com o consumidor e com a opinião pública. Esporte é emoção, sucesso, vitória, prazer, vida, saúde, entretenimento, disciplina. É um pacotão de mensagens, todas positivas. Essas coisas, associadas a sua empresa, a seus produtos e serviços, ao seu quadro de pessoal, são alfafas de primeira para muitos dos nossos *cavalos de batalha*. Papa fina. Mas, não se esqueça, o patrocínio tem que ter a cara da empresa e a cara do público. Há também outros macetes que devem ser observados. [9]

Marketing Ecológico.

A atitude de emporcalhar o mundo não é nova. O homem das cavernas cagava nos caminhos em que os outros passavam, arrancava plantas para comer e não pensava no replantio, destruía florestas, sujava rios, etc.

Pintou e bordou com a mãe-terra. A história da civilização é a história do homem destruindo a natureza a sua volta. O homem civilizado não defeca mais na rua. Este desejo ele realiza através de seus cachorros que ele leva para passear. Não foi, portanto, o desenvolvimento tecnológico e a sociedade de consumo – como sustentam os fundamentalistas – que criaram o problema ambiental. Ao contrário, a tecnologia tem uma folha de bons serviços prestados ao meio ambiente, mais até do que as leis e do que o *Greenpeace*. Então, por que o problema hoje é maior? Porque aumentou o número de porcos. Somos agora 6 bilhões deles.

É o homem que é porco e predador pela própria natureza, mas as empresas é que são as vilãs mais atacadas. Os belzebus. É contra elas que se dirige a fúria dos legisladores, das ongs, da mídia. As empresas – sobretudo as grandes – gastam fortunas na melhoria de processos no sentido de proteger o meio ambiente. Mas são sempre olhadas com suspeição. A suspeita faz parte do *estigma da raça*. Não se tem notícia de o *Greenpeace* fazer campanha contra governos que, por não se modernizarem, consomem florestas de papéis com sua burocracia, mas vive nos calcanhares da empresas como *pitbull*.

Mas deixa isto pra lá. A verdade é que a preocupação com o meio ambiente é absolutamente procedente. Esta discussão não dá para adiar. Empresas – e as pessoas – têm que dar baixa nesse passivo. "*Sustentabilidade*" é o nome do jogo. Significa, em poucas palavras, a capacidade de produzir sem danos ao ambiente e, se possível, com ganhos. Devolver mais do que tirou. [(10)]

Do ponto de vista de imagem, a fórmula é agir como a mulher de César. Sendo limpa e parecendo limpa. Não sujando e mostrando que não suja. Não destruindo e mostrando que não destrói.

As empresas cuja atividade ou produto passe pelo meio ambiente têm que botar as barbas de molho. Para dar uma idéia, *McDonald's*, *General Motors*, *Ford*, *Nike* e outras grandes empresas, voluntariamente, pararam de usar – ou estão em vias de parar – o PVC (cloreto de polivinil). Por quê? Porque, em termos de lixo, o PVC é uma das maiores malas existentes sobre a face da terra. Só na Europa, são 6 milhões de toneladas por ano de lixo de PVC cuja eliminação – incineração ou aterro sanitário – não é solução, é problema. E que problema! [(11)]

Portanto, ameaças ao equilíbrio ecológico, produtores de lixos não-recicláveis, de gases que possam afetar a camada de ozônio, de sons, enfim, agressões à mãe-terra é tudo farinha do mesmo saco: politicamente incorretos.

Me ouça. A preocupação com o meio ambiente é um elemento que não pode faltar na atitude e no discurso empresarial. Alfafa para o *Cavalo de batalha* número 4.

49. PROGRAMAS DE RELACIONAMENTO Ou CONQUISTANDO CORAÇÕES ANTES DAS MENTES

Um executivo me contou a seguinte experiência: no decorrer de uma entrevista a um repórter, este lhe perguntou onde o entrevistado morava. "Moro em Niterói" – respondeu candidamente.

- "NITERÓI?!!!" – exclamou o repórter entre o espantado e o chocado, quase caindo da cadeira

Alguns ensinamentos dessa curta história. O choque foi produzido pelo fenômeno da "dissonância cognitiva". Dois estereótipos na cabeça do repórter não casavam. Na verdade, colidiram. Uma pororoca. O primeiro estereótipo dizia respeito ao "executivo". Como manda o figurino, na cabeça do repórter estava lá: "rico, carro importado, dinheiro na Suíça", etc. Como, então, "morar em Niterói"? A resposta que faria sentido seria "Barra da Tijuca", "Delfim Moreira". O segundo estereótipo tinha a ver com a imagem que ele, repórter, nutria sobre a cidade de Niterói, obviamente, nada boa.

Mas o que esta história tem a ver com "programas de relacionamento"?

Estou entrando neste tema por uma porta pouco usada. A tese é que o relacionamento humano melhora na medida em que os estereótipos vão sendo desmontados por pequenas dissonâncias. Pororoquinhas. Dissonâncias positivas, para melhor, claro. "*Sabe, eu achava aquele cara um sujeito pretensioso, metido a besta, mas depois que passamos a conviver, puxa, não é nada daquilo que eu pensava...*" Levante o braço quem nunca disse isto a respeito de alguém.

"*Puxa, eu achava aquela empresa péssima. Mas depois que passei a conhecê-la melhor, conversando lá com a turma, vendo o que eles estão fazendo... viu, cara, eu mudei a minha cabeça. É gente fina, uma empresa legal, séria, é dez.*"

Pronto! O diabo não é tão feio quanto pintam.

A aproximação faz milagres. Uma empresa se "humaniza" quando seus funcionários – e, sobretudo, os "peixes graúdos" – se mostram como gente igual a todo mundo. O chamado *rapport* fica mais fácil quando o interlocutor – aquele bicho de outra tribo – se sente falando com um "igual a ele", descobre identidades. Alguém que chora, sofre, tem filhos, problemas conjugais, faz supermercado, leva o filho no pediatra, opera as hemorróidas, troca pneu, tem angústias, fraquezas e, eventualmente, mora em Niterói.

São essas informações – que o outro até então não tinha – que neutralizam a *comunicação simbólica* negativa e, até mesmo, mudam estereótipos supercristalizados – os *estigmas* – da água para o vinho.

Freud disse que a civilização começou quando as tribos em conflito colocaram os tacapes e as pedras no chão e começaram a xingar-se umas às outras. É por aí. O desdobramento do *insight* freudiano é xingar, sentar para conversar, fumar o cachimbo da paz e – quem sabe? – ficarmos amigos.

Como aproximar-se das tribos. Ora, primeiro deixa-se comida, depois um espelhinho, chega-se perto, um sorriso amigo, um gesto de carinho, aperto de mão, etc.

Os programas que ampliam o relacionamento entre empresas e outros públicos são largamente praticados no mercado. Aquilo que era feito apenas com os clientes foi estendido aos públicos hoje considerados chaves para a empresa: mídia, autoridades, líderes comunitários, etc. Os eventos servem não só para fortalecimento do relacionamento como também para passagem de mensagens e para troca de informações.

Os mais comuns:

- Café da manhã. O preferido dos americanos, péssimo para os jornalistas de qualquer nacionalidade que, a esta hora, ainda dormem.
- Almoços. Preferência nacional. Pode ser fora ou na própria empresa. Este último tem a possibilidade de ser turbinado com uma esticada dentro da organização. "*Conhecer o novo povo, ver o que a gente tá fazendo*".
- Jantares. Geralmente com os respectivos cônjuges. Praticado num estágio mais avançado do relacionamento. Tenha paciência, não dá para falar de negócios. Complicado para jornalistas, a menos

que se jante depois das onze horas. Mas, aí, quem está dormindo é o(a) empresário(a).

- Drinques no fim de tarde. O preferido dos lobistas do mundo todo. Daí o largo uso em Brasília, Washington, Tegucigalpa, enfim, onde estiver a sede do governo. Jornalista, só se estiver desempregado.
- E muitos outros. Eventos culturais e sociais patrocinados pela empresa, inaugurações, lançamentos de produtos, todas as formas de *getting together.*

Desncccssário dizer que, além dos comes-e-bebes, excetuando os jantares *avec*, os encontros devem ter conteúdo. Abobrinhas não enchem a barriga de ninguém, muito menos de jornalistas. Este conteúdo não precisa ser necessariamente a liberação de um segredo de estado. Uma história bem articulada sobre a empresa, experiências, a visão das coisas, do mundo, do momento, enfim, algum molho – além do da salada – ajuda na digestão. Também não é preciso falar o tempo todo de negócios. Aliás, não deve. Nem só de pão vive o homem.

50. PROGRAMAS E ISSUES DE IMAGEM

A) Relacionados ao **estigma da raça**.

Programas para enfrentar os estereótipos e para fortalecer os atributos da *imagem empresarial*. Ou seja, os *Cavalos de Batalha*, como e por onde veiculá-los.

Mensagem:
Empresa inovadora, transparente, moderna, socialmente responsável.

Meios:
Através de produtos & serviços alinhados com a idéia; pela publicidade criativa e original; pela embalagem, idem; por patrocínios de coisas ligados às idéias acima; pela realização de eventos (*open houses*); pelo posicionamento equilibrado e transparente

nas *Questões Públicas* e nas crises com a opinião pública; na disponibilidade de falar com os públicos, sobretudo com a mídia; através de *Marketing* temáticos, com ênfase no *Marketing Social*; por uma política de RH moderna, que não discrimina minorias e seja voltada para a empregabilidade; por ser rápida no gatilho (posicionamento, respostas, inovações); pelo uso de tecnologia de ponta; pela publicação de resultados; pelo comportamento e atitude de seus profissionais, sobretudo seus dirigentes; pela participação intensa nas associações, feiras e congressos; através de programas tipo "a empresa por dentro" desenhados para públicos-chave.

- **Ganância, só o lucro interessa, insensibilidade social.**

Mensagem:

Na verdade, uma contramensagem. Ênfase no cavalo de batalha número 4. ("*Ter valor agregado para a sociedade*"). A empresa não só tem preocupações sociais como contribui muito para o desenvolvimento social e econômico do país. Evidências: investimentos, empregos gerados, impostos pagos, projetos, etc.

Meios:

- Propaganda institucional divulgando contribuições.
- *Marketing Social*: patrocínio de projetos sociais, filantropia, estímulo para que os funcionários participem como voluntários.
- *Marketing Cultural e Esportivo* voltado, de preferência, para artistas e atletas sem recursos. Vale dizer, hipismo, esportes radicais, música erudita, etc. podem inverter o sinal da mensagem.
- Contatos, corpo-a-corpo, com formadores de opinião: sempre vendendo o peixe.
- Rígido controle da *Comunicação Simbólica* (ver no capítulo seguinte). Exemplo de bandeiras: eventos luxuosos, instalações faraônicas, propaganda que cheira a desperdício, executivos e dirigentes em colunas sociais ou na revista Caras, *egotrips*, jatinhos, carros importados, ligação com pessoas ricas e poderosas, *lobby* ostensivo em matéria fis-

cal, problemas com consumidores devido a aumentos de preços, problemas com empregados por causa de salários, condições de trabalho, etc.

- **Polui o ambiente.** [No sentido mais amplo, desde uma grande catástrofe – tipo *Valdez* – até um bizarro "sujar a calçada"].

  Mensagem: A empresa não só não polui como se considera responsável por investir em proteção ambiental.

  Meios:
  - *Marketing Ecológico*: investimento em projetos ligados ao tema desenvolvidos com ONGs e autoridades.
  - Publicidade destes investimentos e de reconhecimentos públicos (ISO 1400, prêmios, etc.).
  - Campanhas internas criando a consciência para o problema.
  - Controle da *Comunicação Simbólica.* Exemplo: dirigente fotografado ao lado de um elefante abatido num safári na África; primeira-dama da empresa usando um lindo casaco de pele de mico-leão-dourado; chaminés; coisas que sugiram desperdício; uso indiscriminado de plásticos; abuso de papelada; grandes espaços; luzes acesas durante a noite, etc.

- **Discrimina minorias**

  Mensagem:

  A empresa não só não discrimina minorias como pratica uma política de combate a preconceitos.

  Meios:

- *Marketing Cultural*: apoio a manifestações ligadas a minorias.
- *Marketing Esportivo*: idem.
- Controle da *Comunicação Simbólica.* Além do perfil do quadro funcional, exemplos internos de preconceitos (barrar negro na portaria, anedotas e cartuns ofensivos a minorias em publicações internas), propagandas ousadas, piadas em discursos públicos, etc.

B) Relacionados ao **estigma dos outros públicos** e à ideologia dos ilhéus.

Programas e veículos que podem ser usados na comunicação com o público interno para transportar as mensagens básicas (os *cavalos de batalha*). Um dos objetivos agora é "humanizar" o público externo para os ilhéus.

<u>Mensagens</u>: [além das quatro básicas]

Existe vida lá fora.
Outros públicos também são importantes para os negócios.
O relacionamento com esses públicos é importante.
Eles pensam diferente mas temos pontos em comum.

<u>Meios</u>:

- *House Organ*: deve ser utilizado também para veicular informações relacionando os negócios da empresa com o mundo externo (economia, política, *Questões Públicas*, etc.) Deixar de olhar apenas para o próprio umbigo.
- Educação interna (cursos, seminários, palestras) focada também nesta visão do mundo exterior. Palestras de apresentadores externos.
- *Media training* (ver abaixo).
- Remuneração e reconhecimento: parte variável do salário e prêmios orientados para satisfação de clientes, resultados operacionais, satisfação dos empregados e para a *imagem empresarial*.
- Entrevistas, mesas-redondas com mão dupla: saber o que se passa dentro da organização e fortalecer as mensagens básicas.
- Eventos internos (convenções, campanhas, congraçamentos) utilizados como veículos (pacote de mensagens).
- *Walking the talk*. A força do exemplo. "*Faça o que eu falo e faço*". Importante mídia da *Comunicação Simbólica*, excelente para corrigir posturas: respeito ao compromisso,

urgência, tratamento de clientes, respeito às pessoas, comportamento ético, etc.

- Programa para funcionário novo. Um mensageiro em potencial cheio de energia que vai funcionar no boca a boca dentro e fora da empresa.
- O Número 1: uma das mídias mais importantes na comunicação interna e externa.
- Participação externa, a começar pela diretoria: em associações, congressos, feiras, eventos sociais.
- Prática do *Issue Management.*

C) Relacionados com o **estigma do profissional de comunicações.**

Mensagens:

Valor agregado da função
Pra que RP

Meios:

- Sistema de Comunicação Integrada funcionando a pleno vapor.
- Palestras internas sobre a atividade.

51. RELAÇÕES COM O GOVERNO Ou CONHECE ALGUÉM EM BRASÍLIA, DE CONFIANÇA?

O tamanho do Governo no nosso país, sua história de intervenções caóticas na atividade econômica, a voracidade legislativa do nosso parlamento e o preconceito com relação a empresas e empresários pela burocracia estatal fazem com que ele – o Governo – seja o principal foco da preocupação empresarial. Muito mais que as chamadas forças do mercado.

As empresas procuram o governo (poder executivo) pelas seguintes razões:

1. Para falar de sua empresa e de seus negócios e/ou para apresentação de um novo dirigente. Programa largamente usado por grandes empresas na esfera federal e por médias e pequenas nas esferas estadual e municipal.
2. Para tentar adivinhar o que as autoridades pretendem fazer e, baseado no que elas dizem, planejar e tomar decisões de negócio. Exemplo: abrir uma fábrica, desenvolver um produto, etc. Empresas estrangeiras usam muito essa prática. Aliás, não implementam nenhuma decisão de grande porte sem cumprir esse ritual.
3. Para pressionar o governo a fazer o que foi contratado ou o que a empresa tem direito legalmente. Exemplo: pagar as contas vencidas há meses, devolver o que tomou indevidamente, cumprir acordos, leis, decretos. No Brasil, a maioria das idas ao governo, em todos os níveis – federal, estadual e municipal –, tem esta finalidade.
4. Para propor um tipo de parceria ou anunciar um projeto cultural ou social.
5. Para anunciar um grande investimento. Exemplo: abertura de uma fábrica.
6. Para preanunciar uma decisão dramática. Exemplo: demissão em massa.
7. Para influir numa licitação pública.
8. Para influir sobre uma *questão pública*.

As empresas procuram o poder legislativo:

1. Para falar de sua empresa e de seus produtos.
2. Para conhecer a opinião dos parlamentares sobre as tendências legislativas.
3. Para influir no direcionamento das *questões públicas*.

Portanto, no Brasil, não faltam motivos para uma empresa "*ir ao governo*". Entretanto, são pouquíssimas aquelas que têm estrutura para praticar este esporte. Diga-se de passagem, esporte caro, de elite. "Ir ao governo" implica em gastos de passagem, estadia. Depois é necessário saber quem é quem, conhecer os meandros do poder, conseguir entrar nas agendas congestionadas. Não é tarefa pra qualquer um. É preciso ter bala na agulha. Então, o que a maioria das empresas faz quando tem um problema com o governo é rezar, apelar para "*um conhecido, assim com os homens, que trabalha lá*". Em vão. A maioria delas sucumbe diante do leviatã, morre sem ver Deus.

Embora "*ir ao governo*", por qualquer razão, seja conhecido entre nós como "*fazer lobby*", nem todas as atividades acima descritas podem ser assim classificadas. "*Ir ao governo*" para saber o que ele pretende da vida, tecnicamente, não é *lobby*. Assim como oferecer alguma coisa para se obter o que se quer, não é *lobby*, é corrupção.

Todas as incursões mencionadas acima são programas de Relações Públicas, executadas pela função de "*relações com governo*".

A definição de *lobby* está hoje associada à idéia de influência, de fazer a cabeça do tomador de decisão, pela argumentação e pelo agregado de informações. Absolutamente ético e justo. Se vão mexer nos seus negócios, é bom que saibam – de quem é do ramo – o que estão fazendo. Os estupradores das galinhas de ovos de ouro são insaciáveis. Noutra ocasião, a gente fala sobre isto com mais calma. Por enquanto é importante saber que há, hoje, no mundo, dois tipos de *lobby*:

1. *Lobby* direto, quando o interessado – ou seu representante – vai diretamente ao tomador de decisão vender seu peixe com relação ao seu interesse.
2. *Lobby* indireto, ou "por fora", quando o interessado usa recursos e técnicas para pressionar – e impressionar – o tomador de decisão. Exemplos:
    - Mobilização de membros: associados, outros interessados, aliados, adeptos da causa, seja para (1) engrossar manifestações públicas – passeatas, piquetes, boicotes, abaixo-assinado, etc. (2) fazer pressão sobre os tomadores de decisão através de correspondência, telefonemas, contatos pessoais, internet, etc. Essa mobilização maciça de aliados é conhecida pelos americanos por " *going to grassroots*", que a gente poderia traduzir por "*indo às bases*". Esse tipo de *lobby* é o preferido das ongs, funcionários públicos, aposentados e minorias. Mas empresas americanas e euro-

péias já mobilizam acionistas e empregados para colocar a boca no trombone.

- Campanhas publicitárias. Matérias pagas em jornal e televisão, *outdoors*, panfletos, etc. para dar conhecimento à opinião pública de suas posições. Empresas americanas e européias usam muito este recurso. Muitas vezes, batem duro no governo sem medo de retaliações. Já, aqui, quem bateu foi pego na esquina.
- Uso da mídia. Entrevistas, artigos, participação em *talk-shows*, etc.
- Uso de *Think Tanks* e da comunidade acadêmica e científica. Pareceres jurídicos. Recurso usado para dar mais base às teses do interessado.
- Organização de alianças e de coalizões.
- Apoio jurídico: proposição de ações, liminares, etc.
- Organização de eventos: seminários, painéis, conferências, etc.
- Apoiar candidatos com algum tipo de ajuda. Opção delicadíssima. Grande esqueleto.

52. ASSESSORIA DE IMPRENSA NA EMPRESA Ou CEGOS PERDIDOS NO TIROTEIO

Um profissional de comunicação me contou sua experiência como assessor de imprensa numa empresa. Não sabia nada do que se passava na organização. Não participava das reuniões departamentais, o chefe não dava a menor bola pra ele. Certa vez, um gerente da fábrica ligou:

-"Escuta, cara, houve um acidente aqui e um operário morreu. Segura as pontas aí e não deixa sair nada nos jornais, tá falado?"

O assessor, claro, não fez nada. No dia seguinte, nova ligação:

-"O sujeito já foi enterrado. E – puxa vida – não saiu nada nos jornais, né? Bom trabalho, cara, parabéns!"

Essa história, também, é rica em ensinamentos. O isolamento da função do comunicador dentro da organização, a inexistência de processos, a incompreensão sobre o que seja o trabalho de "*relações com a imprensa*", o permanente dolo de ocultação de cadáver – literalmente, no exemplo acima –, a ignorância sobre o papel da imprensa. Está tudo aí nessa historinha.

"*Assessoria de imprensa*" é uma função de Relações Públicas. Faz parte da comunidade. Talvez seja a mais conhecida da família. "*Contratar um assessor de imprensa*" é a primeira idéia que vem à cabeça dos empresários quando se defrontam com uma crise. Depois de contratado, como o coitado não consegue se posicionar dentro da organização, acaba virando homem (ou mulher) de recados. Como na historinha acima. Outra distorção é acreditar que a função do *assessor de imprensa* seja conseguir espaço gratuito na mídia, usando – e abusando – de seus conhecimentos pessoais no meio jornalístico. Tudo errado.

Tudo errado mas é isto que se vê no mercado. É ou não é?

Vamos botar as coisas em ordem. *Assessoria de imprensa* tem como missão sustentar a imagem da empresa através da mídia. Ponto. É isto. Para tanto, é necessário, (1) primeiro, conhecer os mecanismos daquele negócio (mídia), as motivações e características daqueles profissionais (jornalistas), ter bom relacionamento no meio (jornalístico). (2) Depois, é necessário conhecer os negócios da empresa para a qual trabalha, as características e motivações de sua própria tribo, ter bom relacionamento dentro de casa. Somente assim ele(a) poderá fazer a interface entre estes dois mundos tão distintos, a empresa e a imprensa. Caso contrário, vira moço(a) de recado. Aliás, merecidamente.

A missão acima definida pode ser perseguida através de programas que são de dois grupos:

1. Programas que atuam sobre a qualidade do relacionamento empresa-imprensa.
2. Programas que incidem sobre o fluxo de informações empresa-imprensa e vice-versa.

Comecemos pelo segundo grupo.

O fluxo de informações se faz em dois sentidos.

Primeiro, na direção organização => imprensa. Entre eles, a produção de *press releases, press kits*, entrevistas, *conference calls*, visitas de jornalistas à organização (no país e no exterior), seminários sobre a organização e seus produtos, distribuição de literatura sobre o *business*, bizus do mercado, etc. Em síntese, é a empresa fornecendo insumos para o noticiário. A empresa operando como fonte. E fonte confiável.

Segundo, na direção imprensa => organização. Seminários, palestras e treinamentos dados para profissionais da organização sobre mídia – entre eles, o *media training* –, visitas a jornais, emissoras de rádio e de televisão, etc. Enfim, o objetivo é desvendar a imprensa para o público interno, abrir a cabeça dos ilhéus.

Todas as grandes empresas – nacionais e estrangeiras – fazem investimentos nos chamados *media training*. Na verdade, o maior subproduto deste programa não é habilitar ninguém "*para falar com a imprensa e se sair bem*", conforme ele é anunciado. Isto não se consegue em algumas horas de "treinamento", assim como uma experiência de *videokê* não faz de ninguém um Pavaroti. Além disto, a promessa de "*se sair bem*" é propaganda enganosa. Pode-se melhorar um pouco a performance, mas daí a achar que pode encarar qualquer situação é acreditar em papai noel. O grande ganho destes treinamentos é educar o aluno (empresário ou executivo ou um profissional) quanto ao que vem a ser a mídia, dar notícia de alguns processos, truques, motivações e desmistificar um pouco a figura do jornalista. "Humanizá-lo". Se o programa conseguir isto, a agenda oculta está cumprida.

Mas não só os passíveis de "falar com a imprensa" é que devem ser recrutados para este banho de civilização. Não se esqueça de convidar as secretárias, sobretudo aquela que diz "*aquele jornalista chato já ligou três vezes. Eu já disse que o senhor estava em reunião, mas ele não se manca*".

Os programas do primeiro grupo são aqueles investimentos na melhoria do relacionamento, que, em português claro, compram *goodwill.* Muitos deles – genéricos – foram citados acima. Almoços, jantares, etc. Certos programas usados com outros públicos, quando aplicados a jornalistas, merecem considerações especiais. Por exemplo, brindes, pagamento de viagens e estadias para participar de *tours*, facilidades dadas pela organização para aquisição de bens e serviços, etc.

"*Brindes*" são sempre um desafio. Não me refiro aos tradicionais chaveirinhos, canetas, agendas, *t-shirts* e outras bugigangas. Esses são inofensivos. Em compensação, se trazem alguma contribuição é no reforço ao *top of mind* dos porteiros dos edifícios, das empregadas domésticas, *office-boys*, das tias, todos desaguadouros dos quilos de brindes empresariais que as pessoas normalmente ganham. A coisa se complica quando sai deste trivial. Quando ganha o *status* de "mimo". (12)

Um presente, para ser redondo, não pode ter arestas. As arestas podem ser as seguintes: a aresta do bom gosto, a aresta do valor, a aresta do simbólico. A primeira barreira é acertar o gosto médio. Algo que agrade à maioria das pessoas. Essa aresta tem que ser resolvida dentro do valor da coisa. O valor não pode ser ofensivo, constrangedor. "*Estou te dando algo que você não pode comprar*" ou "*Estou te comprando*" – o simbolismo falando alto. Muitas empresas, incluindo as jornalísticas, proíbem seus profissionais de aceitarem presentes de clientes – e/ou fornecedores e/ou relacionados – que excedam determinado valor. Este teto varia de empresa para empresa mas é sempre baixo. Portanto, a coisa é mais delicada do que se pensa.

Há uma prática no mercado muito usada: oferecer graciosamente seus produtos e serviços. Exemplo: uma companhia aérea oferece passagens; um hotel, estadias; uma empresa de tecnologia, seus produtos. Essa prática, além de não respeitar o "teto", pode não ser boa para a *imagem* de quem dá e de quem recebe. Nesta mesma linha, estão as entradas de teatro, *shows*, concertos, os camarotes para ver escolas de samba, etc. Com moderação, alguns deles até dão para engolir.

Tours educacionais são muito bons. Visitas às fábricas, à matriz, ouvir profissionais falando de aspectos do negócio, das tendências. Essa prática é muito saudável. Nós temos interesse em que o jornalista saiba e ele tem interesse em saber. Bingo, bingo. Além de passar muitas informações, aproxima as pessoas. Boas amizades se iniciam nesses eventos. Mas, como tudo, exigem competência, organização, leveza, arte e muita paciência. Não é coisa para fazer nas coxas.

Existem excelentes iniciativas que produziram bons retornos de *imagem* junto aos jornalistas para os seus patrocinadores.

No Brasil, por exemplo, o *Prêmio Esso de Jornalismo*, sem dúvida, é uma excelente referência. A *Esso Brasileira de Petróleo* sempre teve seu nome ligado ao jornalismo brasileiro desde o histórico *Repórter Esso*. A instituição do Prêmio aos jornalistas que se destacam durante o ano deu continuidade a esta relação *Esso*/jornalismo. Tudo a ver.

Outra iniciativa interessante foi o *Encontro Internacional de Jornalismo*, conduzido pela *IBM Brasil*. Durante três dias, jornalistas sul-americanos se reuniam para assistir palestras e debater com celebridades internacionais da área. O evento foi realizado quatro vezes. (13)

Coincidência ou não, estas duas empresas – a *Esso* nos anos 50, e a *IBM* nos anos 70 – foram as mais castigadas pela imprensa brasileira, tendo então sido consideradas "nocivas ao país". Grandes belzebus.

Mensagem final a quem interessar possa.

Claro, por baixo – ou por trás – disto tudo o objetivo é "*comprar boa vontade*". Entretanto, é importante que se entenda a extensão do que se está "comprando". Muitas pessoas se confundem, achando que, no pacote, vem a opinião, a "lealdade", o silêncio, a cumplicidade do profissional agraciado. "*Pago a sua passagem, te levo pra comer num restaurante cinco estrelas, te mando uma caixa de scotch no Natal, agora, amigo, é com você.*"

Sem exagero, é assim que a engenheirada pensa. Você sabe disto. É aquele negócio do toma-lá-dá-cá, do é "dando que se recebe". "*Paguei seu jantar, você tem que dar pra mim.*"

"*Boa vontade*", no caso, não é nenhuma dessas coisas. É respeito mútuo. E o pacto tem duas mãos. Ele(a), o(a) jornalista, se compromete a ouvi-lo(a). E, você, a recebê-lo(a). Sempre que uma coisa ou as duas forem necessárias. Depois, cada um cuida da sua vida. É verdade que existem profissionais da imprensa que se vendem tão barato, mas esta não é a regra.

Esses são, em linhas gerais, os programas mais usuais. Embora o desenho possa parecer aplicável somente por grandes organizações, a receita se aplica a qualquer tipo de empresa, governo ou particular, grande ou pequena e mesmo empresa individual. Um profissional liberal pode perfeitamente organizar uma programação para melhorar seu relacionamento com a imprensa e para liberar informações sobre seus negócios. Os modelos, os cuidados, os conceitos são rigorosamente os mesmos.

Para finalizar, dois lembretes.

Primeiro, "*assessoria de imprensa*" e "*porta-voz*" podem ser coisas diferentes. O modelo da minha preferência, para organizações maiores, é a do "porta-voz temático", ou seja, fala quem sabe, quem conhece o assunto. Nada mais irritante para a imprensa e péssimo para a imagem junto à opinião pública do que botar um papagaio recitando um texto que acabou de decorar. Nesse modelo, o papel do assessor deve ser treinar este "porta-voz" e integrá-lo. A técnica do *Qs & As* (ver item 60) deve ser usada. Em muitas ocasiões, quem deve falar é o dono da empresa ou o Número 1.

O segundo lembrete diz respeito a uma grande tentação dentro da empresa: controlar o noticiário pela propaganda. Quando a empresa é atacada na mídia, a primeira grande idéia dos falcões é cortar os anúncios. Dar o troco.

Me ouça: não é por aí.

O QUE FOI DITO NESTE CAPÍTULO

1. A Gerência da Comunicação Programada visa compatibilizar, harmonizar e otimizar os programas de comunicação da empresa.
2. As mesmas mensagens devem ser liberadas para todos os públicos.
3. A definição dos meios depende das características dos públicos.
4. Os chamados *Marketings* temáticos são excelentes condutores de mensagens.
5. O chamado "Terceiro Setor" não pode ser ignorado.
6. *Relações com Governo* é uma disciplina de Relações Públicas e tem um papel importante na imagem e nos negócios da empresa.
7. A missão da *Assessoria de Imprensa* é sustentar a imagem da empresa através da mídia.

CAPÍTULO SETE

COMUNICAÇÃO SIMBÓLICA

53. O QUE É IDENTIDADE INSTITUCIONAL

Quando um anticomunista ferrenho vê a foice e o martelo, símbolo do Comunismo, ele é tomado por lembranças desagradáveis. As idéias que imediatamente lhe vêm à cabeça são "falta de liberdade", "opressão", "ditadura". Quando um comunista vê o mesmo símbolo, as idéias que lhe ocorrem são justamente as opostas. O que lhe vem à mente é "justiça social", "liberdade", "igualdade entre as pessoas".

Mesmo símbolo, duas evocações totalmente conflitantes.

Quando um judeu vê a suástica, seu desconforto é enorme. Para um jovem de hoje – que não conhece os horrores do nazismo e que tatua uma suástica no braço "por pura onda" –, o símbolo não significa absolutamente nada.

Esses exemplos explicam que essas idéias contraditórias de amor e ódio não estão, em si, na "foice e martelo", nem na suástica. Elas estão na cabeça das pessoas, armazenadas nos seus inconscientes por diferentes métodos e processos ao longo do tempo. O que a representação gráfica faz é chamar do inconsciente idéias e conceitos que já lá estão.

Este é o fenômeno que está por trás das marcas. Quando um consumidor vê o logotipo do *McDonalds*, por exemplo, este logotipo tem a propriedade de buscar os atributos da marca – positivos e negativos – que estão no seu inconsciente. Muita gente chega a sentir o cheiro do hambúrguer e – como o cachorrinho pavloviano – a salivar somente por ter avistado a marca.

Como essas coisas foram colocadas na cachola das pessoas é papo pra muito chope. Não é proposta deste trabalho enveredar por aí. Mas para continuar a conversa, a gente precisa fincar algumas estacas. Fiquemos, então, com uma idéia bem rasteira da coisa toda.

Todos nós temos um arquivo mental cheio de pastas. Pessoas, instituições, empresas, produtos, etc. têm direito a uma pasta. Cada uma dessas pastas vai sendo construída através de um processo de comunicação continuado ao longo da nossa vida. Mensagens e mais mensagens a respeito dessas pessoas, instituições, empresas, produtos vão sendo por nós captadas e metabolizadas, de acordo com nossos valores, crenças, preconceitos, educação, informações anteriormente arquivadas na pasta, etc. O resultado desse metabolismo – o que vai para as pastas – é as famosas percepções.

Mencionamos "*processo de comunicação continuada*".

Falemos um pouquinho de *comunicação.*

Existem várias formas de *comunicação.* Quando puxamos este assunto, a forma de comunicação que logo nos vem à cabeça é aquela que se utiliza da palavra, oral ou escrita. Talvez por que seja esta a forma mais "visível" e sobre a qual acreditamos ter maior domínio. Mas existem outras formas de comunicação possivelmente muito mais poderosas e convincentes. Comunicamo-nos também pelo gesto, pela atitude, silêncio, cheiro, cor, gosto, tato, espaço, por símbolos, pela combinação de algumas dessas formas, etc. Até pelo nosso lixo nos comunicamos. Sobre essas outras formas de comunicação, nosso controle é relativo, às vezes, nenhum.

Falando de controle, mesmo com relação às palavras, o domínio do comunicador não é absoluto. A linguagem não é o espelho fiel da realidade e, sim, a sua representação simbólica. Há, portanto, uma diferença entre a percepção e o fato real, entre o fato e o seu retrato. O comunicador tem que saber se o emissor e o receptor dão os mesmos significados às palavras e aos símbolos. A ironia inverte o sentido do que está sendo dito, mas somente para aqueles que sabem "ler" a ironia. O chamado "*sentido figurado*" é regido pelas mesmas leis. Muita gente se estrepa porque é entendida ao pé da letra, quando a sua intenção não era aquela.

Vejamos outras formas mais sutis de comunicação e suas características.

O gesto, a mímica e a atitude podem anular ou valorizar a mensagem. O *timing* idem. Exemplo: uma demora numa resposta pode passar a idéia de descaso, desatenção. Se respondemos a um convite para um jantar, tipo "infelizmente, não poderei comparecer", esta mesma mensagem carrega um significado se for emitida logo após o recebimento do convite, e outro, se for passada na véspera do evento. No quesito "atitude", como tratamos as pessoas informa sobre o nosso temperamento, caráter, momento de vida, etc. Eu não preciso ir à televisão e fazer um discurso explícito para mostrar a minha arrogância e o meu desprezo pela humanidade. Para isto, basta a inclinação do meu queixo. Ou o jeito com que eu aperto a mão das pessoas. Ou o meu andar. Ou a cor do meu carro.

Outro complicador que tem a ver com o metabolismo acima mencionado. A exemplo da foice e do martelo e da suástica, que permitem leituras antagônicas, um mesmo gesto pode ser lido tanto como uma atitude de solidariedade quanto de arrogância. Depende de como o receptor da mensagem a processa, a encaixa, a metaboliza.

O silêncio, além do popular "quem cala, consente", pode, também, estar codificando falta de interesse, desprezo, esperteza, ocultação de cadáver. As leituras podem ser variadas. Cartas não-respondidas, telefonemas não-retornados são mais contundentes que os seus avessos.

As cores são códigos. Elas acalmam, excitam, deprimem, criam ilusões, euforia, desejo sexual. As paredes dos berçários são azuis, os bordéis capricham no vermelho, a cor das rosas informa intenções. Abre parêntesis. Por falar nas rosas, Cartola diz que elas não falam. Funcionam apenas como mensageiras, comunicando-se através do perfume roubado. Licença poética do mestre. Na verdade, as rosas falam. As rosas berram. Fecha parêntesis.

A exemplo das rosas, espaços também falam. E como falam. Às vezes, gritam. Espaços, igualmente, podem ser usados para codificar mensagens. A arquitetura usa esta codificação a torto e a direito, literalmente. A arquitetura de *Mussolini*, por exemplo, estava carregada de códigos. O gótico, idem. O rococó. Numa outra dimensão, o espaço também manda recados. Uma cadeira vazia tem significados pesados. Desatenção, desprezo, desafio, repúdio. A ausência, o não-comparecer (deixar espaço vazio) são fortíssimos recados. Às vezes, mais fortes do que socos.

Assim como o sotaque informa de onde você veio – e a colocação do pronome oblíquo, onde estudou e por quanto tempo –, suas roupas também falam de você. E, antes delas, o seu corpo. O discurso corporal (*body language*), a ginga, o modo de sentar, olhar, cruzar as pernas, o lidar com os talheres, comer. Sua caligrafia diz quem você é, desvenda seu caráter e outras profundezas.

Tudo isto informa ambições, estado psicológico, origem e até quanto você ganha. Enfim, suas preferências por carros, móveis, seus hábitos, comportamento, seu lixo, etc são *outdoors* que revelam aos quatro cantos mais coisas a seu respeito do que se pode imaginar, muitas das quais você nunca teve coragem de contar ao seu analista. Portanto, não há por que temer a quebra do sigilo bancário nem devassas à sua vida privada. Ela já está aberta à visitação pública todos os dias, inclusive domingos e feriados. Se o motivo for "não se expor", não rejeite o convite para posar nu(a) para a *Playboy* ou uma revista para gays. Não há nada a ser revelado a seu respeito – além das gordurinhas e pelancas – que todo mundo não saiba. Pelado (a), você já está há muito tempo.

É através de todas essas formas que as pessoas, empresas, instituições também se comunicam. Essas entidades, tecnicamente, são emissores que estão permanente e continuamente liberando mensagens – programadas ou não – para o seu exterior. No capítulo anterior, adiantamos uma série de situações em que esta comunicação rebelde poderia modificar – ou até mesmo anular – as mensagens conscientemente programadas.

Isto mesmo, caro(a) leitor(a), assim como as pessoas, as instituições também têm o seu *body language*. Gostei. É isso aí. *Body language*. Matou a pau!

E é através desse *processo de comunicação continuada*, do que é dito por essa "linguagem corporal", simbólica, que as respectivas pastas na cabeça das pessoas vão sendo carregadas de informações, agora metabolizadas sob a forma de percepções.

Adorei a sua intervenção.

54. COMUNICAÇÃO SIMBÓLICA NA EMPRESA

Imaginemos, caro(a) leitor(a), duas situações.

Preliminarmente, imagine um repórter comum com poucos anos de carreira que recebe a missão de entrevistar um executivo de uma multinacional sobre um tema cabeludo em que a empresa está envolvida.

"*Executivo de multinacional*" é a senha para mobilizar estereótipos, tal e qual a suástica e a foice e o martelo. Para aquele repórter – e para a maioria deles – *"executivo de multinacional"* é rico, tem fortunas depositadas em paraísos fiscais, é insensível aos problemas sociais do país, é quadrado, de direita, e até meio tarado. Em toda vida escolar, do primário à faculdade, seus professores lhe falaram horrores das empresas, isto é, aquelas coisas todas que compõem o *estigma da raça*: empresas enganam os consumidores, exploram empregados, sonegam impostos, corrompem autoridades, o capeta. As multinacionais, pior ainda. No seu tempo de escola, representavam o *"imperialismo internacional"*; hoje, o *"neoliberalismo"*. Em suma, antes e agora, sempre, o belzebu em pessoa.

Por outro lado, desde que se formou, o repórter vem pulando de emprego em emprego, sempre ganhando mal. Cheio de contas para pagar, morando com o sogro, a mulher, grávida. No jornal, fala-se em corte de despesas. O famoso passaralho.

É com este espírito que ele segue para a entrevista.

Agora, vamos às situações.

Primeira situação.

O jornalista vai à empresa X para entrevistar o diretor. Entrevista com hora marcada. Ao chegar à portaria, o jornalista é atendido por uma recepcionista antipática que o submete a um extenso interrogatório: nome, sobrenome, profissão, onde trabalha, com quem vai falar, assunto, etc. Enquanto batuca com dois dedos as informações no computador, a recepcionista bate papo com um segurança sobre um pagode que ela foi no fim de semana. O jornalista é obrigado a mostrar documentos que ficarão retidos até o momento da saída. Ao redor, outros seguranças, carrancudos, com óculos escuros, armados, falam nos *walkie-talks*. No andar onde deverá encontrar o diretor, nova apresentação. Agora uma secretária o recebe com aquela gentileza impessoal de comissária de bordo. Um robô. Depois de uma ligação interna, ela diz que o diretor já vai atendê-lo e pede que aguarde. O jornalista senta-se numa poltrona. À sua frente, algumas revistas. Velhas. Jornais. De ontem. O jornalista olha a sua volta. Grandes espaços vazios, tapetes caros, quadros de gosto discutível mas que devem valer uma nota. Tirando as secretárias, não se vê viv'alma no andar. Faz muito frio. O ar-condicionado está acima do necessário. Meia hora depois, a comissária de bordo pede que o jornalista a acompanhe. Caminham por corredores longos cheios de portas fechadas. Ela, dois metros à frente. Finalmente, a sala do diretor. A secretária abre a porta com um gesto grandioso, como se fosse apresentar sua alteza, a rainha da Inglaterra. Despede-se com o sorriso número dois. O diretor – que ainda fala ao telefone – faz um sinal para o jornalista, sugerindo que ele se sente. E espere. A conversa se prolonga. O diretor, de costas para a visita, prossegue no papo, fala em código, ri, longas pausas, usa expressões grosseiras. Enquanto aguarda o fim da ligação, o jornalista observa o escritório. Maior que o seu apartamento, aliás, o do sogro. O mobiliário sem estilo definido, mas luxuoso. Sobre a mesa, no porta-retrato, o diretor montado num cavalo. O homem joga pólo, conclui. Noutro, com a família esquiando na neve. Talvez na Europa. Na parede, diplomas de cursos no exterior. Na estante, alguns livros de negócios – *best sellers*. Aparentemente virgens de leitura. O jornalista olha o relógio. Já devia estar voltando para a redação. Alguns minutos depois, o diretor desliga o telefone e a entrevista começa. Quer dizer, entrevista, em termos. O diretor não diz nada de importante, não sabe, não pode falar, não é comigo, insiste em jogar a conversa para o campo das abobrinhas. A entrevista é interrompida várias vezes com ligações telefônicas, inclusive uma da filha, pelo celular, para falar de um assunto banal. Lá pelas tantas, o diretor pede desculpas, diz lamentar a existência de outro compromisso e dispensa sumariamente o jornalista. Este sai da sala, se perde nos corredores, vai parar no subsolo. Na portaria, para ter seus documentos de volta, uma fila. A conversa sobre o pagode ainda está rendendo. Outra espera. Na rua, toma conhecimento de que seu carro, um fusca velho, foi multado por ter sido estacionado em local proibido.

Agora, vejamos esta outra situação.

O mesmo jornalista vai à empresa Y para entrevistar o diretor. Entrevista com hora marcada. Ao chegar à empresa, duas pessoas o esperam na entrada do prédio: um manobreiro que vai estacionar o seu carro e uma recepcionista que já cuidou de toda a burocracia relativa à segurança: informações, crachás, etc. A recepcionista o acompanha até o andar, onde ele é recebido por uma secretária naturalmente gentil – isto é, sem afetações – que o chama pelo nome, oferece café, água. Não mais que dois minutos, o diretor aparece no saguão, se apresenta e convida o jornalista para irem para uma sala de reunião, sala esta discreta, sem telefones, inclusive os inconvenientes celulares. Uma conversa sem interrupções. Nitidamente, o diretor se preparou para a entrevista, dá respostas seguras, tem dados importantes à mão, cópias solicitadas dos documentos são imediatamente providenciadas.

Fim da conversa, o diretor leva o jornalista ao elevador, enquanto a secretária já avisou ao manobrista que a visita está a caminho.

Dou, ao(à) caro(a) leitor(a), um tempo para refletir sobre como ficarão as percepções – antigas e novas – na cabeça do nosso amigo jornalista sobre as empresa X e Y a partir das experiências relatadas.

As duas situações acima descritas, diga-se de passagem corriqueiras na vida empresarial, são dois exemplos da tal *comunicação continuada*, livre e espontânea, involuntária, não-controlada e da enxurrada de mensagens por ela liberadas. Isto é a *comunicação simbólica*. A gente podia ficar aqui horas dissecando esses dois exemplos, analisando cada emissor, cada mensagem que foi liberada, o estrago ou benefício sobre a imagem da empresa, etc. Vamos voltar ao tema mais à frente.

55. GERÊNCIA DA COMUNICAÇÃO SIMBÓLICA

Grande parte das mensagens que as entidades liberam nesse processo contínuo não é planejada pela organização. Na verdade, muitas são indesejadas. Como nosso suor, elas brotam nos nossos poros sem nos dar satisfação. Vazam. São autônomas, independentes.

O esforço da *comunicação integrada* consiste em diminuir essa autonomia. Procura aumentar o controle sobre esta *comunicação espontânea*, involuntária e rebelde. A forma de fazer isto é policiando os elementos *da identidade institucional*, elementos estes que atuam como emissores, alguns até como se fossem rádios-piratas.

Não é fácil. Se é difícil policiar essa *comunicação espontânea* numa pessoa – fazê-la adotar boas maneiras, vestir-se adequadamente, corrigir a postura corporal, etc. –, imagine numa empresa. Quanto maior a empresa, mais complicado é o controle. E mais necessário.

Os principais itens que estão na pasta das empresas, ou seja, elementos da *identidade institucional* que ajudam a construir e a fortalecer percepções na cabeça das pessoas – que atuam sobre o *estigma da raça*, que constroem o que chamamos de "a cara da empresa" – são os seguintes:

1. História da empresa. Seu passado de contribuições à comunidade, à sociedade e ao país é o seu *curriculum vitae*. Seus valores, suas políticas, seu comportamento ético, a inexistência de trapalhadas em sua folha corrida funcionam como atestado de bons antecedentes. Esse histórico deve funcionar como guia em decisões futuras, preservado como valioso patrimônio e lembrado sempre com elegância e critério a todos os públicos.
2. Seus produtos e serviços. É esperado que nossos filhos tenham a nossa cara. E que tenhamos a cara de nossos filhos. Os atributos que as pessoas vêem nos pais são procurados nos filhos. Tal pai, tal filho. E vice-versa. Tal filho, tal pai. De uma empresa de qualidade, esperam-se produtos e serviços de qualidade. Produtos de qualidade só podem ser produzidos por empresa de qualidade. Essa relação vale para todos os atributos: modernidade, criatividade, etc.
3. Perfil dos seus clientes. A natureza deles ajuda a construir na cabeça das pessoas uma percepção sobre a empresa. Clientes de alta renda fortalecem a imagem de uma empresa elitista, distante do povão. Daí chegar à "*empresa insensível aos problemas sociais*" é um pulo. Ao contrário, clientes de baixa renda podem sugerir que os produtos da empresa – e, por conseqüência, ela – não tenham qualidade. Pra quem é, bacalhau basta. "*Diga-me qual é a sua clientela que eu te direi quem és*".
4. Comportamento dos seus dirigentes. Comportamento no sentido amplo. Como vive, como age, como se posiciona, como trata as pessoas, de preferência, subordinados. Esta é uma tremenda referência sobretudo para o público interno. A força do exemplo. A começar pelo comportamento do Número 1. É difícil dissociar a imagem de um dirigente da imagem da instituição. Um presidente de empresa com uma participação externa inteligente fortalece os atributos positivos desta instituição. Gente séria, empresa séria. Gente alegre, empresa alegre. Já uma *egotrip* tem efeito contrário. Superexposições, tais como ser destaque em escola de samba, exibir-se em *talk shows*, desfilar na noite com garotas de programas, namorar amigas da neta, etc. produzem tititis desfavoráveis dentro da organização e passam externamente a idéia de empresa pouco séria, pra dizer o mínimo. Numa coluna social de

um importante jornal do Rio de Janeiro, sobre o carnaval de 2000, é contado que executivos de uma multinacional – cujo nome é citado com todas as letras – brincavam de "trenzinho" com as mulatas especialmente contratadas para entretê-los no camarote do Sambódromo. O público interno da empresa deve ter tido assunto por toda a quaresma.

5. Atitude dos empregados. No tratamento de clientes, sobretudo. Educação, boas maneiras, cortesia, atenção, estar – ou parecer estar – de bem com a vida. E a permanente atitude de resolver o problema do cliente ou outro interlocutor. Esse espírito deve estar no sangue da organização. De cabo a rabo. Do diretor ao ascensorista. No dia-a-dia, desde o simples atendimento telefônico ou na recepção da portaria, ou nos balcões, nos caixas, nas reuniões sociais, no congresso, falando com jornalistas, com artistas. Funcionários mal-humorados, infelizes, grosseiros, além de serem desagradáveis, comprometem a mensagem "*empresa boa empregadora*", um dos nossos *cavalos de batalha*. A atenção deve ser redobrada nos SACs (*Serviços de Atendimento aos Clientes*), onde os ânimos se exaltam e o clima costuma ser quente. Normalmente, o boca a boca negativo começa aí. Na insatisfação do cliente maltrabalhada. Com a crescente terceirização de serviços, importante lembrar que o pessoal contratado para fazer este trabalho – ou seja, empregados de terceiros – é, para os clientes e consumidores, a extensão da empresa.

6. A propaganda. Deve ser compatível com a imagem empresarial desejada. Por exemplo, a linha usada pela *Benneton – pour épater le bourgeois* – não se aplica a qualquer empresa. Pode fechar mais portas do que abrir. O mesmo se dá com o chamado "*politicamente incorreto*". Muitas propagandas criativas, "ge-ni-ais", inclusive premiadas em congressos internacionais, foram responsáveis por boas dores de cabeça para as empresas. As multinacionais, com a publicidade globalizada, costumam dar inesquecíveis caneladas em culturas locais.

7. Parcerias. O "*diga-me com quem andas e eu te direi quem és*". Recentes fusões têm produzido sérios estragos na imagem de muita gente boa. Mas não precisam ser *joint ventures* grandiosas. Mesmo pequenos co-patrocínios podem gerar mal-entendidos.

Diariamente, vemos empresas sérias co-patrocinando eventos com outras de reputação nem tanto.

8. Programação visual. Símbolos e cores têm seus mistérios. Todas as coisas que usam esses elementos devem ser analisadas por especialistas: placas, letreiros, impressos, publicações, uniformes, murais, páginas na internet, etc.

9. Relacionamento com públicos. Desnecessário dizer que um excelente relacionamento com clientes, empregados e fornecedores é um *must*. Há, entretanto, outros públicos importantíssimos: a comunidade, a mídia, autoridades, formadores de opinião. Aqueles públicos que não falam a nossa língua. A forma, os meios, os processos, os procedimentos, etc. estão diretamente vinculados às idéias de transparência empresarial, respeito pela comunidade e pela opinião pública. Atendimento rápido a solicitações da imprensa e de autoridades, atenção, resposta clara e imediata a pleitos externos. Até mesmo de candidatos a emprego. A participação da empresa em associações de classe, a presença em solenidades, em eventos sociais passam a imagem de empresa aberta, de solidariedade, de cidadania.

10. Arquitetura dos prédios, desenho dos escritórios, mobiliário. Independentemente da estética, todas essas coisas emitem mensagens poderosas que mobilizam o imaginário popular. Prédios grandiosos, *bunkers*, fachadas monumentais, ambientes luxuosos, labirintos, salas trancadas, grandes espaços, móveis pesados, cores berrantes, computadores em profusão, etc. fortalecem o estereótipo: poder, riqueza, caixa-preta, grandes conspirações, corrupção. O oposto – *landscapes*, grandes janelas, ambientes discretos, rostos alegres, gente circulando, etc – tem efeito positivo. "*Gente como a gente*", transparência, "*empresa que não tem nada a esconder*". Obviamente, o bom gosto, limpeza, organização, segurança no trabalho devem estar sempre presentes.

11. Segurança. Os procedimentos nesta área – cada vez mais necessários – devem ser os mais discretos possíveis. Eu sei, é difícil. A ostentação – guardas uniformizados, armas à mostra, tecnologia, procedimentos de registro e de revista, até mesmo cachorros policiais, etc – faz parte da estratégia para desencorajar eventuais

agressores. Além disto, profissionais de segurança, truculentos por *job description* e por carga genética, gostam de se exibir. É tudo que a *imagem empresarial* não precisa. A postura pode afastar os agressores em potencial, mas arrasta junto muita gente boa.

12. Patrocínios. A compatibilidade entre a *imagem empresarial* desejável e os diversos tipos de *marketings* institucionais – cultural, social, esportivo, ecológico – deve ser total. Exemplo: faz pouco sentido uma empresa de clientela de meia idade patrocinar espetáculos de *rock* pauleira. Ou esportes radicais. A *imagem empresarial* se fortalece quando três elementos se falam: a cara da empresa, a cara do público e a cara do programa. Quando falta um dos três elementos é dinheiro jogado fora e perda de imagem. Outro cuidado: patrocínio de projetos polêmicos, que possam ser interpretados como ofensa por minorias ou que impliquem em posicionamento político partidário. São tiros no próprio pé.

13. Eventos. Seguem a mesma regra acima. Eventos faustosos é um dos principais sinais exteriores de riqueza. E, às vezes, de breguice. Coisa de emergente. Recepções com caviar, uísque doze anos, cascata de camarões precisam ter a sua aplicação cuidadosamente discutida. Também não é necessário fazer votos de pobreza. Mas se a decisão for servir apenas pipoca e refrigerante, que eles sejam da melhor qualidade. Outra coisa muito comum em feiras: o uso de garotas de programas como recepcionistas em estandes da empresa. Claro, beleza é fundamental e tenho o maior respeito pela profissão. Mas, a menos que sua empresa esteja nesse *business*, o emprego desse recurso é apelação.

14. Brindes, regalos e outros mimos. Este é um tema considerado menor nas empresas. Tanto que a decisão sobre eles normalmente é delegada a escalões inferiores. Daí, as gafes, o dinheiro perdido e danos à imagem. "Brinde" também tem que combinar três elementos: a qualidade do brinde, a cara da empresa e a utilidade para o brindado. Quando se fala em qualidade, não estamos nos referindo a valor. Aliás, neste particular, presentes caros são riscos de imagem quando os presenteados são autoridades e jornalistas. Belos constrangimentos são criados por quem não toma esse cuidado. Recentemente, uma empresa brasileira foi pega em flagrante desembarcando caixas e mais caixas de presentes para

serem distribuídas entre as secretárias do Palácio do Planalto. Fotos do desembarque do material foram primeira página de todos os jornais. A empresa pagou o maior mico. O presidente da República foi obrigado a manifestar-se sobre o fato.

15. Posicionamentos nas *questões públicas*. Toda *questão pública* é polêmica. Nem sempre os interesses da empresa coincidem com os interesses dos clientes e consumidores. Nem dos empregados. Portanto, mesmo que seja especialista em pisar em ovos, vá com calma. Se tiver de fazer *lobby*, entenda que a atividade é legítima mas, entre nós, maldita. Se você for pego com a boca na botija, tenha certeza de que sua imagem vai ficar arranhada. É como batom na cueca. Difícil de explicar. Organize-se.

16. Posicionamento nas crises. Nas crises, há uma superexposição da empresa. Suas vísceras ficam à mostra e todos os holofotes sobre ela. Os inimigos babam de satisfação e os amigos se escondem. O público interno vacila. Crises sempre implicam em perdas financeiras e de imagem. Mas o posicionamento certo pode diminuir o prejuízo. E a forma com que empresa se safa da encrenca pode render, mais tarde, alguns pontinhos positivos no primeiro quesito: história da empresa.

17. Qualidade em geral. É fundamental a existência de processos que assegurem a qualidade de textos (em cartas, discursos, publicações, etc), de bancos de dados (nomes e sobrenomes, cargos, endereços, históricos). Danos à imagem, gafes, situações de saia justa, problemas com gente importante nascem desses pequenos detalhes.

Como dito e repetido, as mensagens emitidas por esses elementos são captadas pelas pessoas. Sempre que uma dessas mensagens estiver alinhada com o conteúdo da pasta, a informação é absorvida. A imagem é então fortalecida. Ao contrário, se a mensagem não se encaixa bem, não faz sentido, não casa, esse conflito gera uma dissonância. Ela pode ser rejeitada, ou, ferindo um ou mais *cavalos de batalha*, produzir danos à imagem. Se os ferimentos forem profundos, um processo de mudança na percepção pode ser iniciado.

Outro ralo são as mensagens conflitantes. Fala-se uma coisa de um lado e outra coisa, de outro. Exploramos esse ponto quando falamos na festa de Natal seguida de demissões em massa. Os exemplos são muitos e acontecem todos os dias nas empresas e nas melhores famílias:

1. A empresa fazendo discurso externo de que os negócios vão muito bem (falando para os acionistas) e, internamente, cortando benefícios dos funcionários sob alegação de que os negócios estão difíceis (discurso para o público interno).
2. Ou, ao contrário: dar aumentos de salário significativos para os funcionários e não pagar dividendos aos acionistas, ou aumentar os preços acima dos índices (discurso para clientes).
3. Qualquer das duas acima (declaração de lucros altos e/ou aumentos de salário generosos) e pedir subsídios ao governo, reclamar da situação da economia (discurso para as autoridades).
4. Aumentar preços dos produtos e/ou serviços (discurso para o cliente/consumidor) e anunciar grande empreendimento filantrópico (discurso para a opinião pública).
5. Indivíduo que diz aos credores que está com dificuldades financeiras para saldar as dívidas, mas desfila com carros importados para sinalizar para seus clientes que está bem de vida.
6. Político que fala contra a corrupção e se deixa fotografar ao lado de contraventores, ou mantém parentes em cargos públicos.
7. Dona-de-casa que pede aos filhos para reduzir despesas, mas continua fazendo *open houses* de alto padrão.

Gerenciar os elementos da *Identidade Institucional*, isto é, gerenciar a *Comunicação Simbólica* significa administrar esses vários poros da organização, as rádios-piratas, procurando harmonizar todos esses elementos de forma a evitar que dissonâncias sejam produzidas, compatibilizando as mensagens que eles emitem com a *imagem empresarial* desejada.

Voltemos à experiência do nosso amigo jornalista com as empresas X e Y.

Do ponto de vista da *comunicação simbólica*, a empresa X é um caso de polícia. Admitindo que a sua proposta seja aquela que definimos como "*imagem competitiva*", ela está pisando na bola em vários quesitos. Na contramão da proposta, mensagens de "*arrogância*", de "*pouca transparência*", de "*poderosa*", etc. estão sendo liberadas desde o atendimento na portaria à postura do diretor, passando pelas revistas velhas, arapongas, sorrisos metálicos, espaços e sombras. Para o jornalista que, no fundo da alma, já tinha bronca da empresa, a experiência foi um prato cheio.

Com relação à empresa Y, uma surpresa. Não se trata de uma outra organização, e, sim, da mesma empresa X depois de uma pequena chacoalhada. O serviço de portaria continua um lixo; os interiores, os mesmos, etc. O truque foi a criação de um processo que passa ao largo dessas mazelas. Um *bypass*. Que mais? Um pequeno retoque na postura da comissária de bordo – que pode ter sido resolvido com uma conversa – e uma boa recauchutagem na atitude global do diretor. No geral, o jornalista continua pensando a mesma coisa sobre multinacionais e seus executivos. Mas, a experiência produziu nele uma pequena dissonância. Há uma grande chance de ele, especificamente sobre aquela empresa e sobre aquele executivo, ter uma consideração especial.

A chacoalhada deu uma melhorada na *comunicação simbólica*. Pelo menos, no que tange ao atendimento aos jornalistas pela diretoria. Mas – aqui entre nós – a solução foi fruto de um truque. De uma ilusão de ótica. Ainda há muito o que fazer. A *comunicação simbólica* somente será melhor quando truques não forem mais necessários.

Obviamente, para ser eficaz na administração desses poros, o colegiado tem que ter condições de:

a) Patrulhar vários processos da empresa. É a função de *watch dog*. Daí ser fundamental a inserção do colegiado no *decision making process* da empresa.

b) Ter poder de veto sobre as ações predadoras ou não-alinhadas com o espírito da coisa. Só existe uma forma de dirigir esse processo: com mão-de-ferro. Desvios, concessões, aventuras, etc. não podem ser tolerados.

c) Ter costas quentes para poder rodar a baiana quando for necessário, tanto para substituir a recepcionista de mal com a vida quanto para afastar do contato com a imprensa o poderoso vice-presidente de secos & molhados que se comporta como um açougueiro. Claro que o apoio da Alta Direção é fator de sucesso nessa missão.

Caro? Complicado?

Caro, não é. De graça, comparado com os danos causados pela Babel, pelos efeitos do caos e da desordem. Posso provar isto na ponta do lápis.

Por exemplo, o *bypass* feito para atendimento ao jornalista não custou rigorosamente nada. Foi apenas um investimento na atitude.

Complicado, também não. No começo, pode parecer. Mas logo, logo, na medida em que os padrões e os procedimentos forem sendo estabelecidos, o grupo começa a trabalhar por música. A organização, educando-se, passa a colaborar. O número de fiscais internos se multiplica. E mais importante: a colaboração acontece porque se entendeu a importância da *imagem empresarial* e percebeu-se o valor agregado da função de comunicação. É tudo que se pedia a Deus.

O QUE FOI DITO NESTE CAPÍTULO

1. A *Comunicação Simbólica* é mais poderosa e convincente do que a *Comunicação Programada*.
2. Uma organização possui inúmeros "emissores" operando em freqüências próprias e muitas vezes liberando mensagens na contramão daquelas desejadas pela empresa.
3. É possível administrar-se, em boa parte, a *Comunicação Simbólica*.

CAPÍTULO OITO

ISSUE MANAGEMENT

56. AFINAL, O QUE É ISSUE MANAGEMENT ?

Conforme combinamos, vou continuar chamando o "*gerenciamento de questões*" de *Issue Management*. Bem que me esforcei em trabalhar com a tradução ao pé da letra, mas não deu. Não é frescura, acredite. "*Gerência*", ou "*gerenciamento*", ainda passa. Mas a nossa "*questão*" não tem a abrangência da expressão "*issue*" deles. "*Questões públicas*" como tradução de "*public issues*" – como venho usando até agora – vá lá. Entretanto, quando se abre mais o leque fica complicado. A expressão "*questão*" fica curta. A impressão é que falta pano. Para não esquentar muito a cabeça, usarei ora "*questão*", ora "*issue*". Enfim, depois que os franceses – muito mais frescos em aceitar expressões alienígenas do que nós – adotaram "*issue management*", encontrei a minha paz. Mas, de novo, cara, fique à vontade. Não vamos brigar por essa bobagem.

Vimos às folhas tantas que *issues* (questões) são de duas naturezas, isto é, pertencem a duas famílias:

1. *Questões de imagem* (*image issues*).
2. *Questões Públicas* (*Public Issues*) sobre as quais falamos bastante no capítulo anterior.

Em 1976, *W. Howard Chase* organizou o processo de gerenciamento, pelas empresas, das chamadas *Questões Públicas*, batizando-o de *Issue Management System* e definindo a sua espinha dorsal: Pesquisa => Análise do *issue* => Construção da estratégia => Ação => Avaliação dos resultados e *Feedback*. Desde então, muitas organizações no mundo, usando ou não o nome de batismo dado por *Howard Chase*, têm adotado, na íntegra ou com variações, o fluxo por ele desenhado.

A espinha dorsal do processo é simples e aplicável a qualquer atividade empresarial ou segmento de negócio. O que precisa ser ajustável é o desenvolvimento e a sofisticação de cada etapa do processo que, evidentemente, dependerá da natureza do negócio, do tamanho da empresa e dos recursos disponíveis para a atividade.

Os *issues* de imagem podem e devem ser trabalhados dentro do mesmo processo. Porque:

1. Como vimos, *issues* de *imagem empresarial* e *questões públicas* são íntimos. Uma *questão pública* pode afetar a imagem de uma empresa tanto quanto a imagem de uma empresa pode detonar ou esquentar uma *questão pública.*
2. Os públicos (*constituintes*) que estão relacionados às *questões públicas* são os mesmos envolvidos nas *questões de imagem*: consumidores, clientes, mídia, governos, público interno, opinião pública em geral.
3. O tratamento de ambas as questões se utiliza dos mesmos métodos de diagnósticos e os remédios são comuns.
4. A atividade de *Relações Governamentais* – com licença da má palavra, *lobby* – pertence ao rebanho de Relações Públicas e de Comunicação. O lobista é o grande ator na arena das *questões públicas.* Em muitas empresas – por razões das quais um dia a gente fala a respeito –, o lobista é um profissional desgarrado desse rebanho. Muitas encrencas empresariais derivam desse posicionamento equivocado.

   Enfim, muitas razões para que *issues* de imagem e *questões públicas* não sejam tratadas em enfermarias diferentes.

O *Issue Managemen System* é subprocesso dentro do *Sistema de Comunicação Integrada.*

Compliquei? Então, expliquemos de outra forma.

1. Os *issues* são gerenciados pelo mesmo grupo de pessoas, isto é, pelo *Colegiado de Comunicação.*
2. Nas *questões públicas*, dada a necessidade de conhecimentos específicos, podem ser formados outros grupos envolvendo profissionais de outras áreas e que não participam do *Colegiado de*

Comunicação. Sob a liderança de um responsável designado para a tarefa (*issue manager*), esses grupos terão a responsabilidade de cuidar do *issue* especificamente, porém, tendo suas ações de comunicação coordenadas pelo *colegiado*. Vamos entender melhor isto na medida em que explicarmos o processo.

O *issue management* é um processo de 5 (cinco) etapas:

Etapa 1: **Identificação do *issue*** (questão)
Etapa 2: **Análise do *issue***
Etapa 3: **Desenvolvimento da Estratégia**
Etapa 4: **Execução do Plano de Ação**
Etapa 5: **Avaliação dos resultados e *Feedback***

57. ETAPA 1: IDENTIFICAÇÃO DO *ISSUE* (*issue identification*)

Esta etapa tem por finalidade a identificação de questões que possam vir a afetar – ou que já estejam afetando – os negócios e/ou a imagem da empresa.

No caso das *questões públicas*, esta identificação pode ser feita pela captação de sinais que informem a existência de uma questão (*issue*) ou de sua formação. Existem empresas especializadas em fuçar geradores de *questões públicas*. Este serviço funciona como uma espécie de sentinela avançada. Fazem, também, serviços de rastreamento muito eficientes. Da sementinha ao fruto. Nenhuma grande corporação mundial pode deixar de ter estes postos de observação avançados. A própria visão estratégica desenvolvida por elas, com auxílio de gurus famosos e do uso da técnica de cenários, facilita esta identificação precoce. O sonho de consumo – claro! – é poder "matar o mal" pela raiz. Na maioria das vezes, isto não é possível. Mas, em alguns casos, pode-se alterar o rumo das coisas ou, na pior das hipóteses, fazer os ajustes necessários antes de a tempestade cair. Esta antecipação é vantagem competitiva das boas.

Algumas outras formas menos sofisticadas de monitorar o ambiente – e de descobrir ovos de serpente – e que podem ser praticadas por qualquer empresa a baixos custos:

a) leitura de revistas especializadas, sobretudo estrangeiras;

b) leitura de publicações de *Think Tanks*;

c) leitura de livros de autores futurólogos, tipo *John Naisbitt*, *Alvin Toffler* e *Isaac Asimov*. Esse tipo de literatura, apesar de muita conversa jogada fora e algumas leviandades, acaba pautando a mídia e outros formadores de opinião. A galera vem no vácuo;

d) participação em feiras, congressos, conferências;

e) pesquisas nas viagens ao exterior;

f) freqüentar reuniões nas associações de classe;

g) participar de almoços de negócios, coquetéis, cerimônias oficiais;

h) participação em fóruns na *internet*, grupos de estudo, etc;

i) ter contatos permanentes com jornalistas (editores), políticos e outros formadores de opinião, executivos de outras empresas, de outras áreas de negócio e de outras nacionalidades;

j) conversas dentro da empresa com pessoas de diferentes áreas, não só com os "pensadores" da casa como também com o povão. O que pensam, o que ouvem. Saber o que anda rolando no *grapevine*.

Todas essas atividades fornecem idéias, podem revelar *indicadores de antecedência*, sugerem tendências. Muitas empresas – algumas, intuitivamente, outras, por sistema gerencial – captam informações preciosas, praticando esse conjunto de atividades. Às vezes, essas informações – os famosos bizus – surgem de onde menos se espera. Naquela reunião a qual se achava perda de tempo comparecer. Na conversa com aquele sujeito que ninguém dava nada por ele. Ouvidos abertos e com uma boa peneira, tem-se um bom material para trabalhar. Em suma, esteja ligado. E, qualquer que seja o método de identificação, o importante é que, aquilo que se captou como "suspeito", seja analisado. Até prova em contrário, ele é um *issue* em formação.

No caso das *questões de imagem*, a identificação dos *issues* pode ser feita através de:

a) pesquisas de opinião, internas e externas à organização, estruturadas ou não, formais ou não: é o melhor meio de identificar e de conhecer as percepções em circulação, o que circula no boca a boca;
b) participação externa, contatos, etc.;
c) leitura de jornais e revistas;
d) programas internos: mesas-redondas, programas de sugestões, etc. Excelentes para conhecer-se o que rola nos corredores;
e) relatórios de auditoria, registros do serviço de atendimento ao cliente, reclamações, denúncias, ações contra a empresa, declarações de funcionários demitidos ou que pediram demissão, etc. Esse material é riquíssimo para apontar esqueletos no armário, fonte geradora da maioria das crises empresariais.

Tão logo o *issue* é identificado, a sua gerência deve ser atribuída a alguém na organização, do *colegiado* ou fora dele. Este alguém é conhecido no jargão por *Issue Manager* [aqui não abro mão da expressão original. Aliás, nem os franceses]. Uma vez designado(a), ele(a) passa a ser o(a) dono(a) do problema, o comandante-em-chefe do espetáculo, aquele(a) que vai organizar a operação de guerra e fazer as coisas acontecerem. Não será pessoalmente quem vai definir a estratégia, pensar no assunto, etc. Isto será responsabilidade de uma equipe, possivelmente, interfuncional, que reúna *expertises* de várias áreas. Ele será o *networking manager*. Não será necessariamente a pessoa que vai falar com o deputado ou quem vai dar entrevista ao jornal, mas terá a responsabilidade de garantir que a pessoa escalada para essas tarefas as realize no prazo e corretamente. Como planejado.

São atribuições do *Issue Manager*:

1. Assegurar a integridade do processo relativo ao *issue* sob sua responsabilidade. Vale dizer, fazer com que as etapas do *Issue Management* sejam corretamente cumpridas.
2. Construir a equipe e liderá-la. A *network*.
3. Prestar contas à organização – leia-se "*colegiado*" – quanto aos seus planos, ações e resultados.

Critérios para a escolha do *Issue Manager*:

1. Quanto mais importante for o *issue* para a organização, mais alta deve ser a função do *Issue Manager* na hierarquia. Exemplos: o *Issue Manager* de *issues* relativos à questão ambiental numa refinaria de petróleo deve ter uma posição bastante alta na empresa, o mais próximo possível do CEO. Nesse caso, trata-se de um *hot issue*. Já este mesmo *issue* (questão ambiental) numa empresa financeira poderá ser delegado a um escalão mais baixo. O racional desse critério é óbvio: quanto mais importante for o problema, maior a necessidade de se terem velocidade e poder no processo de decisão.
2. O *Issue Manager* deve ser quem tem a responsabilidade pela área mais afetada pelo *issue*. Exemplos: o *Issue Manager* da questão tributária deve ser da diretoria financeira; *issues* relativos aos direitos do consumidor devem ser atribuídos à área de vendas. Por quê? Porque há maior *expertise* na função e maior compreensão do impacto do *issue* na empresa. E quem está com o seu no fogo tem muito mais motivação para a briga. Um forasteiro no papel de *issue manager* levará mais tempo para entender a extensão das ameaças e para ter condições de gerar alternativas. Evidentemente, o *Issue Manager* não pode jamais prescindir da assessoria especializada: jurídica, financeira, de relações públicas, etc. Um time. O sistema não funciona no conceito de *one-man show*. Essas funções devem fazer parte da *network* que envolve peças de dentro e de fora da organização.

58. ETAPA 2: ANÁLISE DO *ISSUE* (issue analysis)

É a dissecação do *issue*, entendimento de sua anatomia, origem, extensão, intensidade. Esta etapa se divide em 3 (três) fases:

Fase 1: Análise do ambiente

Fase 2: Organização e classificação dos *issues*

Fase 3: Análise dos constituintes

Fase 1: Análise do ambiente. É a utilização dos cenários discutidos no Capítulo Quatro. Como os *issues* identificados na etapa anterior se comportarão em função dos cenários desenhados. Por exemplo: eleições para o congresso podem paralisar o debate de uma determinada questão pública. Já uma situação econômica "se agravando" (*indicador de antecedência*) pode precipitar outra questão. O mesmo exame deve ser feito em função dos cenários e das conseqüentes ações ou reações da empresa. Exemplo: a partir de que nível de crescimento econômico negativo (recessão) serão necessárias medidas radicais de contenção de custos, tais como demissões, corte de projetos, etc. Ou, ao contrário, qual a hora de investir, abrir mercados, contratar profissionais, etc.

Fase 2: Organização e Classificação dos *issues*. Eles podem ser classificados:

- Por natureza
- Por importância para a organização
- Por estágio
- Por vigência
- Pelo impacto na organização

  - Por natureza:

    a) Políticos: aqueles gerados por eventos ou decisões políticas (eleições em qualquer nível, mudanças ministeriais, mudanças na burocracia, etc.)

    b) Econômicos: aqueles gerados pelo comportamento das variáveis econômicas (inflação, câmbio, balança comercial, juros, dívida pública, etc).

    c) Sociais: aqueles gerados por questões sociais (nível de emprego, distribuição de renda, violência urbana, movimentos de grupos de pressão, ação de minorias, etc).

    d) Ambientais: aqueles gerados por questões ligadas ao meio ambiente.

    e) Tecnológicos: aqueles gerados pelo desenvolvimento tecnológico e científico.

    f) Comportamentais: aqueles gerados por mudança de comportamento, dos costumes, modismos, etc.

g) Negociais: aqueles relacionados ao cliente, consumidor, usuários da empresa (direitos do consumidor, reclamações, etc).

h) Comunitários: aqueles relacionados com a comunidade onde a empresa opera, em esfera nacional ou local (litígios em questões de propriedade, da operação, da postura empresarial, etc).

i) De Imagem: aqueles relacionados aos atributos positivos e negativos da empresa, percepções dos vários públicos. O *estigma da raça*. Crises em potencial (esqueletos no armário). Problemas de imagem que podem derivar dos desdobramento das *questões públicas*.

- Por importância para a organização:

a) Máxima importância: questões (*issues*) que podem resultar em grandes impactos na empresa. Aquelas que afetam significativamente – para melhor ou para pior – os resultados da organização, sua atividade principal ou até mesmo a sua existência. Exemplos: uma restrição legal que implique no fechamento de uma unidade de produção ou no abandono de uma linha de produto altamente rentável para a empresa; algo que possa refletir sobre a credibilidade da empresa junto à opinião pública com impacto sobre os negócios. Freqüentemente, muitas empresas pequenas desaparecem, da noite para o dia, em função de decisões de governo ou do congresso numa determinada *questão pública*. Exemplo: uma brusca mudança cambial pode fazer desaparecer do mapa uma empresa de turismo especializada em viagens ao exterior.

b) Média importância: questões que podem produzir danos aos negócios e/ou à imagem da empresa. Exemplo: regulamentações que venham a exigir da empresa gastos e perda de competitividade.

c) Pequena importância: questões que podem produzir pequenos danos aos negócios e/ou à imagem da empresa. Exemplo: burocracias criadas que possam afetar a qualidade dos processos da organização.

- Pelo estágio da questão. Como vimos, as *questões públicas* têm um ciclo de vida semelhante ao dos vegetais. São plantadas, germinam, crescem, às vezes, dão frutos, envelhecem e morrem. O trabalho nesta fase consiste em determinar qual é a extensão do ciclo da questão em discussão e em que momento do ciclo ela está. Esta avaliação vai servir para determinar o grau de esforço que a organização deve dedicar ao tema, a forma de atuação e a urgência. Estágios da *questão pública*: idéias, rumores, ondas, campanhas públicas, políticas públicas, projetos de lei, leis, decretos, portarias, regulamentações, decisões judiciais, acordos internacionais.

- Por vigência da questão:

  a) Em curso/atual: uma questão em andamento. Exemplo: um projeto de lei em discussão ou uma campanha já em debate na opinião pública.

  b) Iminente: uma questão que pode esquentar a qualquer momento. Exemplo: mudanças na política econômica em tempos de crise ou com a ascensão de novos incumbentes.

  c) Potencial: uma questão que pode vir a surgir. Exemplo: uma recessão econômica caso algumas premissas, no médio prazo, não se realizem.

  d) Emergente: uma questão que inevitavelmente surgirá no futuro. Exemplo: a questão da água potável. Recentemente, tivemos a questão conhecida como "*bug* do milênio". Este problema foi inicialmente levantado em 1995. Naquela ocasião, era uma "questão emergente". Talvez tenha sido a única grande questão com dia, ano e hora marcada para acontecer.

- Pelo impacto da questão na organização. Esta classificação ajuda a entender a extensão e profundidade do problema para a organização. Trata-se do mesmo exercício que o "seu" Antunes fez quando leu a primeira página do jornal. Do que realmente estamos falando? Se essa lei passar no congresso, o que significa de fato para os nossos negócios? Perdem-se vendas, renda? Quanto? Afeta a lucratividade? Em quanto? Vamos ter que demitir empregados? Quantos? Gera burocracia, compromete a competitividade? Perderemos exportação? Quanto? Como e quanto isto significa em números?

Os primeiros exercícios da análise de impacto são muito difíceis. Mesmo os responsáveis pela área afetada dentro da empresa e profundos conhecedores do assunto têm medo de fazer uma estimativa. Vão tentar escapulir, desconversar. Mas esta avaliação é muito importante. Na realidade, o que nós estamos falando é do valor da causa.

Ao fim da Fase 2, faça o *ranking* dos *issues*, reservando a *pole position* para o mais importante para a organização. Aqui, o critério de importância envolve impacto, estágio, vigência, capacidade de ação da organização, etc.

Concluídas as Fases 1 e 2, é suposto que se tenha:

⇒Melhor entendimento do problema.

⇒Definição do nível de empenho da organização em preocupar-se com determinado *issue*. É possível que, depois da estimativa, conclua-se que o mais barato é não fazer nada. Ou, ao contrário, isto é, justificar mais empenho e gastos com o problema.

⇒Informações para serem usadas, quando necessárias, junto a empregados, autoridades, legisladores, associações e mídia.

⇒Quantificação do trabalho dos profissionais de comunicação: RPs, lobistas, assessoria de imprensa, etc. Qual o retorno desse trabalho para a organização. Lembra-se da pergunta "RP, pra quê?". Pois é, a resposta pode estar aí nesta quantificação.

Fase 3: Análise dos Constituintes. Este é um exercício de *brainstorming* com o objetivo de listar os atores (constituintes) interessados na questão, seus posicionamentos e motivações em relação a cada uma delas. Em suma, trata-se da construção da arena em que a batalha se desenrola. Quem é quem no tabuleiro e o que cada um pretende da vida.

(1) Forças políticas, segmentos industriais, comerciais, setores do governo, associações, ongs, mídia, comunidades (científica, locais, religiosas), consumidores, acionistas e empregados da empresa, sindicatos, outros grupos de interesse.

(2) Como cada constituinte está se posicionando: a favor, contra, neutro, fingindo-se de morto, parcialmente contra ou a favor; se é aliado ou adversário ou se não dá a mínima para o tema; o seu grau de empenho, isto é, se são defensores, ativistas ou fanáticos.

(3) Qual a motivação de cada constituinte ao posicionamento: negócios, ganhos políticos, imagem, linha ideológica, cumprimento de acordos, farra, oba-oba, puro sarro.

O melhor método para analisar os constituintes é agrupá-los em 3 (três) blocos:

Bloco A: os constituintes mais diretamente ligados ao negócio da empresa (consumidores, empregados, fornecedores, acionistas) e aqueles que, também por razões de negócios, estão interessados na questão (associações, federações, concorrentes).

Bloco B: os constituintes cujo posicionamento tem grande influência sobre os tomadores de decisão e sobre a opinião pública (imprensa, ONG's, políticos, comunidades locais e outros formadores de opinião).

Bloco C: os constituintes que tomam decisões nas *Questões Públicas* (autoridades de governo, do Congresso e do Judiciário).

Vejamos quais são os interesses desses constituintes e como normalmente eles se posicionam nas *Questões Públicas* que afetam as empresas:

a) Associações de classe (entidades representativas do segmento, tais como câmaras de comércio ou de indústria, federações, sindicatos patronais, etc.), na grande maioria das *questões públicas*, são forças naturalmente aliadas à empresa. Afinal, essas entidades representam a empresa. Nas questões em que haja conflito entre os seus associados, geralmente, elas se posicionam como neutras. A maior ou menor participação dessas entidades no debate da questão – o arregaçar as mangas e ir à luta – depende do número de empresas associadas que são afetadas por essa questão. Exemplo: uma associação certamente terá uma postura bem ativa numa discussão sobre uma lei ambiental que crie exigências para as empresas do setor. Mas nada fará por uma organização – a ela associada – que tenha encrencas próprias sobre esse tema ou qualquer outro. Quando muito pode liberar uma moção formal de solidariedade. E só. E, você, empresa, lamba os beiços.

b) Concorrentes também são uma força aliada à empresa, sempre que houver interesses convergentes. Na maioria das vezes, isto acontece. Entretanto, é uma força adversária se o desdobramento da *questão pública* puder favorecer seus concorrentes. Exemplo: cervejarias que competem entre si no mercado podem ser aliadas fraternais numa questão tributária que atinja todo o setor e adversárias mortais numa discussão sobre formação de monopólio. O caso AmBev versus Kaiser, iniciado em 1999, é um bom exemplo. Entretanto, sempre que estivermos falando de *issue* de imagem, esteja certo de que o seu concorrente é sempre uma força adversária. Ele nunca vai deixar de falar mal de você em todas as oportunidades. No mercado, na mídia, junto às autoridades. Considere sempre a possibilidade de ser ele a fonte daqueles boatos esquisitos que apareceram no mercado sobre a sua empresa ou seus produtos. *In dubio*, foi ele mesmo.

c) Acionistas da empresa: obviamente é uma força aliada à empresa. Afinal, em tese, o que é bom para a empresa deve ser bom para os seus acionistas. No passado, a participação deste constituinte no debate das *questões públicas* – com exceção dos grandes acionistas – era quase nula. Se a empresa estava ameaçada por alguma questão, a atitude do acionista era a de simplesmente vender a sua participação. Pular fora do barco. Ou limitar-se a esbravejar nas assembléias de acionistas, cobrando atitudes dos dirigentes. Modernamente, nos Estados Unidos e na Europa, os acionistas minoritários começam a participar mais na defesa dos interesses da empresa – que são os seus –, mexendo os próprios pauzinhos. A forma mais usada tem sido a de escrever para os jornais e para os seus representantes no congresso. A técnica de *lobby* indireto conhecida como *grass roots*. A melhoria da comunicação com os acionistas e a *internet* vão possibilitar o aumento desse tipo de participação.

d) Empregados: na grande maioria das questões é uma força aliada. Isto é, seria. Em tese, quase tudo que é bom para a empresa também é bom para os seus empregados. Entretanto, nesta condição, nada fazem pelos interesses da empresa. Por exemplo, não movem uma palha para pressionar o governo a reduzir impostos que recaem sobre as empresas. Não vestem a camisa. Razões várias: o velho mito da luta de classes – que não permite ver quando os interesses convergem –, a comunicação interna deficiente, as políticas retrógradas de RH que têm pavor só em pensar em ver empregado se manifestando, o desconhecimento das questões, alienação, não saber o que fazer para ajudar, falta de liderança, etc. Seu posicionamento ativo somente acontece naquelas questões que ameaçam claramente a segurança no emprego ou sua remuneração. Exemplo: se uma decisão do governo pode obrigar uma empresa a fechar uma fábrica, os empregados se posicionam ao lado da empresa e contra o governo. Neste caso, não só vestem a camisa como calçam as chuteiras. São aliados e ativos. Contudo, se a decisão de fechar a fábrica é dos acionistas – ainda que essa decisão seja reflexo de uma política de governo –, os empregados se transformam em forças adversárias à empresa e procuram o governo – e quem mais puder ajudar – para estabelecer alianças. Os sindicatos da categoria e as associações de empregados obviamente apóiam os interesses dos seus associados e se posicionam da mesma maneira.

e) Fornecedores: por natureza, é uma força aliada. Raramente, entretanto, se posicionam ativamente na arena, para defender seus interesses. Costumam assistir de camarote. O crescente número de terceirizações pode mudar essa atitude.

f) Consumidores, clientes, usuários. Tirando as questões relativas ao direito do consumidor, em tese, esses constituintes são uma força aliada à empresa. Vimos que, quando uma decisão de governo, de qualquer natureza, afeta os negócios da empresa, esta tem que se virar de alguma maneira para equilibrar as coisas. Este equilíbrio é conseguido, principalmente, às custas de três entidades: empregados, e/ou acionistas, e/ou consumidores. Sempre. Mas se acionistas e empregados – que são da casa – nada fazem para apoiar a empresa, como esperar que os consumidores, cuja visibilidade da questão é menor ainda, façam alguma coisa? Nunca. E pior! Na medida em que a empresa repassa para eles os efeitos das decisões de governo, quem fica de vilão na história toda é ela, a empresa. Em síntese, quando esse constituinte tiver tudo para ser aliado, nada espere dele. Em matéria de ajuda, será sempre um zero à esquerda. E quando for adversário, espere tudo. Vai virar bicho.

g) Imprensa. Este constituinte pode ser desdobrado em dois segmentos: (1) a imprensa especializada, isto é, aquela que cobre o setor, ou o segmento industrial, ou a atividade; e (2) a imprensa à qual estamos chamando de "geral", isto é, aquela que cobre desde política e economia até as abobrinhas. A primeira, apesar de conhecer melhor os negócios e entender a profundidade dos impactos das *questões públicas* nas empresas, tende, na maioria dos casos, a assumir um posicionamento neutro. Ouve as partes, analisa, informa os leitores. Pode vir até a ficar contra a empresa. Mas dificilmente se posicionará a favor. Já a outra imprensa, a genérica, na maioria das *questões públicas*, vai posicionar-se contra os interesses da empresa. Questão de princípio: *Hay* empresas, *soy* contra. A força do *estigma da raça* empresarial fala mais alto. Para a "mídia-espetáculo" não há ninguém melhor para fazer o papel de belzebu do que as empresas. E belzebu vende jornal.

h) ONGs. Se a *questão pública* estiver na alçada da organização, o posicionamento desta será sempre contra a empresa. Trata-se de força adversária nata.

i) Políticos. Este constituinte também pode ser dividido em dois grupos. No primeiro, estão aqueles mais sensíveis à atividade empresarial. No segundo, os mais ligados ao posicionamento ideológico. Dos primeiros, dependendo da *questão pública*, pode-se esperar de tudo, desde apoio total (aliado) a rejeição absoluta (adversário). Vai depender do que pensa o seu eleitorado. O segundo grupo, na maioria das questões, será uma força adversária, raras vezes, neutra e muito dificilmente, aliada. Este último posicionamento somente acontecerá em situações em que o interesse político for maior que o posicionamento ideológico. Exemplo: num litígio entre governo e empresa, um partido de oposição apoiar a empresa para faturar politicamente.

j) Comunidades locais. As comunidades locais podem ser tanto aliadas quanto adversárias. Depende da questão. Mas costumam ser mais aguerridas quando estão contra a empresa.

k) Formadores de opinião. Na realidade, este é um amplo universo de constituintes. Cada um deles com características próprias e, portanto, com motivações diferentes. A fauna é variada. São intelectuais – muitos deles, assim autonomeados –, cartunistas, professores universitários, profissionais liberais, celebridades. Nesta última rubrica, tem de tudo. De artistas renomados a pagodeiros e pagodeiras. A grande charanga. Em suma, gente que fala, que escreve, que circula, que emite opinião e que tem lá seu bando de seguidores. Faz cabeças. Quando se posiciona, na maioria das *questões públicas*, o faz contra as empresas. Se, eventualmente, acha que a empresa tem razão, prefere o silêncio. Medo da patrulha.

l) Tomadores de decisão. São os constituintes com poderes para bater o martelo. As forças da chamada "*democracia representativa*". São os governantes (federal, estadual e municipal), membros do poder legislativo (congresso, assembléias legislativas, câmaras de vereadores) e do poder judiciário. Os primeiros, membros do poder executivo, na medida em que "*expressam a vontade da opinião pública*", são os grandes patronos das *questões públicas*. Por esta razão, na maioria das vezes, são forças adversárias aos interesses das empresas. Pelo menos a zero minuto de jogo. Mas "*governo*" não é uma entidade monolítica. Dentro dele, podem ser encontradas forças aliadas por razões de todas as naturezas: políticas, técnicas, ideológicas, fisiológicas, religiosas, culturais, até pessoais. Portanto, uma decomposição mais apurada deste constituinte poderá ser muito útil ao estrategista de Relações Públicas. O que foi dito para o poder executivo vale também para o legislativo. Quanto ao poder judiciário, evidentemente, o posicionamento é, teoricamente, de acordo com a *dura lex*. Entretanto, a imagem das empresas, no geral, não é boa também no judiciário. *In dubio*, a empresa costuma levar ferro. Principalmente nas instâncias inferiores onde o *estigma da raça* é muito forte. *Delenda est Golias*.

Falamos em defensores, ativistas e fanáticos. Um constituinte pode assumir, dependendo da causa, umas dessas características.

O que são essas características e por que é importante identificá-las.

Falemos, primeiramente, de pessoas.

No *Issue Management System*, defensor é quem apóia uma determinada tese. Pode ser por conhecimento de causa, formação, credos, obediência, personalidade maria-vai-com-as-outras, solidariedade ou simpatia por quem defende a tese. O que seja. Mas seu apoio, em termos multiplicadores, é nenhum. Ativista é um defensor que, além de apoiar a tese, arregaça as mangas e vai à luta de forma a conquistar mais adeptos. Crescer e multiplicar. Fanático é um defensor que tem uma relação doentia com a causa, é capaz de fazer qualquer coisa por ela, inclusive, literalmente, morrer por ela. Paradoxalmente, o fanático não é bom nesse negócio de conquistar adeptos. Não multiplica.

Constituintes – formados por pessoas – também assumem essas caraterísticas. Na Espanha, há organizações que apóiam a idéia da independência dos bascos. Apenas apóiam. Outras vão mais adiante: apóiam militando em favor desta idéia, fazendo comícios, panfletando nas ruas. Mas nenhuma dessas organizações – de defensores ou de ativistas – será capaz de produzir atentados terroristas em nome da causa. Os fanáticos do ETA, sim.

Evidentemente, nem toda *questão pública* é tão quente quanto a questão basca, ou a questão religiosa na Irlanda, ou das etnias no Oriente Médio. Nem necessariamente o fanatismo precise chegar aos extremos do ETA ou do IRA. Mas quase toda questão atrai constituintes que, mais ou menos, assumem estes comportamentos: de defensor, ativista e fanático.

Por que é importante identificá-los.

Estrategistas de negociação sustentam o seguinte:

1. Defensores de uma tese estão dispostos a ouvir o que o outro lado tem a dizer. Sem preconceitos. Numa boa. Se convencidos, podem mudar de posição. Se motivados, podem até ajudar. Se não forem convencidos, ficarão onde já estavam, com a mesma postura.
2. Ativistas poderão ouvir sem, entretanto, mudar de posição. Mas poderão compreender certos argumentos e abrir espaços para negociações.

3. Dos <u>fanáticos</u> espera-se tudo, exceto que mudem de idéia ou que façam qualquer tipo de acordo.

Dois corolários do que foi sustentado acima:

1. Vale a pena conversar com os dois primeiros constituintes.
2. É absoluta perda de tempo abordar os terceiros. Se você for masoquista, fique à vontade. Entretanto, não podem de forma alguma ser esquecidos numa estratégia de defesa. Espere tudo deles: criação e disseminação de boatos, violências, atos de sabotagem, crimes, etc. A ética é a de que os fins justificam os meios.

59. ETAPA 3: DESENVOLVIMENTO DA ESTRATÉGIA (issue strategy)

O objetivo desta etapa é desenhar a estratégia a ser utilizada pela empresa com relação às questões: o "que fazer" e o "como fazer" com cada uma delas. A seqüência do trabalho deve obedecer ao *ranking* construído na etapa anterior, isto é, do mais importante ao menos.

Alguns passos do desenvolvimento estratégico com relação às *questões públicas* são diferentes quando se trata de *issues* de imagem. Estaremos fazendo este registro quando isto acontecer.

1. <u>Definição do objetivo final</u>: em suma, onde se quer chegar ou é desejável chegar. Exemplos: aprovação (ou rejeição) da lei em discussão; criação (ou não) de uma determinada política; etc. No caso de *issues* de longa maturação – como em algumas *questões públicas* –, a estratégia deve ter objetivos intermediários (marcos).

   Nos *issues* de imagem, quando falamos de "atributos", o objetivo nunca pode ser tido como "final". Percepções mudam. Assim, o objetivo estratégico consiste, em poucas palavras, em melhorar ou manter as percepções positivas e neutralizar ou eliminar as negativas. Se o *issue* é um esqueleto no armário – por exemplo, uma operação irregular que a empresa está fazendo, um produto que tem problema de qualidade, uma ameaça que chegou por carta anônima, um boato resistente –, o objetivo é desmontar esse esqueleto com o mínimo de ruído possível e, de preferência, que ninguém fique sabendo. Entretanto, a estratégia de "ninguém ficar sabendo" não significa que eventuais lesados não sejam informados e ressarcidos. Pelo amor de Deus, não desmonte um esqueleto criando outro.

2. Definição da estratégia: agora, vamos falar "de como". Trata-se da definição de como agir para atingir o objetivo final acima estabelecido.

   No caso de *questões públicas*, as opções são as seguintes:

   - Apoiar. Obviamente, este deve ser o objetivo estratégico quando o que está sendo proposto coincide com os interesses da organização. Exemplo: uma lei que visa diminuir a carga tributária sobre a empresa. A sopa no mel.
   - Eliminar/combater/impedir. Este deve ser certamente o objetivo estratégico quando o que está sendo proposto colide com os interesses da organização.
   - Postergar. Esta é uma opção estratégica normalmente usada quando se precisa de tempo para ajustar-se ao que está sendo proposto, ou se acredita que a questão, discutida mais tarde, possa ser resolvida de forma mais favorável aos interesses da empresa.
   - Negociar. Esta opção pode ser adotada desde o início, quando houver espaço para isto. Ou como desdobramento das opções anteriormente explicadas. O famoso "*dar os anéis para salvar os dedos*". Do ponto de vista da *imagem empresarial*, esta estratégia é melhor do que a postura fechada de "tudo ou nada". Alinha-se melhor ao perfil de um dos *cavalos de batalha*: empresa flexível, aberta ao diálogo.
   - Desconsiderar. Por alguma razão, o estrategista decide não fazer nada. Deixa rolar. A razão pode ser por não acreditar que a questão vá caminhar, ou porque não valha a pena, ou porque outros cuidarão do assunto, etc., etc.

Ainda dentro de opções estratégicas nas *questões públicas*, elas podem ser:

- Reativa. A organização não aceita o que está sendo proposto e vai lutar para que isto não seja aprovado. Essa postura joga lenha na fogueira, acirra os adversários e atrai a atenção da opinião pública. Definitivamente, não é boa para a *imagem empresarial*. No passado, essa era a opção preferida pelos empresários. Pegar pesado. Hoje, a estratégia ainda tem muitos adeptos. Cada vez mais em desuso pelas organizações modernas e inteligentes.
- Adaptativa. A organização vai buscar adaptações internas para ajustar-se ao que está em vias de ser aprovado. Mas a opção também pode não ser boa para a *imagem empresarial*. A adaptação tende a ser lida como derrota, jamais como conciliação. Ou como prova de mau-caratismo: se era possível fazer diferente, por que não fazia? Você não toma vergonha, Golias!
- Dinâmica. A organização vai oferecer mais do que está sendo proposto. Exemplos dessa opção têm sido dados por empresas que, ao serem pressionadas por campanhas ambientalistas, desenvolvem programas de reciclagem e de proteção ambiental como alternativas para as restrições propostas e com resultados excepcionais para a sociedade. Muitas organizações desenvolvem programas antes de a questão surgir. São pró-ativas. Quando vocês iam, nós – empresas – já estávamos voltando. Do ponto de vista de *imagem empresarial*, esta última é a opção campeã. Cria um excelente saldo positivo. É absurdamente mais barata para a empresa que todas as outras.

Em se tratando de *issues* de imagem, as opções estratégicas são:

- Atuar sobre a coisa em si.
- Atuar sobre a imagem da coisa.
- Atuar sobre a coisa e sobre a sua imagem.

O que vem a ser isto?

Exemplo: a imagem da empresa junto aos seus empregados é de que ela não é uma boa empregadora. Noutras palavras, um dos *cavalos de batalha* – está lembrado? – está manco. Este é o *issue*.

Admitindo que isto seja verdadeiro, por tudo que a gente já aprendeu, a estratégia deve ser a primeira, isto é, atuar sobre a coisa em si. Melhorar efetivamente a qualidade das políticas e dos programas de recursos humanos. O diretor de RH – que certamente será o *issue manager* – se quiser continuar no cargo vai ter que mostrar serviço.

Se, entretanto, a empresa é campeã em salários & benefícios, as condições gerais oferecidas são maravilhosas e a galera continua chiando, o paciente deve ser levado a outra enfermaria. O diagnóstico aponta um problema de percepção. A estratégia, então, é a segunda: atuar sobre a imagem da coisa e o *issue manager* talvez deva ser o responsável por Relações Públicas.

Se, por fim, existem problemas nas duas áreas, na coisa e na imagem da coisa, por exemplo, os salários não são nenhuma maravilha mas os benefícios são de primeiro mundo e ninguém reconhece nada, a estratégia adequada é a terceira.

Entendido?

Beleza!

No que tange aos atributos em si – positivos, os *cavalos de batalha*; negativos, os *estigmas* –, as opções estratégicas são as seguintes:

- Fortalecer as percepções positivas. Significa dar alfafa e vitamina para os *cavalos de batalha*. Comunicar mais e melhor as coisas boas.
- Manter as percepções na posição atual. Melhorá-las pode não corresponder à verdade, à essência da coisa. Essa correspondência é vital. "Parecer ser" sem realmente "ser" é um esqueleto dos bons.

- Eliminar as percepções negativas derivadas de problemas de comunicação.
- Administrar elementos que possam gerar percepções negativas. A *Gerência da Comunicação Simbólica* entra em ação. O bom exemplo foi a ilusão de ótica – o *bypass* – criada pela empresa X, comentado no item 55.

3. Definição dos objetivos táticos: Trata-se da definição dos movimentos necessários para apoiar a realização das estratégias das *questões públicas*:

   - Fazer alianças. Baseado na análise dos constituintes, de suas motivações e posicionamentos. Quem pode ajudar, como e por quê.
   - Neutralizar as ações dos adversários. Definir o que pode e precisa ser feito em relação às estratégias das forças oponentes. Considerar que os fanáticos são capazes de tudo.
   - Atuar junto a formadores de opinião. Definir ações junto à mídia e outros formadores de opinião, jamais esquecendo o estigma que as empresas carregam.
   - Estabelecer estratégia de negociação. O que pode e o que não pode ser negociado. Avaliação dos anéis e respectivos dedos.

4. Definição das mensagens e dos meios. Também com aplicação reservada às *questões públicas:*

   - Definir as percepções desejadas pelos diferentes públicos. Exemplo: que os consumidores percebam que estarão perdendo caso a proposta tal seja aprovada.
   - Definir mensagens por públicos (*constituintes*). Exemplo: "*a proposta aumentará os custos*" – mensagem a ser levada a consumidores e acionistas; "*inibirá negócios*" – mensagem adequada para governo, acionistas, empregados e fornecedores; "*é ruim para o consumidor*" – para os próprios; "*pode gerar desemprego*" – para governo, políticos, sindicatos.

- Definir formas de abordagem aos tomadores de decisão. Contatos diretos, *lobby* direto, *lobby* externo, usando intermediários, junto com aliados, através da mídia. Quais canais utilizar: programas, seminários, *papers*, conferências, entrevistas, campanhas, etc.
- Definir argumentos e contra-argumentos. Teses, estatísticas, números, pareceres técnicos, legislação comparada, reportagens, experiências internacionais, *papers*, etc. Preparar pacote de Perguntas & Respostas (*Q's & A's*) (ver item 60). Desenvolver agenda comum com os diversos constituintes. Produzir alternativas.
- Definir *timing* e seqüência das abordagens e das comunicações. Exemplos: abordar o governo antes das eleições; falar com o aliado A antes de falar com o aliado B; somente falar com a mídia depois de falar com as autoridades.

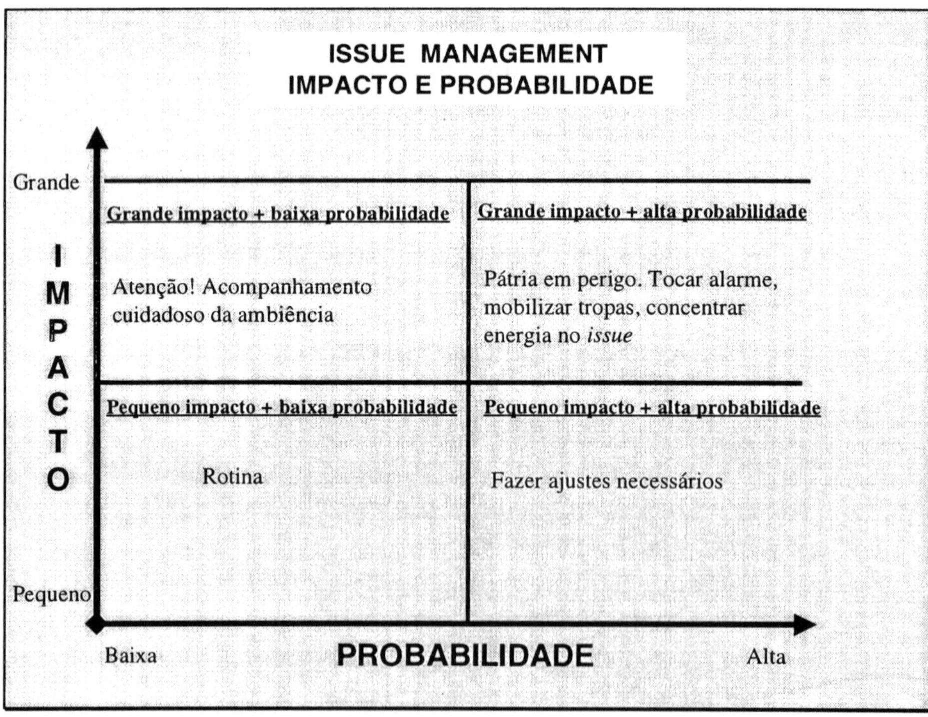

Figura 6

Castro Neves - Consultoria Empresarial

Na essência, é o Plano de Comunicação do *Issue Management*. Quem (fonte, porta-voz, terceira parte) diz o quê (mensagem), através de que canal (meio, veículo), para quem (receptor, constituinte), quando (*timing*), esperando qual resultado (convencimento, apoio, mudança de percepção).

5. Definição dos recursos necessários.

- Informação: levantamentos, pesquisas, estudos, bancos de dados.
- Recursos humanos internos: *expertise*, conhecimentos técnicos, legais, contábeis, etc. Treinamento necessário.
- Consultoria e serviços externos: especialistas em *issues* específicos, lobistas, advogados, assessoria de imprensa, economistas, etc.
- Recursos operacionais: campanhas publicitárias, promocionais, vídeos, material de divulgação, apresentações, seminários, textos, eventos.
- Recursos financeiros.

Com adaptações, o cardápio acima apresentado – referente a objetivos táticos, mensagens e meios, bem como a recursos necessários – se presta para o gerenciamento das *questões de imagem*.

60. PERGUNTAS & RESPOSTAS (*Questions & Answers*)

Uma das técnicas mais eficientes para assegurar a qualidade da comunicação é a de Perguntas & Respostas, *Questions & Answers*, vulgarmente conhecida por *Qs&As* (pronuncia-se "quiz enêis"). A técnica, quando bem usada, é um excelente recurso para quem vai fazer um contato, ou ser entrevistado. Ela antecipa dificuldades, diminui espaços de improvisação, arredonda conceitos, descobre erros, serve como *feedback* para projetos, etc. Não são poucas as vezes em que, no processo de preparar-se *Qs&As*, se descobrem enormes crateras no discurso, ou no projeto, ou no programa, ou na idéia. Acredite em quem teve a oportunidade de fazer centenas de experiências.

A técnica é de uma simplicidade franciscana. Tão simples que até parece ser desnecessária. Pode ser preparada por uma pessoa ou por uma equipe. Os passos são os seguintes:

(1) Faz-se a descrição do *issue*, projeto, ou do problema, ou do conceito, ou do evento. Geralmente esta descrição é o mesmo insumo para o *press release*, se não é o próprio.

(2) Produz-se uma série de perguntas sobre o tema. Nenhuma censura à validade ou procedência, se existe resposta ou não, se deve ser feita neste passo. Vale tudo. As perguntas que os americanos chamam de *devil's advocate questions* são as mais valiosas. As cabeludas. No *Qs&As* do rumoroso *affair Monica Levinsky* certamente constava a pergunta: "*Senhor presidente, quantas vezes a senhorita Levinsky chupou o seu pau*?". Esse é o espírito da técnica. É esse tipo de questionamento, agressivo, provocador, "descabido" que detecta os furos, os pontos fracos. A idéia é esta: se o castelo pode cair, que caia agora, dentro de casa e não na frente de estranhos.

(3) Terminada a lista de perguntas, procede-se então uma crítica das mesmas quanto à clareza, organização, redundância, pertinência, etc. Jamais elimine as mais difíceis, ou aquelas "*que ninguém vai ter coragem de fazer*".

(4) Trabalha-se no desenvolvimento das respostas, que devem ser as mais curtas e objetivas possíveis.

(5) Processa-se a re-leitura do conjunto (perguntas e respostas) para se analisar a qualidade das respostas (coerência, objetividade, integração, etc). A comunicação com qualidade é aquela que não deixa dúvida ao leitor. Comunicação incompleta – estamos careca de saber – resulta em mal-entendidos e em boatos.

(6) Organiza-se o material de apoio necessário: número, estatísticas, citações, datas, documentos, legislação, etc.

(7) Estuda-se o material produzido.

Nota: Se não for possível fazer o passo de número **7**, não gaste energia fazendo os anteriores. Será perda de tempo.

Como disse, o trabalho pode ser conduzido por uma pessoa. Mas o ideal mesmo é ter uma equipe, sobretudo quando se trata de grandes empresas. Se o objetivo é falar com a imprensa, quem tem a habilidade de jornalista, ou que conhece as técnicas de entrevista, deve liderar a tarefa de preparar as perguntas. Obviamente, deve encarregar-se das respostas quem conheça bem o projeto. E o papel de críticos do conjunto como um todo deve ser atribuído a terceiros que assumirão a posição do futuro leitor. Pode-se – e deve-se – empregar essa técnica para tudo: para falar com a imprensa, contatar autoridades, no anúncio de produtos, nos megaeventos e em exposições públicas. Em qualquer ocasião: em tempos de céu de brigadeiro e nas crises mais graves. Para qualquer tema: desde os chamados "temas de interesse geral", tais como momento econômico nacional, ambiência de negócios, problemas internacionais, programas de governo até assuntos específicos de sua área. Esse é um investimento de retorno absoluto. Com imensas vantagens para a organização. Disciplina a comunicação, induz à reflexão, organiza o discurso, distribui informação, nivela o conhecimento, quando não se descobrem, no caminho, gatos mortos nas gavetas. Quem conhece os danos de uma comunicação sem qualidade, ou os custos para corrigir uma improvisação, sabe que o custo-benefício do procedimento é muito favorável. Fazer a primeira vez pode parecer trabalhoso. Mas, depois que se domina a técnica, é facílimo. Algumas questões são perecíveis, isto é, somente se aplicam a um determinado evento. Mas a maioria delas está em ciclos de eterno retorno, dura anos e anos, ou pode ser reaproveitada. E a manutenção do *kit* é muito simples. *Qs&As* é o *vade mecum* dos empresários, executivos e homens públicos.

61. ETAPA 4: EXECUÇÃO DO PLANO DE AÇÃO (action plan)

Esta etapa corresponde ao trabalho de campo propriamente dito. É o "ir à luta", o botar a mão na massa. Movimentar os exércitos. Executar o Plano de Ação definido na Etapa anterior. Aqui se faz a conexão com a *Comunicação Programada*. Programas de contatos (autoridades, mídia, etc), publicidade institucional, etc.

62. ETAPA 5: AVALIAÇÃO DOS RESULTADOS E FEEDBACK

A evolução dos *issues* deve ser permanentemente acompanhada, bem como a execução do Plano de Ação. Cada passo dentro da atividade deve ser informado aos outros elementos do time, de forma que eles possam se reposicionar. De tempos em tempos, o *Issue Manager* coordenará reuniões de avaliação (*check point*) para ver a quantas anda a guerra, que desvios aconteceram em relação ao planejado, que fatos novos surgiram e para uma revisitação dos cenários.

A freqüência desta revisitação dependerá do *issue* e da temperatura ambiental. Pode ser uma freqüência determinada (por exemplo, semestralmente). Essa opção se aplica a *issues* em potencial ou emergentes. Ou a reunião de *check point* pode ser programada em função de um evento (por exemplo: eleições). Ou ainda se as condições em que foi feito o planejamento se alteraram rapidamente.

Dessas reuniões, deve participar o mesmo time. A *network*. O roteiro da reunião deve ser:

1. O ponto de partida, evidentemente, é o planejamento anterior com toda a parafernália: cenários, premissas, análise dos constituintes.
2. Faz-se a crítica do planejado à luz do que aconteceu e do que não aconteceu. O ambiente mudou? Não é mais um *issue*? A estratégia estava errada? O Plano estava errado ou não foi seguido à risca?
3. Agregam-se novas informações. Todos os elementos que possam contribuir para uma melhor avaliação do trabalho realizado são bem-vindos: pesquisas, *feedbacks* diversos, resultados concretos, etc.
4. Verifica-se a validade das estratégias. Refaz-se o Plano de Ação. Vida que segue.

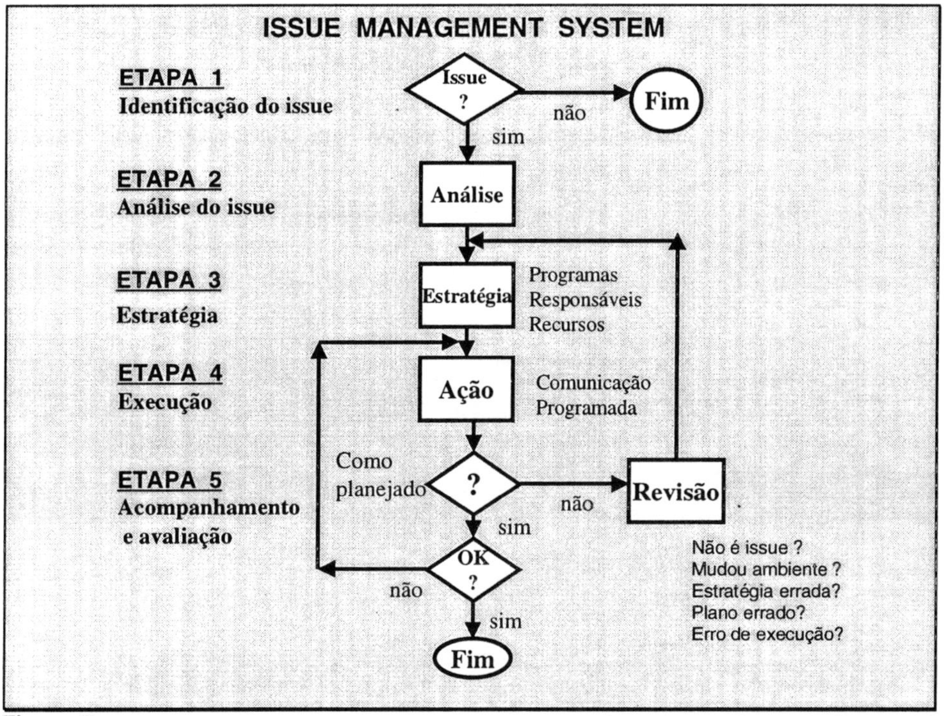

Figura 7

Castro Neves - Consultoria Empresarial

O QUE FOI DITO NESTE CAPÍTULO

1. *Questões de Imagem* e *Questões Públicas* podem ser gerenciadas através do *Issue Management*.
2. Existem várias formas de identificar com antecipação questões que possam vir a afetar os negócios e/ou a imagem da empresa.
3. A designação de um responsável na organização pela gerência de uma questão é fundamental para o sucesso do *Issue Management*.
4. A dissecação de uma *questão pública* fornece elementos para a determinação da energia e dos recursos que a organização deve dedicar a ela.
5. Na arena das *questões públicas*, conhecer "quem é quem", suas motivações, idiossincrasias, poder de fogo, é indispensável para a construção de estratégias e do plano de ação.

CAPÍTULO NOVE

SISTEMA DE OBJETIVOS

63. COMO TRAÇAR OBJETIVOS

Você já deve estar careca de saber mas vale a pena repetir: *Imagem Empresarial* pode e deve ser trabalhada. Sobre como, já falamos de três sistemas de gerenciamento: 1) *Gerência de Comunicação Programada* (GCP); 2) *Gerência da Comunicação Simbólica* (GCS); 3) *Issue Management* (IM). Mas é possível fazer mais pela imagem de uma empresa. E este "mais" vem a ser a criação de um *Sistema de Objetivos.*

Em linhas gerais, o sistema significa botar a organização correndo atrás da construção da imagem da empresa, fazer movimentos nessa direção, com consciência do que se está fazendo, racionalidade e método. Como conseguir isto é o que discutiremos a seguir.

Já sabemos que *Imagem Empresarial* é resultante do somatório das percepções individuais. O que está na cabeça das pessoas. O conteúdo das pastas a que nos referimos no Capítulo Sete. O conteúdo dessas pastas é conservado e/ou alterado por novas informações trazidas pela *Comunicação Programada*, pela *Comunicação Simbólica* e pela *comunicação espontânea*, o chamado boca a boca.

A *Comunicação Empresarial Programada*, como vimos, se manifesta através de (1) todas as formas de publicidade paga (propaganda, *marketing* direto, *marketing* institucional, etc.); (2) mídia espontânea (publicidade não-paga na imprensa); (3) comunicação pessoal (contatos, palestras, etc.); (4) publicações diversas (relatórios anuais, *house-organs*, vídeos, CDs, etc.).

Dentro da *Comunicação Simbólica*, as experiências vividas pelo receptor com a empresa é um grande gerador de informações. Entre elas, têm uma importância enorme os *Serviços de Atendimento aos Clientes*, pelas circunstâncias em que o contato com a empresa é feito, pelo momento psicológico do reclamante (raiva, sentimento de ter sido lesado, frustração) e pelo boca a boca que aí começa.

Vejamos as principais oportunidades que a empresa tem para liberar suas mensagens:

1. Na Comunicação Programada:

    - Publicidade paga: na mídia, por mala direta, em *outdoors*, em *merchandisings*, etc.
    - Espaço gratuito conseguido na imprensa: entrevistas, matérias produzidas sobre a empresa e seus produtos.
    - Trabalho na comunicação com públicos-chave, através de contatos, visitas, palestras, conferências, eventos, etc.
    - Participação em feiras e congressos como expositor.
    - Reconhecimentos públicos: prêmios, destaques, condecorações concedidas à empresa, aos seus produtos ou profissionais por governos, por associações, pela mídia ou outras instituições.

    Para todos os itens acima, é possível estabelecer objetivos e persegui-los. Algumas idéias:

    - Na publicidade paga. A empresa pode estabelecer como objetivo ter um percentual de *share of voice* e/ou de "ser *top of mind*" no segmento em que atua. A concorrência deve ser sempre uma referência.
    - No espaço gratuito na mídia. Também, comparando-se com a concorrência, fazer um balanço de matérias positivas e negativas publicadas na mídia sobre a empresa e seus produtos. A empresa pode perseguir um percentual do noticiário espontâneo no setor em que opera.
    - Contatos com públicos-chave. Principais clientes, formadores de opinião, tomadores de decisão, constituintes em *questões públicas*, etc. A empresa pode estabelecer o objetivo de contatar um determinado número de pessoas

do universo acima listado e, nessas oportunidades, vender seu peixe.

- Palestras, participação em painéis, congressos. Igualmente, podem ser estabelecidos objetivos numéricos relativos a públicos específicos: universitários, jornalistas, clientes, consumidores, líderes empresariais.
- Presença em feiras. A empresa pode ter como objetivo levar a sua imagem e suas mensagens, através de exposição em estandes, a um determinado número de pessoas. Um número de visitantes ao estande da empresa pode ser um objetivo a ser perseguido.
- Reconhecimento público. A empresa pode definir objetivos de obter reconhecimentos públicos para ela, para seus produtos, processos ou profissionais. Exemplo: empresa do ano em determinado setor.

2. Na *Comunicação Simbólica*, a qualidade da resposta dos SACs (*Serviço de Atendimento a Clientes*) é um excelente termômetro. A análise do que acontece ali corresponde a uma espécie de exame de fezes da organização. A empresa pode estabelecer como objetivo obter, em relação ao universo total de reclamações, um percentual de pleitos bem resolvidos, isto é, com os reclamantes saindo da experiência fazendo juras de amor eterno à organização.

   Um parêntesis. Trabalhar apenas com o número total de reclamações como referência não é confiável. A queda de reclamações no período, em relação ao anterior, não significa necessariamente que houve uma melhoria de qualidade no serviço de atendimento. Simplesmente, os consumidores/clientes podem ter desistido de reclamar, já tendo optado pelo concorrente. Por outro lado, "aumento de reclamações" pode estar significando que melhorou a confiança dos reclamantes no sistema. E isto é ótimo. Fecha parêntesis.

Todos os objetivos acima sugeridos devem ser estabelecidos por períodos – anuais, de preferência.

64. VANTAGENS DE UM SISTEMA DE OBJETIVOS

- Botar a moçada para correr atrás. Diretoria, gerentes, profissionais.Tirar a bunda da cadeira e ir à luta.
- Disseminar a idéia de que "*Imagem é problema de todos*".
- Dar sentido às atividades. Muitas ações de relações públicas são tidas como "chatas", "perda de tempo". Por exemplo, comparecer à posse de uma autoridade. Entretanto, quando este "*nobless oblige*" se transforma numa oportunidade de fazer contatos – e isto poder ser "contabilizado" –, a atividade é enriquecida.
- Comparar-se e comparar com a concorrência. Excelente referência.
- Partir do objetivo estabelecido para a determinação dos recursos necessários. E não ao contrário, isto é, fazer "o que dá pra fazer".

65. O QUE MEDIR, POR QUE E COMO

No final das contas, há duas coisas que precisam ser medidas.

- Se o esforço feito foi o planejado. Enfim, se cumprimos os objetivos.
- Se o que foi feito produziu resultados reais para a organização.

Quanto ao primeiro, o acompanhamento dos objetivos estabelecidos pode responder. Se cobrimos os territórios, se ocupamos os espaços, se falamos com quem devíamos, se cumprimos o planejado, tudo isto o simples acompanhamento pode fazer.

Quanto à questão de "se o esforço feito valeu a pena", há necessidade de checar outros dados, de fazer exames complementares.

O primeiro exame diz respeito aos objetivos operacionais principais da empresa: faturamento, vendas, custo, despesa, lucratividade. Eles foram atingidos?

Se a resposta for "sim", que bom, maravilhoso, feliz ano novo, tintim, mas não necessariamente isto significa que o trabalho com a imagem esteja cem por cento. Temos que avançar mais na nossa análise, antes de dar a volta olímpica e de abrir o nosso champanhe funcional.

Se a resposta for "não", isto é, os objetivos operacionais não foram atingidos, também não significa que o trabalho de imagem tenha sido errado, que não valeu a pena, que todas as coisas feitas significaram dinheiro posto fora. Agora, mais do que nunca, precisa-se aprofundar na análise antes de atear fogo às próprias vestes.

Entretanto, há uma diferença do ponto de vista de desdobramentos entre as duas situações. Na primeira, é provável que seja dada uma parcela dos louros do sucesso ao trabalho feito com a imagem. Mas não é certo. Certo mesmo é o que vai acontecer na segunda hipótese, isto é, se os objetivos operacionais da empresa não forem atingidos. Aí, cara, sai de baixo. A imagem dos profissionais de comunicação vai ser afetada, o estigma do comunicador na empresa vai aflorar, de novo aquela xurumela toda do "*RP pra quê*?". E as pressões sobre os orçamentos de comunicação serão aumentadas. Vai ser preciso muita habilidade para que o trabalho já feito não seja destruído pelos "caçadores de gordura".

Em qualquer caso, as análises podem ser complementadas através de outros exames: pesquisas de imagem, pesquisa do clima organizacional, nível de demissões voluntárias, dificuldades de contratação de bons profissionais, e outros *indicadores de antecedência*.

O QUE FOI DITO NESTE CAPÍTULO

1. A fixação de objetivos numéricos no trabalho de *imagem empresarial* estimula a organização a participar, permite uma melhor avaliação desse trabalho, bem como auxilia na determinação dos recursos.
2. A medição da eficácia do trabalho deve sempre levar em consideração a concorrência.
3. Os resultados operacionais da empresa são também uma referência importante quando se avalia o sucesso da estratégia *de imagem empresarial*. De nada adianta uma boa imagem se ela não ajuda nos negócios. Entretanto, é preciso considerar-se que é possível uma empresa ter boa imagem – constatada por dados objetivos – e ter resultados operacionais medíocres.

CAPÍTULO DEZ

RELAÇÕES PÚBLICAS NA EMPRESA

66. APARECEU A MARGARIDA

Sabe da última ? As Organizações Lisboa contrataram um profissional de Relações Públicas. Éééé, podes crer, amizade. Depois de anos de resistência, de contrata, não-contrata, de diz-que-tem, diz-que-não-tem, o velho Lisboa cansou de bancar o super-homem e bateu o martelo: as Organizações Lisboa vão ter, afinal, "alguém cuidando de RP". E mais: "seu" Antunes faz questão de que este "alguém" esteja bem pertinho dele. As más línguas já estão dizendo que ele não quer perder o controle da coisa. Vai meter o bedelho o tempo todo – comentam. Na frente dele, ninguém fala nada, mas a decisão não agradou a todo mundo. Tem gente graúda fazendo comício nos corredores. Aquelas coisas de sempre: *"RP, pra quê?" "Temos outras prioridades...", "Isto é coisa de americano", "Coitado do RP! Vai se arrepender de ter nascido*".

Se tem carteirinha de RP? Confesso que não sei, leitor(a). Posso perguntar. Mas o importante agora é comemorar este enorme passo dado pelas Organizações Lisboa. Aleluia!

Tintim!

67. PRIMEIROS PASSOS DO RELAÇÕES PÚBLICAS NA EMPRESA

Falemos agora diretamente com quem vai ser responsável pela função de Relações Públicas da empresa. Em primeiro lugar, boas vindas! Chegou quem faltava. Dê-me cá um abraço.

Você acabou de ser empossado(a) na função. Na sala do presidente, depois de um pequeno discurso feito pelo próprio, recebeu cumprimentos pela nomeação, todos lhe desejaram boa sorte, até mesmo aqueles que *acham "este negócio de RP é uma grande baboseira"*. Em seguida, teve uma conversa *tête-à-tête* com o patrão-mor e ouviu dele coisas muito interessantes. Primeiro, que espera muito do seu trabalho. Confia em você. Curto e grosso, deu a mensagem: ele quer que a empresa tenha a melhor imagem no mercado. "*Deus no céu, a empresa na Terra*", assim resumiu o desafio. "*Esse é o seu objetivo*" – disse. Segundo, que você terá todo apoio necessário para executar o seu trabalho. Que conte com ele. Na alegria e na dor. E mais: há algumas idéias – segundo ele, interessantes – que gostaria de ver em prática, chegou até a mencionar algumas, "heterodoxas", como você elegantemente as classificou.

Na entrevista, suas atribuições não ficaram muito claras, nem sua área de atuação bem definida. "Seu" Antunes falou, apenas por alto, dos problemas que o incomodavam no momento – que você deduziu como sendo a razão da sua contratação. Reclamou das dondocas. Do tempo que perdia de conversa fiada com mulheres da sociedade, esposas de amigos, ou recomendadas por políticos, além das freiras, padres, pastores, dirigentes de ONGs, irmãs de caridade. "*Todos os dias recebo aqui uma candidata a Madre Teresa de Calcutá*" – disse. Sem meias palavras, declarou que não tinha muito saco para a imprensa. "*Esses jornalistas distorcem tudo que a gente diz, vivem atrás de escândalos e da desgraça alheia.*" Nem tinha paciência para eventos de qualquer natureza. Cerimônias de posse, não ia. Coquetéis, odiava. Teatro Municipal, dormia de roncar. Queixou-se do governo, do congresso e da Justiça do Trabalho, nessa ordem. "*Só criam pepinos para as empresas. Por causa disto, vivo em Brasília*"- disse. "*A associação que deveria nos representar é inoperante, lenta, só sabe mesmo é promover almoços em homenagem a políticos*" – arrematou. A comunicação interna era uma mixórdia. Como exemplo, citou que nada do que dizia chegava às bases. "*A única comunicação que funciona bem na organização é a rede de boatos*" – comentou. "*Esta é instantânea, clara e objetiva*" – completou, rindo. Por fim, mencionou "um rolo" (sic) em andamento com uma associação de moradores que "quer porque quer" fechar uma das lojas da organização, por sinal, uma das mais lucrativas.

Você ficou encantado(a). Sai da sala da entrevista a mil, motivadão(ona), sentindo o sangue ferver nas veias, rei (rainha) do mundo, cheio(a) de idéias, planos, etc. "Vou arrebentar" – pensa.

Maravilha! Como é bom estar de bem com a vida, não é mesmo?

Nesse momento de êxtase, companheiro(a), é importante fazer um balanço dessa entrada triunfal e refletir sobre as seguintes coisas:

(1) Você é um felizardo(a). Um em cem – talvez em mil – profissionais de RP começa na função desta maneira, isto é, reportando-se ao Número 1 – o dono da boiada – e recebendo essa mensagem de confiança e apoio. Agradeça ao bom Deus e ao seu santo protetor a graça concedida. Esta situação é uma excelente alavanca. Que bom também que ele, o "patrão-mor", goste de "meter o bedelho". Isto pode ser outra excelente alavanca. Vamos tirar partido dessas duas alavancas. E se tem idéias, ainda que "heterodoxas", ótimo! – vamos conversar sobre elas. Melhor começo, impossível.

(2) Pode ser que o objetivo de "*ter a melhor imagem no mercado*" seja só da boca pra fora, uma técnica para motivá-lo(a). Mas, conhecendo Antunes Lisboa, tudo leva a crer que o objetivo é pra valer. Não deixa de ser uma visão. Macaco velho pode cometer seus erros, mas ele sabe da importância da imagem para os negócios. Entretanto, qualquer que tenha sido a intenção, esse objetivo deve ser levado a sério, tomado ao pé da letra. Essa tem que ser a sua meta, a sua visão – e de quem mais fizer parte da sua equipe –, quaisquer que sejam os recursos disponíveis para alcançá-la. Pensar pequeno nesta área, melhor nem pensar. Pensar pequeno é fracassar por antecipação.

(3) Não se preocupe se a sua área de atuação não tenha sido claramente definida. Aqui entre nós, foi muito bom que não tenha sido. Já pensou se você tivesse sido colocado numa jaula? Deus está realmente do seu lado. Relações Públicas não pode ser visto como um departamento. Relações Públicas é uma função, um grande processo que permeia toda a organização. A panorâmica da

empresa que "seu" Antunes fez na conversa inicial deixou isto muito evidente. Ele falou de questões afetas ao relacionamento com governo, com a imprensa, com o congresso, com formadores de opinião, empregados, comunidades, a selva toda. E nós sabemos que existem outros terreiros. Em menção anterior, dissemos que problemas, independentemente da natureza, mais cedo ou mais tarde, acabam desaguando na praia de Relações Públicas. Quem bolou aquela propaganda criativa foi o pessoal de *marketing* e o da agência de publicidade. Mas quem vai encarar os consumidores enfurecidos, quando descobrirem que a propaganda é mentirosa, é o profissional de RP. A falha é no processo industrial, coisa lá dos engenheiros. Mas quem vai enfrentar a comunidade quando os rios aparecerem poluídos é o profissional de RP. Isto significa que, para ser bem-sucedido na função, você vai ter que pular cercas departamentais, meter-se onde não foi chamado, cantar de galo em galinheiro alheio. Portanto, uma descrição formal pode ser uma camisa-de-força. Uma jaula. Seu espaço é virtual, dinâmico, maleável. Seu universo de trabalho não cabe num *job description.* Vai por mim, melhor não tê-lo.

(4) Como já esperávamos, não vai ser fácil. As barreiras a serem vencidas são inúmeras. O terreno é acidentado. Já deu para sentir o clima, não é? Mas com método, paciência e jeito, se não der para ser a melhor empresa aqui na Terra, feio você não vai fazer. Enfim – garanto –, você não vai se arrepender de ter nascido; de tédio, não vai morrer; e diversão, não vai faltar.

(5) Ah! Ia me esquecendo... você já viu que, sozinho(a), não vai chegar a lugar nenhum, certo? Que bom que estamos de acordo.

68. OBSTÁCULOS AO TRABALHO DE RP NA EMPRESA

Não quero ensinar padre-nosso ao vigário. Como bom profissional de RP que é, você sabe – pelo que já viu e ouviu, e, modestamente, pelo que leu neste trabalho – o que precisa ser feito. Mesmo assim, pela liberdade que tenho com você, vou me permitir alguns comentários, muitos dos quais já desenvolvidos ao longo dos capítulos anteriores.

Alguns minutos atrás falamos que as barreiras a serem vencidas eram inúmeras. E são. Imagine o desafio que é ter que "abraçar o mundo com braços e pernas". Na atividade de RP – você sabe – isto não é um simples capricho, mas uma necessidade. Portanto, quem se propõe a lidar com tantas variáveis ambientais, tantas incertezas, tantos públicos diferentes, tantos *issues* não pode esperar moleza. Se era isto que você queria na vida, escolhesse outra profissão. Mas vamos falar neste momento de uma dificuldade que precisa ser cuidada a zero minuto de jogo, de forma a aumentar a eficácia do seu trabalho.

Trata-se de um *issue* funcional importantíssimo, qual seja: a imagem de RP dentro da empresa. Isto mesmo, o *estigma da raça* de profissionais de comunicação de que tanto falamos.

Bem, já falamos, mas não custa repetir. Tirando aquelas dificuldades naturais derivadas do jogo do poder e/ou da natureza humana (inveja, ciúme e outras baixarias), Relações Públicas numa empresa enfrenta um grave problema de aceitação. Por quê? Porque – sejamos francos – a função também tem uma péssima imagem no mercado.

Veja só a ironia da vida: quem se apresenta para cuidar da imagem da empresa – "os salvadores da pátria" – não tem boa imagem no mercado. Imagine um dermatologista com doença de pele. Pois é, parecido.

Por que esta imagem ruim? Em primeiro lugar, porque o que é RP, o que faz um profissional de RP, quais os fundamentos da função, qual o seu valor agregado para a empresa, tudo isto é desconhecido por muita gente. "*RP, pra quê?*" – perguntam. Perguntam porque não sabem. Segundo, porque a profissão ficou associada a promotor de eventos, festeiro, oba-oba, pessoa superficial que vive em ambientes freqüentados por gente fútil. Muito contribuiu para este estereótipo a ocupação dessas funções nas empresas por pessoas que não têm ou não tinham qualificação para exercê-la. A prática acabou reforçando o perfil distorcido.

Culpa de quem? Não interessa buscar culpados. O importante agora é descobrir quem possa consertar isto, acabar com este mal-entendido que é autêntico ralo na produtividade do RP. Quem poderia? Acertou! Só os próprios RPs. Somente eles podem mudar essas percepções. Se não conseguirem, serão sempre questionados quanto à sua habilidade em cuidar da imagem da empresa. Faz sentido, não faz?

Resumindo, este *handicap* não pode ser esquecido pelo RP e deve ser trabalhado como um *issue* funcional a partir do momento em que tomou posse.

69. OS PREDADORES DA COMUNICAÇÃO EMPRESARIAL OU QUEM FOI QUE BOTOU VENENO NA SOPA DO RP?

Na entrevista, "seu" Antunes disse que tinha muitas idéias. As "heterodoxas". Veja bem, idéias, todo mundo tem. Na área de Comunicações, então, idéias é o que não falta. Entretanto, tê-las, não basta. Elas precisam ser organizadas, "postas no papel", entendidas, clareadas, desafiadas, avaliadas, dissecadas, depuradas, peneiradas, etc. Nesse processo, muitas das idéias "maravilhosas" – heterodoxas ou não – vão morrer. Serão consideradas caras, irrealistas, inviáveis, "sonhos de uma noite de verão". Não voam. Ou não fazem sentido. Naturalmente acabarão descartadas. As que sobrarem vão precisar de polimento antes de postas em execução. Depois, tudo isto deverá ser devidamente ordenado e cada coisa encaixada onde couber. Como num *puzzle*.

Essa criatividade desorganizada e amadora é um inferno para os profissionais de comunicação. O "achismo" é predador. [14] Quando vem de cima – as "sugerências" – é uma batata quente. Como dizer ao chefe que sua "idéia maravilhosa" é um horror? Quem vai botar o guizo no pescoço do gato? Duvido que alguém que ainda tenha filhos na idade escolar vai querer assumir este papel. O que se faz é observar a máxima "*manda quem pode, obedece quem tem juízo*". Tenta-se dar um aproveitamento à "genial sugestão", perdendo-se um tempo precioso e quase sempre com resultados não-compensadores. E quando a idéia vem de outros escalões, o comunicador, já de saco cheio de palpites, costuma reagir com secura, desprezo e impaciência.

Tudo errado. Tanto no esforço de entubar o que vem de cima quanto no tratamento dado ao que vem de outros setores. No primeiro caso, a menos que seja uma chave de galão – (e aí a coisa fica muito mais complicada) –, é necessário existir um clima de diálogo em que a negativa seja colocada com todo profissionalismo. "*Não, chefinho, infelizmente a sua sugestão não poderá ser aproveitada, por causa disto e daquilo*". No segundo caso, é importante lembrar que as sugestões nascem da vontade de cooperar. Daí, o não–aceitar tem que ser tratado com sutileza. Enfim, em ambos os casos, o profissional de comunicação deve ter em mente que o caminho a seguir é o da educação, aproveitar a ocasião para ensinar. Submissão ressentida, soberba, narizes empinados estão na contramão da imagem pretendida pela função.

Contudo, esses são predadores benignos, do bem. O pior são os desafetos naturais, enrustidos ou declarados, com motivações diferenciadas:

1. Financeiros, os "caçadores de gordura". Partindo do preconceito de que todo esse esforço de comunicação é uma "grande baboseira" e já incomodados com as verbas gastas em publicidade – para eles sempre um significativo percentual do PIB –, os departamentos financeiros olham com avidez os orçamentos da área de comunicação. São "gorduras". Colesterol no sangue da organização. Aí, na hora de apertar o cinto da empresa, isto é, no momento em que ela precisa melhorar a sua comunicação, são os primeiros orçamentos a serem garfados. Em empresas grandes, os profissionais de comunicação perdem muito tempo dentro de casa no esforço de proteger seus – e muitas vezes, já minguados – *budgets* da fúria dos "caçadores de gordura", que confundem "publicidade" com RP e, já no terceiro milênio, ainda não sabem para que serve nenhuma das duas coisas.
2. Funções que se consideram concorrentes: *marketing*, recursos humanos, advogados. Querem exclusividade no relacionamento com seus respectivos públicos e não aceitam palpites de "intrusos" nas suas estratégias. "*Afinal, o que estes festeiros têm a agregar na conversa*?" – pensam. E as agências de publicidade, para não ter concorrência nos *budgets* reservados para comunicação, botam lenha na fogueira.
3. Técnicos. São os mais afetados pela ideologia dos ilhéus. Vivem seu mundo à parte. Autistas. Por exemplo, não entendem a necessidade de falar com a imprensa. Quando falam, não querem aceitar orientação. Grandes malas.

A estratégia para lidar com esses predadores é a implantação do *Sistema de Comunicação Integrada.* Entretanto, não espere moleza.

70. POSICIONAMENTO DO RP DENTRO DA EMPRESA

Na empresa **A**, o RP é chamado pelo presidente, que lhe diz:

- "*Vamos lançar o produto Y. Aqui estão os dados. Por favor, prepare os releases*".

Na empresa **B**, a solicitação ao RP é:

- "*Estamos pensando em lançar um produto assim, assim. O que você acha?*"

Um passo importante na administração deste *issue* de imagem, o *estigma da raça*, é o posicionamento da função dentro da organização. Não me refiro apenas ao nível de subordinação que, no caso das Organizações Lisboa, muito sabiamente, colocou a função imediatamente abaixo do Número 1 da empresa. Sem dúvida, isto é uma senhora vantagem para o trabalho de RP. Quero, entretanto, me referir ao posicionamento no processo decisório da empresa (*decision making process*), na sua inserção no chamado *main stream*, isto é, na atividade principal da organização.

O responsável por Relações Públicas tem duas opções de posicionamento:

(1) Posicionar-se na ponta dos processos, em sua fase terminal. Como na empresa **A** do exemplo acima. Redigir as comunicações oficiais; organizar eventos; marcar visitas e entrevistas com autoridades; atender aos jornalistas; receber formadores de opinião; bater papo com as dondocas, etc. Enfim, ser um centro de competência especializado em empacotamento da comunicação, e em vernizes tais como boas maneiras, etiqueta, vinhos, toalhas de linho e canapés. Trabalhar por tarefa e por temas. Esse posicionamento seria o equivalente a jogar fora do campo de jogo, com a função de correr atrás das bolas perdidas. Numa palavra: gandula. Em agosto, a empresa toma a decisão de demitir, no fim do ano, um

caminhão de funcionários. O(a) RP não sabe de nada. Dois dias antes do ano terminar, ele(a) é comunicado(a): "Vamos ter que demitir um batalhão. Vai ser aquele horror. Te vira, malandro(a)."

(2) Posicionar-se ao longo dos processos. Vale dizer, além de ser a oficina de competência acima descrita, ser ouvido desde o nascedouro dos projetos de qualquer natureza – industriais, de *marketing*, legais, comerciais, etc. – até seu anúncio final. Ter poderes – e competência – para avaliar, opinar e inspecionar as ações empresariais – de novo – de qualquer natureza. Operar como uma espécie de *alter ego* da organização em todos os assuntos que possam afetar a imagem da empresa, dos mais triviais aos esqueletos de estimação. Enfim, atuar mais com o cérebro do que com os músculos. Como na empresa **B**.

O primeiro posicionamento, ainda que o RP tenha uma performance nota 10, vai fortalecer a imagem que a função tem no mercado: acessório, bibelô. Considerando o seu bom desempenho, a sua boa caligrafia, simpatia pessoal, vá lá: bibelô de luxo. Partícula expletiva. É, pois, o segundo posicionamento – o da penetração no tecido da organização, o de fuçar a empresa de cabo a rabo, o de buscar o papel de *alter ego* da empresa – que vai produzir o valor agregado da função de RP. É este *plus* que vai garantir a felicidade geral da nação e possibilitar o salto qualitativo na imagem funcional.

Como ocupar esse espaço?

Há duas maneiras. Primeira delas, trivial simples, pode ser assim resumida.

1. Despachar periodicamente com o Número 1. Dependendo da organização, este contato pode variar de diário a semanal.
2. Participar das reuniões da cúpula da empresa.
3. Despachar com diretores funcionais.
4. Circular dentro e fora da organização.

É o que a maioria dos RPs "modernos" faz ou o que se permite que eles façam. Veja bem, é um senhor avanço em relação ao primeiro posicionamento mencionado – a do gandula – e ao que se encontra normalmente no mercado.

A segunda maneira – você já sabe – é a minha paixão: a instalação do SCI, o *Sistema de Comunicação Integrado* com todos os balangandãs que descrevemos nos capítulos anteriores – *colegiado, planejamento estratégico, issue manager, gerências da Comunicação Programada, da Comunicação Simbólica,* do *Sistema de Objetivos.* Sem mais, nem menos.

Portanto, caríssimo(a) RP, o seu primeiro grande passo é convencer a organização – no caso, o seu chefe – de criar essa estrutura dentro da empresa. Faça uma apresentação para ele. Descreva os seus componentes. Fale de alguns conceitos. Mostre os ganhos para a empresa. O momento de levantar esta bola é agora. Este é o *timing*. Enquanto a sua credibilidade é total. Use aquela primeira alavanca – reportar-se "direto ao homem", "falar com Deus, sem intermediários". Aqui entre nós, ele não vai entender a metade do que você está propondo. Talvez até julgue que seja muita areia para o caminhão da empresa. Ou uma engenhoca importada. Ou fique cabrero achando que você não bate bem. Argumente. Aquela visão de "*melhor imagem no mercado*" é pra valer ou não é?

Se for pra valer, ele vai dar a você um crédito de confiança.

71. ÂNIMO, CORAGEM, NÃO DEIXE A PETECA CAIR!

Uma pausa para um cafezinho e uma massagem no ego.

Relações Públicas é uma das mais importantes atividades neste século que se inicia.Como *business*, teve um crescimento espetacular na última década. Sabe por quê? Porque cada vez mais a opinião pública é o principal ator na sociedade. Ela se mete nos negócios, na política, na vida das pessoas, dá palpite onde não é chamada. A opinião pública é o verdadeiro *Big Brother* da sociedade moderna. *Orwell* – autor do célebre 1984 – atirou no que viu e acertou no que não viu.

Portanto, cara, queiram eles ou não, você está no *main stream.*

Falamos de competência. Relações Públicas é uma das mais fascinantes atividades do mundo moderno. Poucas outras têm a oportunidade de oferecer espectro tão amplo de áreas de conhecimento, especializações, diversidade de temas e possibilidade de contatos com tantos tipos de faunas. Entretanto, para tirar partido dessa exposição e merecer a qualificação de profissional competente, o RP tem que ser um profissional multidisciplinado.

O que vem a ser isto.

O RP não precisa ser bacharel em direito, mas tem que conhecer leis, sua hierarquia, o processo legislativo, etc. Não precisa ser economista, mas tem que conhecer os fundamentos básicos da economia para compreender porque, quando e como os fenômenos econômicos podem afetar a empresa. Não precisa ser sociólogo, mas tem que conhecer bem o perfil, as idiossincrasias, as motivações dos segmentos da sociedade. Não precisa ser psicólogo, mas tem que conhecer algumas coisas da natureza humana e suas manhas. Não precisa entender a fundo dos negócios da empresa, mas tem que conhecer seus objetivos estratégicos, produtos e serviços, políticas. E, mais do que ninguém, deve conhecer os fundamentos da comunicação, das técnicas e das disciplinas de Relações Públicas. Em suma, é uma atividade que requer conhecimentos técnicos, cultura geral e sensibilidade. [15]

A educação formal não cobre nem a metade dessas necessidades nem garante esse perfil. O que falta, você vai ter que aprender mesmo é rodando bolsinha, observando, xeretando, sacando as coisas por conta própria. E contando com três elementos: método, jeito e paciência.

Fim de papo, obrigado pelo cafezinho, e vamos trabalhar.

72. CRIANDO O COLEGIADO DE COMUNICAÇÃO

A idéia de ter um colegiado para cuidar da comunicação da empresa está vendida. "Seu" Antunes apoiou na hora. Aliás, não é uma idéia difícil de ser comprada pelo Número 1. Ninguém melhor que ele para saber a babel que é a comunicação da empresa. Sente na carne. O difícil é colocar a idéia em prática. Quando se têm que cooptar os membros do colegiado. Juntar a macacada que "faz algum tipo de comunicação" na empresa, entre eles, alguns predadores de carteirinha. Aí, a porca torce o rabo.

Mesmo dentro da "comunidade de relações públicas", é difícil. Trazer o assessor de imprensa – que anda mais perdido do que cego em tiroteio e que se especializou em ocultação de cadáver; o fulano que cuida da comunicação interna em vôo solo, especialista em textos edulcorados; aquele pessoal do escritório em Brasília que ninguém sabe o que faz. Depois, arrastar – "arrastar" no sentido literal – a turma de vendas, de *marketing*, da agência de propaganda. Advogados? Só com intimação judicial, mas não desista.

A resistência começa pelo fato de que todo mundo acha que vai perder poder. Pode não ter nenhum, mas pensa que tem e resiste. Depois, a credibilidade do sistema a ser implantado: mais uma engenhoca, perda de tempo, tenho mais o que fazer, estão querendo aparecer às minhas custas. "*Qualé a desses caras*?" Paciência, você vai ter que ouvir isto.

O convencimento sobre as vantagens do sistema é demorado. Ele só vai acontecer de verdade mais tarde, na medida em que for sendo exercitado. Aí vira cachaça. E ninguém vive mais sem ele.

Mas você e a organização não podem esperar tanto tempo. Portanto, só existe uma maneira de implantar-se o *Colegiado de Comunicação* rapidamente: decisão de cima. No galão. Não tem outro jeito. (Olha o jeito aí.)

Como a "ordem" de criar-se o *colegiado* vem de cima, "lá dos homens", ninguém se opõe abertamente. A sabotagem vem na forma de corpo mole: não-comparecimento às reuniões, alegando outros compromissos; chegando atrasado e/ou saindo cedo; não-cooperação, não fazer os *homeworks*, etc. Não tem alternativa, paciência, isto você vai ter que engolir. (Olha a paciência, de novo, aí.)

73. NÃO BRIGUE COMIGO, MAS JÁ ESTÁ NA HORA DE FALAR EM PLANEJAMENTO

Falemos de método.

Uma outra coisa de enorme valor é saber responder três questões singelas: onde estamos, para onde vamos e o que queremos. [Ah, se os empresários fizessem este exercício pelo menos uma vez por ano...] As duas primeiras questões dizem respeito à ambiência: política, econômica, industrial, tecnológica e científica. Enfim, o que rola no mundo a nossa volta. A terceira questão se refere à empresa, aos seus negócios, à atividade de Relações Públicas *lato sensu*.

Como você já percebeu, estamos reintroduzindo na nossa conversa o assunto do *Planejamento Estratégico de Imagem* (PEI). Para não causar mais tititi no *front* interno, talvez seja melhor chamar, por enquanto, este planejamento de "Plano Diretor" ou algo até mais modesto. É o jeito (olha o jeito de novo). Por quê? Porque nomes pomposos é um prato cheio para chacotas. Lembre-se, precisamos trabalhar a nossa imagem para ter credibilidade. Mas não deixe de dar um nome a este projeto. É importante como peça de comunicação. Este planejamento – que doravante chamaremos, somente aqui entre eu e você, de PEI – é o seu grande trunfo e o coelho que você vai ter que tirar muitas vezes da cartola. O PEI é o que vai realmente ajudar a empresa na administração da sua imagem e, por conseqüência, manter você no cargo por muito tempo. Além disto, é ele que vai facilitar o seu trabalho, calibrar o seu esforço, dar sentido ao seu dia-a-dia doido, aliviar o estresse, diminuir a pressão interna e externa sobre você e sua equipe, e, por último – mas não menos importante –, dar credibilidade ao seu trabalho. Tome nota: planejamento é comunicação; comunicação é credibilidade; credibilidade é produtividade. Repita isto todas as noites antes de dormir, e em todas as manhãs, em jejum.

Muitas organizações têm um *planejamento estratégico* global que olha e pensa a empresa como um todo. Basicamente, estes planejamentos cobrem áreas e funções mais ligadas diretamente aos negócios: produção, vendas e recursos de uma forma geral. O chamado *main stream*. Raramente, tratam de questões relativas à imagem da empresa e ao relacionamento externo. No caso de existir um planejamento global na organização, o *Planejamento Estratégico de Imagem* obviamente deve estar subordinado a esse planejamento, usando as mesmas premissas e direções. Por favor, não cometa o erro de criar uma dissidência, como, por exemplo, tendo *um Planejamento do B*, antes de o jogo começar. Não ponha as suas manguinhas de fora. Você está acabando de chegar, tem que agir com cuidado.

Outras organizações não têm um plano global consolidado, mas têm planejamentos funcionais: *marketing*, financeiro, produção, recursos humanos. Também, nesse caso, a subordinação – melhor dizendo, a compatibilidade – deve ser observada. E, finalmente, existem as organizações que não têm nenhum tipo de planejamento estruturado, infelizmente, no

Brasil, a maioria. Com mais razão, o PEI deve ser desenvolvido. Já é hora de inaugurar na empresa a cultura do *planejamento estratégico*. Aproveite a chance de liderar esse movimento. Será bom para a sua imagem dentro de casa. Com isto, acumule algumas milhas de prestígio.

Entretanto, mais rápido do que esperava, você vai estar afogado(a) com a demanda externa e interna. Ao entrar na sua sala, já no primeiro dia, você mesmo(a) vai ficar surpreso(a) com a quantidade de coisas que estava esperando a sua chegada. Telefonemas, papéis, pastas, pendências da guerra do Paraguai, assuntos cabeludos, todos urgentíssimos que precisam ser resolvidos ontem. A demanda vai aumentar quando correr a informação dentro da empresa de que você existe e está com saúde. Não sabem ainda exatamente qual o seu papel na organização, mas, a partir de agora, todo assunto catalogado como "esquisito" passará a ser direcionado a você, o(a) responsável pelo quarto de despejo recém inaugurado. O enigma foi desfeito: RP, pra quê? Ora, pra quebrar galhos.

Diante desse vendaval, você terá três possibilidades:

(1) Mergulhar de cabeça no dia-a-dia, deixar-se levar pelos acontecimentos, administrar por crise, assumir a posição de síndico(a) do quarto de despejo, o(a) "quebra-galho". O tal do *Planejamento Estratégico* fica pra quando as coisas melhorarem, porque ninguém é de ferro, não é verdade?

(2) Dar atenção total ao citado planejamento, fechar o quarto de despejo pra balanço e somente vir a se preocupar com os incêndios a sua volta depois que tudo estiver devidamente mastigado, todas as ações pensadas, as pastinhas coloridas prontas, tintim por tintim, um brinco.

(3) Combinar as duas coisas, isto é, tomar conta da loja e iniciar o planejamento. Assobiar e chupar cana.

Verdade seja dita, a primeira hipótese tem sido a preferência nacional em várias atividades. Sobre as razões, a gente fala depois. O fato é que quem faz esta opção acaba levando uma vida de cachorro. Claro que a intenção nunca é "não ter planejamento". A opção sempre é justificada por um "fazê-lo depois", "quando der", "quando tiver tomado pé da situação" e outras ilusões. Final das contas, esse tal de "planejamento" que ficou "pra depois" vai ficando cada vez "mais pra depois", talvez no próximo trimestre, semestre, ano que vem, "um dia". Quando a galinha tiver dente.

A segunda hipótese é inviável. O *stablishment* jamais permitirá isto. Como foi dito, a cobrança vai começar tão logo você assuma a função. Vão querer que você mergulhe na piscina de roupa e tudo. Afinal, você foi contratado para isto: quebrar galhos. Quer um conselho? Mergulhe. De roupa e tudo, sapato e relógio. Caso contrário, você e sua equipe vão ser premiados com apelidos muito criativos. Isto se sua cabeça não rolar antes de entrar em campo.

A terceira hipótese é a melhor em todos os sentidos. Tocar as duas coisas simultaneamente: planejar e atuar. Ou atuar e planejar, você escolhe. Tem que dar um jeito. (Olha o jeito de novo!).Voltaremos ao assunto. Por enquanto fique com a idéia de que a atividade de planejamento é bastante enriquecida se alimentada pelas experiências do dia-a-dia. *On-the-job*. E vice-versa: problemas que vão surgindo podem ser beneficiados com a discussão estratégica em curso. Essa interação é altamente sinérgica.

Dito isto, mãos à obra.

Ah, quase me esqueci. O Planejamento e o regime de *colegiado* são grandes aparadores daquelas idéias heterodoxas.

74. ACALME-SE, DIAS PIORES VIRÃO

Bem que eu avisei! É verdade, não é fácil conseguir adesões ao objetivo de fazer um *planejamento estratégico*. O tal PEI. Quando a idéia foi mencionada, olharam você de banda, torceram o nariz, houve manifestações eloqüentes de silêncio. Teve até um que riu na sua cara.

Pelo amor de Deus, não desanime! É assim mesmo. Faz parte do temperamento latino. É a filosofia do *Aqui e Agora*. Odiamos pensar no futuro. Somos mais do "*vamo lá*", "*xá comigo*", "*depois a gente vê como* é que fica". Somos assim como indivíduos. As empresas nada mais são do que extensão dos indivíduos e do que eles têm na cabeça. Conclusão: Ainda hoje, já no terceiro milênio, a entidade "*Planejamento Estratégico*" tem má imagem entre nós. O que explica muita coisa que acontece no nosso país.

Eu não disse também que era necessário ter paciência?

O porquê da rejeição.

1. "*Planejar*" não é do agrado dos pragmáticos *businessmen*. Em alguns, a simples menção da palavra chega a produzir urticária. Não me pergunte por quê – não sou dermatologista nem psicanalista –, mas, na nossa cultura empresarial, "*planejamento*" é considerado "coisa de tecnocrata". "*Planejadores*" são contrapostos aos "homens de ação", tidos como bichos de outra fauna e olhados com preconceito. De acordo com o estereótipo, no sangue deles, planejadores, adrenalina não tem vez. É sangue de barata. Enquanto os "homens de ação" estão ralando na linha de frente para matar o seu leão de cada dia, o "*planejador*" fica no aconchego do escritório contemplando as estrelas no infinito. " *São poetas*", pecha desqualificante no mundo dos negócios. A rejeição ao "*Planejamento Estratégico*" pode ser direta, como, por exemplo, feita por aqueles que consideram esses exercícios "*pura masturbação intelectual*", "*coisa pra engordar a conta bancária dos consultores*". A rejeição pode também ser mais sofisticada, camuflando-se na opção filosófica. O lema "*caminhante não tem caminho, faz caminho ao caminhar*" é o dístico que expressa bem a opção. "*Como disse o general fulano de tal, somente atravessarei esta ponte quando chegar nela*" – é outra pérola muito repetida no meio empresarial, usada para "*trazer a conversa para as coisas objetivas*". Parêntesis. Não há consenso sobre que general teria proferido esta histórica frase, mas, se ele seguiu à risca o seu ensinamento, certamente perdeu a guerra, qualquer que tenha sido ela. Fecha parêntesis.
2. Ansiedade. Para muitos executivos, o horizonte mais distante é amanhã, depois do almoço. O "*depois de amanhã*" já é futuro remoto e "*a Deus pertence*". Nas empresas americanas, a "*síndrome do quartil*", isto é, a preocupação com os resultados operacionais do trimestre – leia-se *Wall Street* – muito contribuiu para essa visão de curtíssimo prazo. Assim como os índios controlam o tempo por luas, o executivo de empresa americana segmenta a sua vida em pedaços de três meses. Se alguém perguntar quando pretende se aposentar, ele dirá: "*Dentro de vinte quartis*".

Vai aposentar-se dentro de tantos quartis, tirar férias daqui a outros tantos, ir ao dentista no próximo quartil. Para estes senhores, o calendário gregoriano é uma contagem de tempo paralela e confusa que só complica a vida. Pensar além do quartil é impensável. Não existe esta hipótese. Mas, mesmo fora deste grupo, no geral, poucos são os homens de negócios que olham muito à frente do dia de hoje.

3. *Complexo de Midas*. A exagerada "*confiança no próprio taco*". A mesma que derrubou *Nixon* do cavalo. Uma ilusão de ótica que costuma enganar empresários é gerada pelo próprio sucesso. Como sabemos – e esquecemos todos os dias – o sucesso é embriagante. Cega. Entope os ouvidos. Baixa a guarda. Nada mais eficaz para anestesiar superegos do que o pódio. A embriaguez não permite que o vencedor perceba que ele pode ser a próxima vítima. A ilusão é a seguinte: se os negócios estão indo bem, eu sou fodão, que se dane o resto – pensam eles. A verdade é que os seus negócios podem estar bem, mas o ramo de atividade na qual estão inseridos não está tão bem assim. Ou pode este ramo estar bem, mas a economia, como um todo, estar um horror. Ou, ainda, pode o país estar vivendo seus anos dourados, mas o resto do planeta estar vindo na contramão a todo vapor. E quanto mais bem-sucedido for este homem de negócio, quanto maior for o seu *Complexo de Midas*, mais difícil será abrir seus olhos. Afinal, está de porre. E nem mesmo, mais tarde, falido ou na cadeia, ele dará o braço a torcer. Vai culpar, pelo seu fracasso, o governo, a imprensa, os falsos amigos, os interesses internacionais, a globalização. Jamais a sua incapacidade de submeter-se ao saudável esporte de pensar à frente.

Pronto, desabafei.

4. Pressão do dia-a-dia. Este é um problema real. A pessoa quer planejar, sabe que está trabalhando errado, que existem formas mais racionais de exercer a função, mas não dá. O telefone não pára, o correio eletrônico, as reuniões intermináveis, os clientes. Se já é difícil acompanhar o que está acontecendo ao nosso redor, imagine ter que se preocupar com o que rola longe dos olhos. E pior ainda: preocupar-se com o futuro.

Uma outra característica nossa: somos excelentes compradores de idéias. Mas não temos muito saco para pesquisas, investigações, análises, simulações. Raramente checamos o que ouvimos. Daí, vermos decisões de negócio tomadas com base em "*ouvi dizer*", "*um vizinho meu que é do governo que me contou* ", "*estava numa matéria sobre isto que li não sei aonde*", "*todo mundo só fala nisto*", "*um primo que está se dando bem*". Essas são premissas que fundamentam não só pequenos, como também grandes negócios. Muitos brasileiros entram em empreendimentos que já estão mortos há muito tempo. A nossa classe média é useira e vezeira em cair nessas esparrelas. Ambiciosa, mas desinformada, é presa fácil de gente esperta. Costuma ser o fim de linha de grandes micos terminais descartados pelas elites. Não que as elites sejam mais inteligentes. Definitivamente, não são. São apenas um pouco mais bem informadas. Viajam, se relacionam, lêem publicações estrangeiras. Estão algumas horas na frente. Para cada novo investimento que fazem, têm a sua porta de incêndio preparada. O *fallback*. O ciclo é manjado. No começo, a novidade dá muito dinheiro. Quando começa a dar errado, a moda sai de moda, chegou a hora de abandonar o barco. Aí haverá sempre um suburbano ambicioso, doido para emergir, e metido a esperto que vai se encantar com o mico. A busca do *status*, do dinheiro fácil, a megalomania caipira, o profundo despreparo, a falta de informação, o achismo não-erudito são problemas reais nas nossas pequenas empresas e razão de insucesso empresarial.

Essas são as barreiras que você vai encontrar quando propuser o desenvolvimento do nosso *Planejamento Estratégico*. Não pense que a reação – digamos – pouco animadora ao PEI seja pessoal. Não é. Não gaste sua paranóia com isto. Não tem também nada a ver com o princípio "*Santo de casa não faz milagre*". Neste caso, nem de casa, nem de fora. O maior planejador do mundo também seria recebido com desconfiança. Quando não a pedradas.

Como enfrentar essas barreiras?

Não desistindo. Reunindo todas as forças e recursos para levar o projeto à frente. Seguindo a metodologia que explicaremos mais adiante. Tendo paciência. E – lembre-se – não sei ainda por quanto tempo, mas, até aqui, Deus está do seu lado.

Em paralelo, como quem não quer nada, vá tocando a programação que visa construir a imagem positiva de RP dentro da empresa. A sua agenda oculta. Acumule milhagem. Explique para as pessoas o que a função e o *colegiado* estão fazendo. Sobretudo aos predadores. Faça apresentações estruturadas. Explique conceitos. Fundamentos. Didaticamente. Uma, duas, dez, mil vezes. Entreviste pessoas dentro da organização. Peça críticas, apoio, idéias, sugestões. Se usar algumas delas, dê o devido crédito ao autor. Se não puder usar, explique por quê. Busque parcerias, sócios. Valorize o trabalho de equipe. Procure sempre prestar contas do que está fazendo. De como os recursos estão sendo usados. Não faça mistérios. Trabalhe o boca a boca. Vá às bases. Com a paciência de um missionário. De vez em quando, cacareje. Mostre o ovo posto. Modestamente. Sem arrogância. Cuidado com as *egotrips* – lembre-se de que você é humano(a), também pode ser vítima de uma. Não deixe de associar os bons resultados obtidos ao planejamento e ao esforço feito. Se esse trabalho de divulgação e educação for bem realizado, a reação irá diminuindo e a aceitação, aumentando. É possível até que receba alguns elogios. Pelas costas. Críticas sempre existirão. Entube todas. Não despreze nenhuma delas. Trate-as adequadamente, como se viessem de fora da organização. Em suma: Relações Públicas começa dentro de casa.

Às folhas tantas, falamos que este não era um trabalho de uma pessoa só, ou de um único departamento. A imagem da empresa é responsabilidade de todos. Todo mundo tem que fazer RP. Quando o Número 1 da organização faz uma conferência numa associação, ele está desempenhando uma função de RP. Também a secretária está fazendo RP quando é atenciosa ao receber alguém. Idem o ascensorista, quando, no desempenho de sua atividade, mostra educação, paciência, bom humor. Hoje, nos Estados Unidos, "fazer RP" é uma atividade *part-time* de todos os executivos. Cabe a você, entretanto, organizar a partitura e reger a orquestra. Cabe a você disciplinar, educar, motivar e treinar as pessoas da organização para desempenharem corretamente esse papel. Você é o animador do processo, seu guia, seu fiscal e centro de competência.

Eu disse que não ia ensinar padre-nosso ao vigário, mas não fiz outra coisa neste capítulo a não ser dar palpite. Que paciência, a sua, né, leitor(a)? Tem tudo pra ser um(a) bom (boa) RP.

O QUE FOI DITO NESTE CAPÍTULO

1. Relações Públicas numa empresa tem que pensar grande.
2. Relações Públicas não é um departamento. Relações Públicas é uma função que permeia toda a organização.
3. São muitos os obstáculos que o Relações Públicas encontra numa organização para desempenhar bem a sua função. A resistência ao trabalho planejado e sistemático é um deles.
4. Relações Públicas deve posicionar-se ao longo dos processos e não nas suas pontas.
5. Relações Públicas é uma das funções mais ricas, interessantes e necessárias no novo século. Nenhuma organização poderá viver sem esta função.

CAPÍTULO ONZE

DA TEORIA À PRÁTICA

75. ARMANDO A BARRACA

Companheiro(a), chegou a hora do "vamos ver". De botar a mão na massa.

Há dois processos relativos ao planejamento. O primeiro processo é aquele da instalação do planejamento. Não existe nada feito, nunca ninguém se preocupou em arrumar a casa. Parte-se do zero. O segundo processo é o da revisitação periódica. O planejamento já existe e a operação consiste em atualizá-lo.

Vamos, caro(a) leitor(a), simular a implantação de um planejamento nas Organizações Lisboa. Por favor, me acompanhe. É por aqui.

A instalação de um PEI é um processo que tem 4 (quatro) etapas:

ETAPA 1: Trabalhos Preliminares. Inclui a programação geral do trabalho de planejamento e a realização dos levantamentos necessários.

ETAPA 2: Construção dos Cenários.

ETAPA 3: Construção do *Issue Management System*.

ETAPA 4: Anúncio interno do *Planejamento Estratégico*

A liderança desse processo deve ser de Relações Públicas. Os trabalhos (sessões de planejamento, debates, etc) devem ser desenvolvidos por:

a) um núcleo de participantes fixos, formado pelo *Colegiado de Comunicação* e outros profissionais – de dentro ou de fora da empresa – que possam contribuir com conhecimentos específicos;

b) participantes eventuais – especialistas noutras áreas e/ou assuntos – que podem ser agregados, de acordo com os objetivos de cada etapa;

c) havendo condições de contar com a participação de um profissional especializado em técnicas de planejamento ou na condução de reuniões de grupo, ótimo. O trabalho pode ganhar em rapidez e qualidade. Caso isto não seja possível, vá em frente usando a prata da casa, o seu bom senso e muita disciplina. Nada disto que eu vou falar é bicho de sete cabeças.

Barraca armada, vamos à luta.

76. ESQUENTANDO OS TAMBORINS

Etapa 1: Consiste de trabalhos preliminares.

São 4 (quatro) fases:

Fase 1: Programação do Projeto

Fase 2: Programação das Entrevistas

Fase 3: Levantamentos, Pesquisas, etc.

Fase 4: Execução do Programa de Entrevistas

Fase 1: Programação do projeto.

Deve ser estabelecido um cronograma com as etapas, participantes e data-objetivo para o término dessas etapas e do projeto como um todo, bem como a data da apresentação final do plano à cúpula da empresa. A data-objetivo é fundamental para orientar os trabalhos e exercer pressão sobre quem está trabalhando nele. Evidentemente, esta data-objetivo deve ser negociada com a direção da empresa. O cronograma deve ser bem realista. A data-objetivo não pode ser muito distante, porque a organização espera resultados o mais rápido possível (mesmo que tenham demorado anos para pensar no assunto e que não acreditem muito nesse "*negócio de planejamento*"). Entretanto, o tempo para desenvolver as etapas não pode ser subestimado, de forma a não sacrificar a qualidade do planejamento. Veja, você já tem um problema sério de imagem a zero minuto de jogo. Esta é uma bela oportunidade de fazer bonito. De acumular mais milhas. Por outro lado, como vimos, a atividade de planejamento vai ser desenvolvida simultaneamente com a gerência dos "pepinos" do dia-a-dia.

Fase 2: Programação das entrevistas (internas e externas).

Consiste em uma série de entrevistas a serem feitas com pessoas da organização e fora dela, com o objetivo de levantar dados, impressões, percepções sobre a empresa, sobre seus produtos e serviços, suas atitudes, seu pessoal, etc. Trata-se de um trabalho de pesquisa. O planejamento dessa programação deve considerar não só dia, hora e local da entrevista, bem como tempo para preparação da mesma e para organização do material recolhido. As entrevistas internas deverão ser conduzidas pela equipe de RP. As externas poderão ser feitas por outros profissionais da empresa (pelo presidente, pela diretoria, por gerentes). Vamos botar este pessoal para trabalhar.

Fase 3: Levantamentos, Pesquisas, etc.

Consiste de levantamentos/estudos, pesquisas adicionais necessárias para *o planejamento estratégico*, bem como para a operação da função posteriormente. As seguintes áreas devem ser levantadas:

- Economia/política/ ambiência social
- Tendências da Tecnologia
- Negócios da empresa
- *Imagem da empresa*

- Os dados relativos a Economia/política/ambiência social necessários ao planejamento podem ser levantados da seguinte maneira:

(1) Se a empresa tiver um economista ou um profissional familiarizado com o tema, ele(a) não terá dificuldade de levantar essas informações. Elas estão disponíveis no mercado, em revistas, jornais, na *internet,* em estudos

liberados por consultorias e por empresas. Construir um quadro com os principais indicadores econômicos e sociais não é nenhum bicho-de-sete-cabeças.

(2) Caso não disponha desta competência dentro de casa, podem-se comprar trabalhos no mercado. Jamais encomende "estudos especiais". Costumam cobrar caro por esses trabalhos "*sob medida*" e nem sempre eles se pagam. Primeiro, porque nenhuma empresa precisa, para os fins deste planejamento, de "*estudos especialmente encomendados*". Todas as informações e interpretações necessárias são de domínio público. Ir atrás de "*inside information*" neste campo é querer comprar deliberadamente gato por lebre. Segundo, porque nenhum estudo é assim tão "*sob medida*". E o que você vai receber, no final das contas, é um trabalho que já circula no mercado, chupado de jornais, só com a troca do cabeçalho e da assinatura.

(3) A empresa já dispõe desses levantamentos para outras finalidades. Neste caso, o que se tem que fazer é obtê-los.

- As informações relativas a tendências tecnológicas, bem como sobre os negócios da empresa, obviamente devem ser buscadas dentro da própria empresa.
- <u>Pesquisa sobre a Imagem da empresa</u> é uma peça importantíssima para o PEI. Sem este elemento, o trabalho fica muito difícil, quase impossível. Todo mundo concorda que "pesquisa" é fundamental. O problema surge quando se pergunta: que tipo de pesquisa? Elas existem de muitos tipos: superficiais ou profundas; caras ou baratas; rápidas ou demoradas; globais ou segmentadas por tipo de público. Elas variam também em função dos métodos utilizados. Evidente que a melhor pesquisa é a mais completa – a que tenha apurado atributos positivos e negativos da empresa por públicos, produtos, faixa etária, sexo, etc, etc – e que tenha sido realizada recentemente. Se a empresa já dispuser de uma – o que eu duvido – agradeça aos céus pela

graça concedida. Se não tiver, desista de contratar uma instituição para fazê-la, porque os resultados serão demorados e vão lhe custar os olhos da cara. Nem faça a bobagem de propô-la porque, de saída, estaria fortalecendo o estereótipo de que RP gosta de gastar e "*só pensa em luxo e riqueza*". A decisão sobre a "pesquisa" para o projeto que estamos aqui desenvolvendo deve obedecer a dois pré-requisitos: ser construída rapidamente e ser muito barata. Portanto, estamos falando mesmo de algo superficial, apurado meio no "olhômetro", no sentimento, no chamado "palpite educado". Uma avaliação meia-bomba pode ser construída através da combinação de uma minipesquisa conduzida por empresa do ramo e/ou de entrevistas internas e externas. (ver abaixo). Para começar, isto é suficiente. Deixemos o sonho de consumo da pesquisa "completa", "ideal" para mais tarde. Quando você estiver cheio de moral.

Fase 4: Execução do Programa de Entrevistas

I) <u>Entrevistas Internas.</u>

Quem deve ser entrevistado:

a) A direção da empresa, a começar pelo Número 1.

b) Profissionais que ocupam cargos-chave. Exemplo: quem tem contato com público externo (gerentes de vendas, de *telemarketing*, de *call-centers*, do Serviço de Atendimento ao Cliente, *ombudsman*, etc); quem lida com público interno (gerentes, supervisores, profissionais de Recursos Humanos, *ombudsman* interno, etc.).

c) Profissionais de perfis diferentes (ex: vendedores, operários, advogados, secretárias, administrativos); de setores diferentes (ex: de *marketing*, fabricação, dos estafes); de localidades diferentes (ex: Rio, São Paulo, Recife, da capital, do interior). A inclusão dos conhecidos "formadores de opinião internos" é essencial. Quem são eles: os líderes naturais – positivos ou negativos –, os demandantes de tempo integral, os pensadores, sobretudo os que pensam em voz alta nos corredores da empresa.

As entrevistas com os profissionais relacionados nos itens 'a' e 'b' acima devem ser feitas em sessões individuais, *tête à tête*, jamais em grupo. Devem ser conduzidas pela maior autoridade de RP da empresa. O oposto acontece com as entrevistas com os relacionados no item 'c'. Elas devem ser em grupo (*focus group*), nunca individuais. Razões: economia de tempo e aqui a interação entre os participantes é fundamental. Os grupos devem ser organizados por tipo de fauna, isto é, com animais da mesma espécie. Razão: grupos heterogêneos não permitem captar a visão setorial. Os trabalhos podem ser conduzidos pelo titular de RP ou por profissionais ligados a ele(ela). Empresas especializadas nesse tipo de pesquisas também podem ser usadas. Elas podem ajudar em muito na metodologia. Entretanto, a presença de RP da empresa durante as sessões é indispensável.

Nas entrevistas, o que deve ser explorado:

Na visão do entrevistado,

1. Quais os pontos positivos da empresa (atributos positivos).
2. Quais os pontos negativos da empresa (atributos negativos).
3. Que imagem a empresa tem no mercado (junto a consumidores, clientes, usuários).
4. Que imagem a empresa tem junto ao público interno (empregados nos vários setores).
5. Que imagem a empresa tem junto às autoridades (governos).
6. Que imagem a empresa tem junto à imprensa.
7. Que imagem a empresa tem junto a fornecedores.
8. Que imagem a empresa tem junto a outros públicos (comunidade local, comunidade acadêmica, associações, sindicatos, estudantes, igreja, etc.).
9. Além de produtos e serviços, que contribuições a empresa dá à sociedade (empregos, impostos, tecnologia, exportação, divisas, valores éticos, etc.).
10. Que outras contribuições a empresa poderia dar à sociedade.
11. Que coisas a empresa retira da sociedade (serviços públicos, talentos, matéria-prima, divisas, etc.).

12. Que outras coisas a empresa gostaria de retirar da sociedade (menos impostos, melhores serviços, mão-de-obra com melhor nível educacional, etc.).
13. Que barreiras impedem o desenvolvimento da empresa (legislação, burocracia, corrupção, custo-Brasil, nível educacional, distribuição de renda, etc.). Explore a lista de *Questões Públicas* apresentada no capítulo Cinco.
14. Que coisas podem contribuir para melhorar a imagem da empresa (programas sociais, melhor comunicação, produtos mais baratos, etc.).
15. Que coisas afetam ou podem vir a afetar negativamente a imagem da empresa.
16. Como está o clima interno da empresa.
17. Quais as principais queixas dos funcionários (salários, carga de trabalho, falta de oportunidades, treinamento, instalações, falta de recursos, etc.).
18. Quais os principais boatos que circulam internamente.
19. Quais os principais motivos de satisfação dos funcionários.
20. Qual a imagem dos concorrentes.
21. Quais as principais queixas dos clientes/consumidores.
22. Quais as principais recomendações feitas pelas auditorias.
23. Quais as principais demandas legais da empresa.
24. Que crises a empresa teve no passado com a opinião pública.
25. O que diz o concorrente sobre a empresa.

Essa é uma lista básica que pode ser ou não recheada com questões relativas à situação econômica do país, grau de satisfação com a qualidade de vida, nível de expectativa pessoal, etc. Entretanto, é importante não perder de vista que esta pesquisa tem por objetivo construir uma primeira tomada de posição. É o começo dos trabalhos. Pesquisas aprofundadas, dirigidas a temas ou segmentos, poderão ser realizadas mais tarde.

Evidentemente ninguém vai ter resposta para todas as perguntas. Nem é preciso. Aliás, melhor não ter do que improvisar uma resposta que nada tenha a ver com o que está acontecendo ou que não represente o que o entrevistado realmente acredita.

O objetivo de cada uma das perguntas é óbvio. Facilmente se identifica a sua utilização no desenvolvimento do PEI nas etapas que serão mostradas à frente.

A questão '15' ("coisas que afetam ou possam vir afetar negativamente a imagem da empresa"), entretanto, merece comentários adicionais. Trata-se de uma pergunta importantíssima. Seu objetivo é descobrir os tais esqueletos no armário, isto é, coisas que, se vierem à tona sem o devido controle, podem provocar crises junto à opinião pública. Infelizmente – e até com certa razão – a pergunta não será honestamente respondida. O entrevistador vai ouvir, no máximo, pecados de freiras do tipo "não temos cumprido o prazo de entrega contratado", ou "nossos telefones estão sempre ocupados" e outras coisas de somenos relacionadas a produtos e serviços. Quer dizer, de "somenos", em termos. Claro que ambos os exemplos são problemas graves e precisam ser atacados. Mas não é esse tipo de problema que estamos procurando com essa pergunta. A verdade é que é pouco provável que alguém venha a falar nos ovos das serpentes ou nos gatos mortos nas gavetas, porque (1) ou não pode (2) ou não deve (3) ou não sabe. Entretanto, este é um assunto que exige permanente monitoração por parte da empresa e, em particular, pela função de Relações Públicas. Fica desde já feito o registro de que a pergunta abaixo tem que ser sempre feita, todos os dias, dentro da organização:

QUE SITUAÇÃO, PROBLEMA, COISA, SEGREDO, SE DISCUTIDO NA IMPRENSA, NOS DEIXARIA MAL COM A OPINIÃO PÚBLICA?

Esta é a pergunta que não pode calar nunca. Trata-se de uma paranóia pra lá de sadia. Mas enquanto as pessoas não abrem o jogo, convém uma visita aos relatórios de auditoria de todas as áreas: de qualidade, financeira, de segurança, etc. Em setor de Recursos Humanos, analise os *feedbacks* de funcionários, sugestões, exuma as cartas anônimas, registros de entrevistas de funcionários demitidos, o nível de *turnover* e de absenteísmo, o nível de dificuldade de contratar profissionais, investigue boatos de vida intermitente, se há um clima de bode na organização ou uma paz de cemitério, analise processos em andamento na justiça. Podem dar bons subsídios. Outra boa providência: examine com os marqueteiros e as agências de publicidade que trabalham para a organização quais os próximos lançamentos (produtos e serviços). Dê uma olhada nas campanhas em gestação, nas criativas propagandas (mesmo aquelas que já foram aprovadas em teste de campo e que "*o pessoal a-do-rou*!"). Verifique os concursos a serem anunciados. Sobre tudo isto, questione:

- O que está sendo oferecido na publicidade tem risco de ser considerado "*propaganda enganosa*"?
- Aquela gracinha de campanha – candidata desde já a todos os prêmios da categoria – não tem risco de ser considerada "*politicamente incorreta*"?
- Como o governo, os políticos, os formadores de opinião processarão essa coisa toda? E a concorrência?

Em tempo: nas entrevistas, não use gravadores. São inibidores. Construa um formulário. Anote frases, palavras, idéias. E guarde as anotações com todo carinho. Certamente vão virar sua leitura de cabeceira.

Enquanto isto, tendo à mão a lista dos elementos da *identidade institucional* sobre os quais falamos no Capítulo Sete, circule por todos os cantos da organização e anote as coisas que lhe chamarem a atenção. A atitude dos funcionários, as salas de espera, as portarias, o jeito dos diretores, as "posturas" da empresa, os uniformes, as cores, os procedimentos dos seguranças. Faça isto antes que você se acostume com as coisas. Esse levantamento vai ser o embrião da *Gerência da Comunicação Simbólica*.

II) <u>Entrevistas Externas.</u>

Quem deve ser entrevistado:

Em princípio, pessoas que possam ter uma visão ou uma opinião qualificada sobre a organização. Exemplo: principais clientes, fornecedores, líderes empresariais, políticos, jornalistas, professores universitários, formadores de opinião em geral.

Nas entrevistas, o que deve ser explorado:

Na visão do entrevistado:

1. Quais os pontos positivos da empresa.
2. Quais os pontos negativos da empresa.
3. Que imagem a empresa tem no mercado.
4. Além de produtos e serviços, que contribuições a empresa dá à sociedade (empregos, impostos, tecnologia, exportação, divisas, valores éticos, etc.).
5. Que outras contribuições a empresa poderia dar à sociedade.
6. Que coisas podem contribuir para melhorar a imagem da empresa (programas sociais, melhor comunicação, etc.).

Como se vê, o elenco de perguntas para os entrevistados externos é muito menor. Claro, o objetivo principal é obter percepções externas que enriqueçam o trabalho de planejamento. Mas não pode ser esquecido que a pesquisa está sendo feita graças à cortesia do interlocutor. Não se pode abusar do seu (dele ou dela) tempo e paciência. Atenção: "chato", "sem mancômetro", "cabotino" são traços indeléveis na reputação da pessoa. Não se apagam nunca. Pessoas representam as empresas. Portanto, cuidado para que não esteja atirando contra o próprio patrimônio.

Como foi dito, esta pesquisa pode e deve ser feita por outras pessoas da organização (primeiro escalão, de preferência), incluindo o Número 1. Aliás, quem melhor do que ele para ter acesso a líderes empresariais? Deve ser considerado o grau de *rapport*. Se é o Diretor de Vendas quem tem o melhor relacionamento com o cliente X, é ele quem deve ser escalado para essa entrevista. Por outro lado, a pesquisa não precisa ser formalmente executada. Pode perfeitamente ser inserida num almoço, jantar, visitas ou encontros de rotina programados para tratar de outras coisas. Entretanto, em quaisquer das situações, por razões éticas, deve ser sempre informado ao interlocutor que ele está respondendo informalmente a uma pesquisa. Este mutirão, envolvendo a nata da empresa, além de outras vantagens, distribui o trabalho dentro da organização. Como se trata de um coisa fora da rotina, as pessoas designadas para tal costumam receber a tarefa de bom grado. E a grande mensagem do mutirão:

IMAGEM É PROBLEMA DE TODOS.

Evidentemente, como se trata de pesquisa em que o entrevistado está falando sobre a empresa do entrevistador, sem a proteção do anonimato, é necessário dar-se o devido desconto às opiniões emitidas, mais precisamente às favoráveis. Em princípio, a maioria dos entrevistados é de amigos. Logo, as manifestações tendem a respeitar o bom relacionamento. A elegância, no caso, prejudica a pesquisa. Por outro lado, entre nós, latinos, críticas quase sempre são tomadas como pessoais. Mas, apesar de todos os filtros, a prática tem mostrado que o saldo deste trabalho é positivo. Não esqueça de incluir na relação de entrevistados os sabidamente insatisfeitos ou que estão "do outro lado": clientes, consumidores e fornecedores zangados; aquela jornalista que, de vez em quando, a troco de nada, solta o sarrafo na organização; políticos que não vêem a iniciativa privada com bons olhos.

O programa de entrevistas tem excelentes subprodutos. Em primeiro lugar, como já mencionamos, é o primeiro passo no trabalho de conscientização interna da importância da *imagem empresarial*. É o início da catequese. Do Número 1 aos funcionários. Em segundo lugar, divulga-se o trabalho de RP. As perguntas que vagueiam nos corredores ("o que eles fazem?", "para que servem?") começam a encontrar respostas. Naturalmente. Quanto mais bem-feita a lista dos entrevistados internos, maior o fluxo e melhor a qualidade das mensagens sobre o trabalho de RP que vão circular pelo boca a boca interno. É isto aí: na moita, já estamos tocando a nossa agenda oculta.

RESULTADOS DO MUTIRÃO

Os primeiros resultados do mutirão nas Organizações Lisboa foram acima das expectativas. Primeiro, a empresa sentiu um certo frenesi. A movimentação virou o assunto principal da rádio-corredor. E como esperávamos, com sinal positivo. Segundo, os diretores escalados para as entrevistas externas adoraram a experiência. Contatos que estavam adormecidos foram restabelecidos. Até oportunidades de novos negócios surgiram. Por fim, uma quantidade de material recolhido. Quantidade e qualidade. Claro, ainda não deu para aprofundar em nada, mas vale a pena comentar alguns achados.

Nas pesquisas internas:

- Muitos funcionários – os mais preparados – acham a empresa "quadrada" e "sem jogo de cintura".
- Tirando "seu" Antunes, a diretoria é desconhecida dos funcionários das lojas.
- Funcionários mais graduados reclamam da falta de informação.
- No geral, os funcionários acham que os programas de Recursos Humanos da empresa não são tão bons quanto os do concorrente.
- Funcionários das lojas acham que os preços praticados pela empresa são altos em relação a outros supermercados. Muitos, pessoalmente, não fazem compras nas Organizações Lisboa e recomendam a amigos e parentes que também não o façam.
- Há reclamações de muito trabalho e de excesso de horas extras.
- Muitos funcionários gostariam de fazer trabalho voluntário, ajudando comunidades carentes.
- Muitos estão contentes com a chegada de um novo concorrente no mercado porque "*vai ser bom para todo mundo*".
- Funcionários mais graduados acham que a empresa não está conduzindo corretamente a "briga" com a associação de moradores e que eles, os reclamantes, têm lá suas razões. Já os funcionários da loja ameaçada de ser fechada pensam que os moradores estão totalmente errados e que a "empresa está falhando em não usar *pitbulls* para dissolver as manifestações contra ela".
- Num dos grupos, um funcionário disse que a empresa dava muito dinheiro para os fiscais para não ser autuada e "que um dia isto vai feder". O resto do grupo ficou em silêncio.
- Entre diretores, muita reclamação com relação à imprensa. Quase todos contaram histórias de experiências dolorosas. "*Uma vez, dei uma entrevista. Disse uma coisa e saiu outra. Meu nome estava errado e o retrato que publicaram não era o meu. Ainda tive que agüentar a gozação do meu cunhado*".
- Muitas idéias interessantes, desde sugestões para mudança de pro-

cessos, de como melhorar a satisfação dos cliente, até para aproveitamento do lixo, de participação na comunidade, para diminuir preços, para controlar o estoque ("Tem neguinho roubando toneladas e ninguém faz nada"), para aproveitamento de produtos com data de validade vencida, etc.

Nas entrevistas externas, entre outras coisas, apurou-se:

- Ninguém sabia quantos funcionários trabalham nas Organizações Lisboa. A estimativa mais perto não chegava a 25% do número real.
- Não se tem a menor idéia de quanto as Organizações Lisboa recolhem de impostos para o município (e ela está entre os dez maiores contribuintes).
- Nenhum entrevistado soube apontar concretamente alguma contribuição da empresa para a sociedade ou para o país.
- Quanto à participação social, a opinião geral é que a empresa *"deve participar mais, sair da toca"*.
- Quanto à imagem no geral, somente opiniões insossas: "*Grande empresa*", "*Grande varejista*", "*Grande obra de Antunes Lisboa*", "*Um traço de união Brasil-Portugal*", "*Um orgulho para os brasileiros*", coisas do gênero. O mais sincero *feedback* veio de um velho atacadista: "*Não passa de um grande armazém de secos e molhados*".

Na vasculhada feita nos relatórios de auditoria, descobriram-se várias recomendações ainda não implementadas na área de segurança, de manutenção de veículos, no controle da validade de produtos, etc. Algumas recomendações estavam lá há mais de dois anos, sem que providências fossem tomadas. Nos arquivos de Recursos Humanos, deu-se atenção a três cartas anônimas acusando um diretor de favorecer uma empresa fornecedora, por sinal, pertencente ao seu cunhado, por sinal, um político famoso. Ao que se soube, nenhuma investigação foi sequer iniciada; algumas acusações feitas por funcionárias de abuso sexual; e uma carta por uma entidade desconhecida enviada ao departamento de RH querendo saber se era coincidência ou resultado de política da empresa o fato de que somente mulheres – e mulheres de cor – tinham oportunidade de trabalhar nas caixas do supermercado. Com o pessoal da segurança, tomou-se conhecimento de fotos tiradas de manifestantes da associação de moradores por ocasião de um sábado de aleluia quando Antunes Lisboa foi queimado como Judas em praça pública.

Nas andanças pela empresa, muitos detalhes chamaram atenção. Por exemplo, o mobiliário dos escritórios não tem uma linha definida; erros de português em alguns cartazes e na correspondência da empresa; convites recebidos para eventos sociais não são respondidos; crachás dos funcionários não são padronizados; uniformes de empregados de serviços terceirizados sujos e rasgados; câmeras de segurança mais do que o razoável; kombis com o logo da empresa sujas e amassadas; e outras coisas.

77. CONSTRUINDO CENÁRIOS E PENSANDO NA VIDA

Na Etapa 2, baseando-se nos levantamentos e pesquisas feitos nos Trabalhos Preliminares, o grupo pode começar o trabalho de construção dos cenários e do IMS *(Issue Management System)*. Os cenários podem ser levantados a partir de uma avaliação global do ambiente (ambiente econômico-político-social, além dos aspectos tecnológicos e negociais), sempre levando em conta a atividade principal da empresa e o segmento ou indústria à qual ela pertence.

a) Econômico: situação atual e tendências das principais variáveis da economia brasileira no período de 3 anos (crescimento econômico, inflação, câmbio, balança comercial e de pagamentos, dívida pública, nível de reservas, etc); situação da economia internacional, principalmente no Mercosul.

b) Político: avaliação do quadro político e seus desdobramentos no mesmo período de tempo. Análise de possibilidades. Eventos programados: eleições, pauta de discussão e de votação no Congresso de projetos importantes, decisões pendentes no judiciário, acordos e questões internacionais em andamento.

c) Social: avaliação das principais questões sociais (nível de emprego, grau de satisfação da população, atuação de grupos de pressão, meio ambiente, minorias, movimentos religiosos, comportamento, tendências da moda).

d) Tecnologia: avaliação das principais tendências tecnológicas, sobretudo daquelas que estejam relacionadas com a atividade-fim da empresa.

e) Negocial: objetivos da empresa no período (vendas, renda, etc), situação da concorrência, da indústria.

Deve ser avaliada a situação das *Questões Públicas* listadas no Capítulo Cinco em relação à atividade da empresa. O mesmo exame deve ser feito em função dos cenários e das conseqüentes ações ou reações da empresa. Exemplo: a partir de que estágio de crescimento econômico negativo pode-se necessitar de medidas radicais de contenção de custos.

Observação: apenas para facilitar o entendimento, dividimos aqui a chamada conjuntura em econômica/política/social. Como já falamos, trata-se de uma só coisa. Eventos econômicos atuam sobre os políticos e/ou sociais e vice-versa. Estudo que ignore essa forte interdependência acaba chegando a conclusões erradas. Felizmente, há hoje poucos profissionais que ainda segmentam a conjuntura. Outra separação que só pode ser aceita para fins didáticos é a divisão entre "assuntos nacionais" e "assuntos internacionais". Essa separação também é enganosa. Essa fronteira só existe na nossa imaginação.

Como desenvolver este exercício.

Este é um exercício de análise e de criação. Ele deve ser desenvolvido em reuniões de grupo, conduzidas sob uma disciplina germânica, mas com a liberdade requerida por quem precisa criar. Isolamento do trabalho do dia-a-dia, mínimo de interrupções (celulares desligados), café, suco e biscoito. O ideal é começar o trabalho num fim de semana – quando então o isolamento total é possível – e continuar, nos dias úteis, em esticadas após o expediente. Se o levantamento for bem-feito e o trabalho do grupo for bem conduzido, essa fase pode ser concluída em alguns dias, dependendo do tamanho da empresa e da profundidade a que se quer chegar.

Ao concluir essa etapa, o planejador terá construído a base para monitorar o ambiente e para o *Issue Management System* (IMS).

RESULTADOS PRÁTICOS DA ETAPA 2

Também, nesta etapa, o trabalho da equipe foi bastante produtivo. Mergulhando nos levantamentos encomendados, entre outras coisas, a equipe destacou:

(1) Os cenários econômicos desenhados não oferecem grandes variações, nem grandes sustos. A economia deve continuar estável por algum tempo, podendo, no cenário otimista, vir a crescer discretamente no próximo semestre. Neste mesmo cenário, o governo deve manter, aos trancos e barrancos, o controle do déficit público, a inflação será baixa e os juros, estáveis. No cenário pessimista, o crescimento econômico é zero. Mesmo assim, os demais indicadores não devem variar muito em relação ao primeiro cenário. Em suma, olhando no médio prazo, não é nenhum céu de brigadeiro mas, também, nenhum apocalipse. Uma grande mexida pode acontecer nesses cenários se acontecer algo lá fora. Portanto, o importante é olhar para o mundo e esquecer Brasília.

(2) Esta relativa tranqüilidade econômica se deve, em parte, à inexistência de eleições, para qualquer função, nos próximos dois anos. Nesta época, a influência do ambiente político sobre o ambiente econômico é menor. Entretanto, fora do período eleitoral, os congressistas concentram sua atenção na atividade parlamentar. É intenso o trabalho legislativo "para limpar a pauta": trabalho nas comissões temáticas, debates, conchavos, votação. A atividade de *lobby* vive o seu apogeu. Na pauta legislativa, para serem discutidos no próximo semestre, chamam a atenção os seguintes temas (*Questões Públicas*), cujo desenvolvimento podem vir a afetar os negócios das Organizações Lisboa:

- Lei de Defesa do Consumidor
- Reforma Fiscal
- Legislação Trabalhista
- Previdência Social
- Meio Ambiente

Na pauta do executivo, destaca-se a questão do Mercosul. O clima entre empresários dos outros países do bloco é de relativa tensão.

(3) Tudo indica que não haverá grandes sustos no nível de emprego e no poder aquisitivo da classe média. Espera-se, entretanto, que os consumidores estejam cada vez mais organizados e, portanto, mais demandantes. Outro aspecto: a mídia, como estratégia do seu próprio *marketing*, resolveu adotá-los. Isto significa chumbo grosso nas empresas todos os dias. Os ambientalistas também crescem a olhos vistos e começa a aparecer a vertente urbana do movimento, isto é, não são mais apenas as florestas, os oceanos, a fauna, os motivos de suas preocupações e de seus protestos. Surge, agora, quem se rebela contra os poluidores das cidades, ou seja, aqueles que emporcalham as ruas, exageram nos decibéis, causam danos à paisagem, etc. As Organizações Lisboa se sentiram na obrigação de vestir a carapuça.

(4) No campo da tecnologia, são esperadas novidades que permitem mudanças de processos. Estas mudanças vão afetar o perfil da mão-de-obra e, até mesmo, o comportamento do consumidor. Como exemplo da primeira, a automação. *Chips* instalados nos produtos nas prateleiras vão poder "conversar" com o consumidor. Com a demanda e os estoques controlados "real time", os preços dos produtos poderão flutuar em questão de horas. O preço de uma mercadoria poderá ser um pela manhã, subir ao meio-dia e cair à tarde. Tudo será pago com dinheiro virtual. A função do "caixa" está com seus dias contados. Como exemplo da segunda, relativa ao comportamento do consumidor, o crescimento acelerado de compras pela *internet*. Falamos "prateleiras"? Sim, elas não vão desaparecer, mas serão cada vez menos físicas e cada vez mais virtuais.

(5) No quesito "negócios" propriamente ditos: concorrência. Muitos concorrentes desembarcando ao sul do equador. Globalizados. Fortes em gerência e em tecnologia. E com fome.

(6) "Seu" Antunes Lisboa, estivesse já usando na sua organização a "técnica de cenários", teria tido os seguintes benefícios:

- Como certamente a maioria daquelas possibilidades noticiadas na primeira página estaria embutida no planejamento, a leitura do jornal teria produzido menos ansiedade. Como bom vascaíno, poderia ter curtido mais a crise no Flamengo e esquecido o resto.

- Essa ansiedade não teria sido levada ao seu estafe. Todo mundo saberia por antecipação o que fazer.
- A comunicação dentro da empresa estaria bem mais sistematizada. Não há comunicação que sobreviva numa administração entre "sustos & soluços".
- "Seu" Antunes não precisaria mudar sua agenda e criar problemas sérios para a sua imagem, interna e externamente.

78. HABEMUS SISTEMA GERENCIAL

A etapa 3 do PEI corresponde ao que se faz nas Etapas **1, 2 e 3** do *Issue Management System*, visto no Capítulo Oito. O exercício tem por objetivo iniciar a organização do PEI propriamente dito, a sua essência. De posse dos levantamentos e das pesquisas, através de uma sessão de *brainstorming*, chegar-se-á à identificação de problemas e de oportunidades relativos à imagem da empresa e aos seus interesses corporativos.

Dentro do mesmo conceito de sessões de discussão, o grupo vai aprofundar na análise dos *issues* (problemas e oportunidades) que podem afetar a organização. Nesta fase, é fundamental a participação de profissionais que conheçam bem o *issue* em discussão e/ou de setores da empresa em que o impacto pode ocorrer. Exemplo: profissionais de *marketing* ou de vendas devem participar da discussão dos *issues* que possam afetar a comercialização da empresa; idem, profissionais da produção com relação a *issues* ligados à fabricação. Essa participação é importantíssima para validar a análise feita pelo grupo, além de "comprar boa vontade" da função envolvida. Além desses profissionais, são muito bem-vindos advogados – caso não sejam membros do *colegiado* – e quem mais esteja familiarizado com tramitação de projetos no congresso, bem como com a burocracia de governo. Essa participação especializada assegura a qualidade dos trabalhos do grupo e aumenta a sua produtividade. Em se tratando de uma conversa tão interessante e enriquecedora profissionalmente, o convite é sempre bem aceito. Esta fase pode levar de 3 (três) a 5 (cinco) dias, dependendo da quantidade de *issues* a serem analisadas e da capacidade de concentração do grupo. O exercício deve ser desdobrado em 6 (seis) fases.

Fase 1: Motivação. Exibição e exposição do material básico: levantamentos, pesquisas, estudos, cenários construídos na etapa anterior, resultado das entrevistas, etc. Na medida em que a apresentação for sendo feita, os participantes devem ir registrando oralmente ou por escrito 4 (quatro) categorias de idéias:

- Problemas. Que coisas são ou serão problemas para a atividade da empresa (cenários, leis, movimentos políticos e sociais, campanhas, evoluções tecnológicas, comportamentos, modismos, deficiências da empresa, esqueletos no armário, situações desconfortáveis, saias justas, boatos internos persistentes, rumores no mercado, etc).
- Oportunidades. Que coisas são oportunidades para a empresa (as mesmas acima com sinal trocado).
- Ativos de Imagem. Que ativos de imagem a empresa tem (atributos positivos percebidos nas pesquisas, contribuições da empresa ao país e à sociedade).
- Passivos de Imagem. Que passivos de imagem a empresa tem (atributos e percepções negativas, recursos retirados do país e da sociedade).

Fase 2: Criação. Na verdade, a fase se sobrepõe à anterior. O grupo deve criar livremente respostas para as 4 (quatro) categorias acima. As idéias são anotadas em local visível por todos os participantes (quadro-negro, *flip-charts*), de modo que possam estimular a geração de novas idéias, ilações, encadeamentos, etc. Todas as idéias, por mais absurdas que pareçam ser, são válidas nessa fase.

Fase 3: Crítica. Terminada a fase de criação, o grupo disporá de inúmeras idéias para trabalhar. Nesta fase, o elemento fundamental é a crítica, elemento ausente na fase anterior. Essa idéia faz sentido? Será mesmo um problema? Isto aqui não é a mesma coisa que aquilo? O que queríamos dizer com essa idéia? Etc.

RESULTADOS PRÁTICOS das fases 1,2 e 3

Depois de muita discussão, idas e vindas, o grupo chegou a muitas conclusões. Eis o sumário dos achados:

Problemas.

- Relacionados a *Questões Públicas:*
  Mudança na Lei de Defesa do Consumidor
  Atual estrutura tributária do país
  Mudanças na Legislação Trabalhista
  Alterações na Previdência Social
  Impactos da automação no perfil da mão-de-obra
  Segurança da dados na *Internet*
  Questão ambiental: conflito com associação de moradores
- Relacionados à Imagem da organização:
  Falta de informação interna e externa sobre a organização
  Imagem interna da diretoria
  Imagem interna dos programas de RH
  Imagem interna dos preços praticados pela organização
  Boa imagem do concorrente dentro da organização
  Desconhecimento externo sobre a empresa
  Dissonâncias na *Comunicação Simbólica*
- Relacionados ao mercado:
  Pressão dos consumidores por preço e qualidade
  Concorrência globalizada
- Relacionados a problemas em potencial:
  Suborno de fiscais
  Procedimentos de segurança de risco: ações de caráter policial
  Recomendações de auditoria não-implementadas
  Denúncia de favorecimento de fornecedores
  Denúncia de abuso sexual
  Racismo (carta de associação desconhecida)
  Furtos de material em estoque
  Falta de preparo de executivos no relacionamento com a imprensa

Oportunidades.

Cenários econômicos e sociais para os próximos meses
Reforma Fiscal (projeto que diminui impostos)
Aumento real do poder de compra da população
Disposição dos funcionários para trabalho social
Idéias para melhoria de processos internos
Comércio eletrônico
Automação

Ativos de Imagem.

Antunes Lisboa: realizador, empresário de sucesso
Organização sólida e séria
Tradição no ramo
Imagem junto a fornecedores
Número de empregados
Volume de impostos pagos

Passivos de Imagem.

Antunes Lisboa: centralizador, antiquado e bicho-do-mato
Empresa quadrada, lenta e "de um homem só"
Empresa arrogante no contato com comunidades
Empresa pobre em contribuição social
Arredia
Supermercado (*estigma* do segmento)

Fase 4: Organização e classificação dos *issues*. Trata-se de um exercício que corresponde à Fase 2 da Etapa 2 do IMS. As listas com as idéias já criticadas serão agora organizadas da seguinte maneira:

Problemas e oportunidades:

Por natureza: (ver itens 35 a 39)

Políticos, Econômicos, Sociais, Ambientais, Tecnológicos, Comportamentais, Negociais, Comunitários, de Imagem.

Por importância: (ver item 58)

Máxima importância, média importância, pequena importância.

Por estágio do *issue*: (ver item 58)

Idéias, rumores, campanhas, leis, etc., etc.

Por vigência do *issue*: (ver item 58)

Em curso, iminente, potencial, emergente.

Pelo impacto na organização: (ver item 58)

Valor da causa.

Ativos e passivos de Imagem: por públicos e por importância.

Na realidade, estamos falando de *issues* de imagem. A classificação por públicos consiste em relacionar os atributos positivos e negativos em função do segmento onde as percepções foram detectadas. A classificação por importância, de certa forma, hierarquiza os atributos. A importância dos atributos varia em função da atividade da empresa e dos públicos. Por exemplo, para uma organização comercial, a percepção "má qualidade do produto" captada pelos consumidores é um atributo negativo infinitamente pior do que "pouco interesse pelos problemas sociais do país" captada por esse mesmo público. Esta mesma percepção ("má qualidade do produto"), gravíssima junto ao público consumidor, pode não ter o menor significado para outro público.

Ao término dessa Fase 4, os planejadores terão acumulado os seguintes ganhos:

- Excelente compreensão da relação entre a atividade, os negócios da empresa e o meio externo.
- *Questões Públicas* (*public issues*) que estão afetando ou possam vir a afetar os negócios ou a imagem da empresa.
- Idéia das prioridades, nas quais se devem concentrar os esforços no curto e no longo prazo.
- Relação de todos os problemas e oportunidades, classificados por natureza e por importância.
- Relação de todos os atributos positivos e negativos da empresa, classificados por públicos e por importância relativa.
- Arcabouço para construção do Balanço Social da empresa.

- Áreas de oportunidade para investimento social, cultural, esportivo.
- Relação de problemas operacionais (que podem ser encaminhados imediatamente a quem de direito).
- Avaliação do clima organizacional: áreas de insatisfação, falhas na comunicação interna, moral interno.
- Sintomas que podem indicar riscos de crises com a opinião pública.

RESULTADOS PRÁTICOS DA Fase 4

Muitos avanços foram conseguidos nessa fase, graças, sobretudo, à participação de especialistas de outras funções. O trabalho revelou algumas surpresas e obviedades.

(1) Como foi dito, os cenários econômicos desenvolvidos não justificam a sustentação de ambiente de crise dentro da empresa. Os cenários "otimista" e "pessimista" estão muito próximos, o que significa que não se esperam grandes sustos nos próximos meses. Noutras palavras, não há necessidade desta sofreguidão que resulta do acompanhamento diário das manchetes dos jornais. Este acompanhamento pode ser feito de forma mais espaçada, a cada trimestre, por exemplo. Portanto, relax.

(2) Alguns *issues* perderam a "força" quando foram quantificados. Prejuízos mínimos. Coisa boba. Portanto, gastar energia com eles seria jogar dinheiro fora. Por exemplo: a questão previdenciária. Nada de concreto que a empresa possa fazer e o impacto do *issue* na organização é titica.

(3) Surpresa: a questão com a Associação dos Moradores – o tal "rolo", que vinha sendo tratado como uma questão menor – subiu de categoria: virou "de máxima importância". O grupo entendeu que "ambientalistas" + políticos + emoção + boataria + imprensa é tudo que um bom samba-enredo precisa para ser sucesso na avenida. O desenvolvimento da questão pode até não chegar ao fechamento da loja – o que seria um desastre do ponto de vista dos negócios – mas pode resultar em quebra-quebra,

saques, conflitos entre moradores e funcionários. Ânimos exaltados, de lado a lado, é o que não falta. Por outro lado, a estimativa de gastos com processos, com a perda de clientes, com a distração gerencial, com a perda da produtividade interna, etc. ultrapassa os vinte milhões de dólares, isto é, muito mais do que todos aqueles *issues* que estragaram o café da manhã de Antunes Lisboa. Interessante é que ninguém na organização tinha feito essa conta ainda. E pior, o assunto está ao "Deus-dará". Não tem ninguém encarregado dele.

(4) Outra surpresa vem das expectativas tecnológicas:

a) Dúvidas quanto aos novos processos: a empresa pode operar com segurança na *internet*? E os tais "*hackers*"? Que legislação hoje protege os consumidores e as empresas destes piratas? Nas entregas a domicílio, há segurança na operação? Que tipo de ação pode e deve ser esperada do Poder Público em proteção a este serviço ao consumidor?

b) Dúvidas com relação à automação: como reagirão o sindicato, a associação dos empregados, os políticos, a mídia, face a estas funções "*que estão com os seus dias contados*"? E o moral interno? E o esforço para que os funcionários "*vistam a camisa*" quando chegar o clima do passaralho?

(5) É esquisito este relacionamento com fiscais. Mesmo antes de feder, já não está cheirando bem. E as denúncias de favorecimento nas concorrências do setor de compras? E as reclamações de assédio sexual? Quem na organização está cuidando desses esqueletos – se é que tem alguém cuidando disto?

(6) Quanto à imagem da empresa.

- <u>Internamente</u>, três questões parecem ser prioritárias:

a) A percepção dos empregados de que os preços praticados pela empresa não são competitivos. Alguém já calculou quanto este boca a boca pode estar significando em termos de perda de receita? Mas – pra começo de conversa – essa percepção está certa ou errada? Por favor, alguém esclareça.

b) Este negócio de os empregados acharem que o concorrente oferece melhores benefícios aos funcionários também merece ser verificado e entendido.

c) O anúncio do tal Sistema de Carreira foi um erro. O programa foi anunciado com pompa e circunstância. Mas somente uns gatos pingados vão beneficiar-se dele. O objetivo era aumentar o moral da tropa. O tiro saiu pela culatra. Gerou expectativas altamente positivas, a turma ficou esperando e, agora, na hora do "vamos ver", descobriu-se que não era nada daquilo. Um blefe. Ai, ai, ai, ai, ai, ai.

- Externamente, a imagem captada de empresa "feijão-com-arroz" ou de empresa "sem-cara" é ruim para quem vai enfrentar um ambiente muito competitivo. E gastamos tanto em propaganda...

(7) No que tange às modificações que estão sendo sugeridas na Lei de Defesa do Consumidor, elas foram consideradas como "*de pequena importância*". Perfumaria. A organização, mal ou bem, atende às novas exigências. Mas o potencial para surgimento de outras mudanças – estas, sim, de impacto – é enorme. Por exemplo, nos novos processos eletrônicos: pirataria, fraudes, etc. Quem é responsável pelo quê. O *issue*, portanto, mudou de "curto prazo" para "médio prazo" e ganhou o *status* de "*máxima importância*".

(8) Oportunidades encontradas: disposição dos funcionários em fazer trabalhos voluntários junto a comunidades carentes; inúmeras sugestões feitas para melhoria de vários processos.

Fase 5: Análise dos Constituintes.

Este é um exercício de *brainstorming* com o objetivo de listar os atores interessados na questão, seus posicionamentos e motivações em relação a cada questão. Em suma, a arena em que a batalha se desenrola. Esse exercício corresponde à Fase 3 da Etapa 2 do IMS (ver item 59).

RESULTADOS PRÁTICOS DA FASE 5

Na análise dos constituintes, muitas coisas interessantes foram descobertas. Entre elas:

(1) O concorrente é uma força "aliada" em vários *issues*. Vale dizer que ele tem, em certas questões, o mesmo posicionamento e as mesmas motivações para entrar na briga. Por exemplo: na reforma tributária e na Lei de Defesa do Consumidor. Quem diria, né, que aquele que gostaríamos de ver morto e enterrado é nosso parceiro "pro que der e vier", na grande maioria das *Questões Públicas.*

(2) Nas questões em que se observa essa convergência de interesses, abrem-se possibilidades para aproximação com outras forças que possam vir a engrossar o caldo. A estratégia deve ser comum, solidária e as ações, combinadas. Por exemplo, o *lobby* cooperativo.

(3) Na questão da automação, em princípio, a associação dos empregados e o sindicato são forças "inimigas". Com toda razão, eles vão lutar pela manutenção dos seus empregos. Mas na questão contra a associação dos moradores, o sindicato e a associação dos empregados são "aliados". A razão de ambos – empresa e empregados – é a mesma: sobrevivência.

(4) Muitos moradores da região em torno da loja questionada reclamam do barulho, do lixo, etc. mas não querem o seu fechamento. Enfim, são parcialmente "inimigos" e parcialmente "aliados". Aprendizado: públicos aparentemente compactos têm divergências dentro deles. Estas divergências são áreas que podem ser exploradas na estratégia.

Fase 6: Desenho da estratégia por *issue.*

O grupo agora terá como objetivo desenhar a estratégia a ser utilizada pela empresa: o "o que fazer" e o "como fazer". Esse exercício corresponde à Etapa 3 do IMS e tem os seguintes componentes:

1. Definição do objetivo final. O que se quer obter no final das contas.
2. Definição da estratégia. Como faremos.

3. Definição dos objetivos táticos. Através de que meios.
4. Definição das mensagens e meios (veículos).
5. Definição dos recursos necessários.

O trabalho desta Fase 6 deve ser desenvolvido da seguinte maneira:

- *Issues* mais importantes
- *Issues* intermediários
- *Issues* de importância menor

A utilização dessa metodologia tem as seguintes vantagens:

- Os *issues* mais importantes são os mais trabalhosos, requerem maior atenção e concentração do grupo. As análises posteriores das questões menos importantes ficam tremendamente facilitadas.
- Muitas definições feitas para os *issues* mais importantes se aplicam perfeitamente aos de menos importância: mensagens, recursos necessários, programas, funções envolvidas, etc.

RESULTADOS PRÁTICOS DA Fase 6

(1) Exemplo de desenvolvimento de estratégia relativa a uma *Questão Pública.*

- A questão fiscal foi considerada um *hot issue*, isto é, classificada entre as "dez mais" no *ranking* elaborado.
- Decidiu-se apoiar ostensivamente a aprovação do projeto de lei de Reforma Fiscal, projeto este que, aprovado, reduziria impostos sobre empresas. O consenso era de que a atual estrutura de impostos no país estaria estrangulando as empresas. Ela, em si, é um *issue* sério para a empresa, na medida em que inibe investimentos, diminui margens, etc. Portanto, o projeto em discussão proposto pelo legislativo seria uma grande oportunidade para os negócios em geral. Para as Organizações Lisboa, se o projeto fosse aprovado como estava sendo proposto, significaria a possibilidade de abertura de novas lojas. Enfim, poder voltar a pensar grande.

- Entretanto, a questão estava longe de ser tranqüila. Construindo o mapa de constituintes, identificaram-se os principais atores:

  Forças aliadas: empresas e políticos ligados ao empresariado.

  Forças adversárias: setores do governo liderados pela Receita Federal, políticos de esquerda, certos setores da imprensa.

  Forças neutras: outros setores do governo, consumidores, formadores de opinião.

- No que diz respeito às forças aliadas, fez-se um destaque. Evidentemente, as empresas em geral eram parceiras na questão. Havia, entretanto, nuances no projeto de lei que só interessavam aos supermercados. Se não houvesse uma atenção especial sobre estas nuances e por falta de padrinhos, elas poderiam sambar. Por esta razão, concluiu-se que havia necessidade de uma ação que focasse os citados detalhes. Uma ação dentro de uma ação maior. Um *lobby* dentro de um *lobby*. Nesse particular, os concorrentes das Organizações Lisboa foram identificados como aliados muito especiais. Irmãos de sangue. Era, pois, importante mobilizá-los. Talvez eles nem estivessem sabendo desta oportunidade.

- Sobre *mensagens*, foi levantada a questão de que "*redução de impostos que recaem sobre as empresas*" é sempre lida, pelos formadores de opinião, como "*mais lucro para as empresas e aumento da carga tributária para os assalariados*". E "lucro" é uma palavra maldita na nossa sociedade. Provoca calafrios. Enfim, essa é a mensagem que está sempre no ar – *o estigma da raça* – e que certamente seria utilizada pelas forças adversárias para atrair os neutros e a opinião pública. Logo, se esta mensagem não fosse contestada, todo o esforço de *lobby* iria por água abaixo. Por esse caminho, chegou-se à mensagem central da estratégia, a contramensagem:

  "Redução de impostos para as empresas significa redução do preço de produtos e de serviços".

  Essa é uma boa mensagem para os consumidores. Outra idéia:

  "A perda de arrecadação que se tem com a redução de alíquotas de impostos para as empresas pode ser compensada com impostos que advirão da expansão dos negócios".

Essa é uma boa mensagem para a área política e econômica do governo que quer – mas não sabe como produzir – o crescimento da economia.

"Redução de impostos das empresas significa mais investimentos; investimentos, mais empregos; mais empregos, maior arrecadação para a previdência social e, conseqüentemente, menor déficit".

Olha aí outra música para os ouvidos do governo, dos políticos, dos sindicatos de empregados, do público interno e de muitos outros ilustres ouvidos. Sem dúvida, esse conjunto de mensagens, em si, portaria outras mensagens intrínsecas: o da agenda positiva, o da construtividade, o da responsabilidade social, enfim, os fundamentos do *lobby* ético.

- Concluiu-se, obviamente, que nenhuma dessas mensagens caminharia se não fosse bem provada, bem sustentada, bem empacotada. Falou-se, então, de recursos necessários (levantamentos, estudos, estatísticas). E do plano de comunicação (quem, o quê, como, para quem). Ficou claro que a abordagem às autoridades e aos legisladores seria tarefa das entidades representativas da classe empresarial, mas a participação de Antunes Lisboa em certas ações fortalecia e dava credibilidade à representação.

(2) Exemplo do desenvolvimento de uma estratégia sobre *issue* de imagem.

- Segundo explicações dadas pelo diretor de Vendas, a percepção dos funcionários quanto aos preços praticados pela organização está errada e está certa. Está errada, porque, na média, os preços da organização são mais baratos do que os concorrentes. Entretanto, nos "produtos populares", a média dos preços está realmente acima. Como os funcionários, na grande maioria, consomem os "produtos populares", a percepção deles está certa. Mas, veja bem – esclareceu o diretor de Vendas –, nada de errado nisto. Esta sempre foi a estratégia de vendas das Organizações Lisboa: ter a classe média como *target*.

- Felizmente, uma ação de comunicação explicando esse fenômeno – como chegou afoitamente a ser sugerida – foi descartada. Primeiro, porque se concluiu que "estratégias" e "médias" eram coisas muito sofisticadas para as massas. Segundo, porque se concluiu, também, que, quando se afeta o bolso das pessoas, o lógico não faz sentido. Absolutamente verdadeiro. Terceiro – e mais importante de todas as razões – porque a explicação da estratégia significaria dizer "é, é isto mesmo, seus mortos de fome, nossa empresa não é para vocês, fodidos que nem vocês é *target* da concorrência, não nosso." Enfim, descobriu-se uma séria contradição no discurso simbólico. [Olha a *Gerência da Comunicação Simbólica* já funcionando...] Dizia-se, no oficial, que os "empregados eram um dos patrimônios da empresa", blá-blá-blá e agora, José? Então – decidiu-se –, nada de explicação. O que poderia fazer efeito, isto é, matar o problema, seria o anúncio de uma política de descontos para os funcionários. Mas isto tinha que ser pensado. Bem pensado. Qual seria o tamanho do subsídio. Quem vai pagá-lo. Desconto para todos os funcionários ou para os de salário mais baixo. Neste caso, onde fazer o corte? Há riscos de algum gaiato defender que o benefício é salário e a empresa ter que depositar fundo de garantia sobre desconto e tudo mais? "*Por que não mudar o target? Matamos dois coelhos...*" – sugeriu alguém. "*Peraí, devagar com o andor... Não seremos competitivos*" – contra-argumentou o diretor de Vendas. Enfim, muitas perguntas e poucas respostas. Tudo para dar errado. A grande idéia pode virar um pesadelo. *Issue manager* nomeado: o diretor de Vendas. Dever de casa: pensar no problema. Mas pensar depressa.

(3) Exemplo do desenvolvimento de estratégia relativa a um *issue* emergente:

- Na questão do impacto da automação no perfil da mão-de-obra, surgiu a idéia de que se encomendasse um estudo a um *Think Tank* em que fosse pensado como fazer a transição para o novo perfil. Que retreinamento seria possível e necessário. Ah! E muito importante: quais são as vantagens para a sociedade dessa transição.
- Considerando que esse também não é um *issue* para ser conduzi-

do pelo bloco do eu-sozinho, o estudo poderia ser liderado pela associação dos supermercados e contaria com a participação ativa do sindicato, de políticos e ONGs ligados ao tema e do Ministério do Trabalho. Taí, essa seria uma boa razão para entrar na agenda do ministro. O problema e a solução, ao invés de alugar o ouvido das autoridades com as reclamações de sempre, e de parecer que só se olha para o próprio umbigo. Esta poderia ser uma boa oportunidade para mostrar colaboração, solidariedade, responsabilidade social. Ponto para a imagem de todos: do setor, da associação, das empresas, dos sindicatos. O governo agradeceria e "seu" Antunes poderia ganhar uma medalha de benfeitor da humanidade, outra para a sua coleção, só que, desta vez, merecida.

(4) Exemplo de desenvolvimento de estratégia diante de uma crise empresarial.

- A questão com a associação de moradores – que pleiteia o fechamento de uma das lojas da organização – é o caso típico de uma crise empresarial que se relaciona com *Questões Públicas* (questão ecológica, direitos da cidadania, etc.) Este "pepino" – que jamais recebeu da empresa o tratamento adequado – hoje, a partir da sessão de planejamento, virou um "*hot issue*".
- Sugeriu-se que o diretor de Operações das Organizações Lisboa fosse designado o *issue manager*, liderando um time interfuncional, que contará com Relações Públicas, Recursos Humanos, Jurídico, além de representante da associação dos empregados.
- O "*quartel-general*" do *issue management* será instalado na loja em questão. Abre parêntesis. Uma recomendação na gerência de crises é *GO TO GEMBA FIRST. GEMBA* é uma palavra japonesa que, mais ou menos, quer dizer "*local do crime*". A recomendação que vem do Oriente é "comece indo ao local do crime". Fecha parêntesis. Haverá espaço suficiente para a coordenação dos trabalhos, reuniões com a imprensa, com representantes da comunidade, com empregados. Haverá computadores, telefones, fax, copiadoras. Um *war room*. Deste centro, sairá toda a comunicação da empresa sobre a questão, tanto interna quanto externa.

- Um aprofundamento maior na questão é requerido. É necessário saber exatamente quais as queixas da comunidade, como o problema está sendo percebido por todos (comunidade, funcionários, clientes, autoridades, mídia). Depois, então, poderão ser definidos os objetivos da organização na questão e uma estratégia para atingir esse objetivo.
- Enquanto isto, decidiu-se por um "objetivo ínterim": melhorar o clima no campo de batalha. Reduzir as hostilidades, serenar os ânimos, criar condições para a conversa civilizada. Qualquer que fosse o objetivo, esse "clima melhor" seria útil. Entendeu-se que caberia à empresa a iniciativa deste desarmamento e da manifestação de boa vontade. Para tanto, seria necessário que a empresa abandonasse a posição defensiva e arrogante e assumisse outra, mais amigável. Nesta direção, foram imaginadas algumas ações que seriam portadoras dessas mensagens. Exemplos:
    (1) O anúncio da designação de um alto executivo como *issue manager* – um profissional de prestígio interno e da operação – é um bom sinal. Nada de advogados, que simbolizam "confrontação", nem de RPs, cuja imagem é de – *sorry* pela franqueza – "*vaselina, não mandam nada*". Olha a Gerência da *Comunicação Simbólica* funcionando, gente!
    (2) Ações pontuais de forte simbolismo: o convite à liderança do movimento para uma conversa; a abertura de um canal com a imprensa para falar sobre o assunto; contatos com políticos e autoridades, não para buscar apoio e fazer fofoca, mas para mostrar que a empresa está realmente preocupada com o assunto e que está reavaliando a questão para resolvê-la de vez. E rápido.
- Por fim, discutiu-se o moral interno. "Medo de perder emprego" mobiliza e imobiliza, desconcentra, a produtividade desaba. "Medo de perder emprego" mexe com a auto-estima, afeta a lealdade, aumenta o boca a boca negativo. O clima contamina os clientes, fornecedores. Imaginou-se, então, um programa de comunicação vigoroso, junto ao público interno, principalmente junto aos empregados da loja ameaçada de fechamento.

(5) Exemplo de ações planejadas em função da *Comunicação Simbólica.*

- Devido ao grande número de erros de português encontrados em cartazes e em correspondência (erros de concordância, de grafia, crase onde não deveria ter e não ter onde deveria), sugeriu-se a criação de uma rotina de revisão de texto. Coisa simples e rápida.
- Uma rotina da administração determinava que as Kombis da empresa fossem lavadas uma vez por semana. Mudou-se a rotina para que fossem lavadas "quando estivessem sujas".
- Padronizar os crachás de todos os funcionários.
- Retirar câmeras de circuito interno muito ostensivas.
- Tomar providências com relação a funcionários de um serviço terceirizado (entrega em casa) que usam uniformes sujos e rasgados.
- Numa das lojas, a sala do gerente fica em posição elevada em relação ao ambiente. O gerente gosta de inspecionar o trabalho dos funcionários, olhando através das frestas de uma persiana. O procedimento é intimidante. Acabar com ele.
- No escritório do "seu" Antunes, não há rotina de agradecimento a convites: casamentos, posses, inaugurações, etc. Implantar.
- Alguns diretores precisam levar um banho de boas maneiras. O assunto é delicado. Deve ser administrado, jamais esquecido.

(6) Exemplo de ações planejadas de caráter geral:

- Vários programas de comunicação foram esboçados para serem implementados junto a diversos públicos. Especial ênfase sobre os atributos positivos da empresa: sua história, número de empregos gerados, impostos pagos, contribuições sociais.
- Para cada *issue*, foi sugerido o nome de um diretor ou gerente. O *issue manager*. De acordo com o perfil recomendado: prestígio interno, habilidades, conhecimento de causa, etc. A sugestão dos nomes seria encaminhada à direção da organização. Identificaram-se áreas em que estes *Issue Managers* deveriam ser treinados. "Relações com a Mídia" foi uma das áreas a que se deu prioridade.

- Sugeriu-se o desenvolvimento de projeto para participação da empresa em outros programas sociais e filantrópicos de maior visibilidade e impacto. O projeto deveria definir uma filosofia de participação, áreas, recursos necessários e um processo de atendimento ao público (dondocas, madres teresas, ONGs, etc). Dar atenção ao interesse dos funcionários de atuarem como voluntários.
- Ainda no tema, descobriu-se que a empresa doa uma pequena fortuna para programas de deficientes físicos e ninguém sabe disto. Num dos grupos ouvidos, sugeriu-se contratar deficientes físicos para algumas funções da organização. Essá idéia talvez possa vir a ser aproveitada. A ajuda teria mais visibilidade que o dinheiro dado.
- Todas as pendências da auditoria foram expostas. Armários abertos e os esqueletos ganharam um codinome. Doravante serão considerados *issues* e tratados como tal.
- A situação – comprovada – de só existirem mulheres negras operando as caixas da organização merece a análise de um especialista.
- Foi sugerido que a empresa tivesse participação ativa na associação da classe, buscando, inclusive, ocupar cargo de direção.
- Estabeleceu-se a necessidade de desenhar-se um papel para "seu" Antunes, levando em consideração seus atributos pessoais positivos e suas dificuldades.

79. ANÚNCIO INTERNO Ou RP SAÚDA A COMUNIDADE EM GERAL E PEDE PASSAGEM

A apresentação formal do *Planejamento Estratégico de Imagem* encerra este ciclo de trabalho. O principal elemento desta etapa é uma apresentação executiva à alta gerência, em que deve ser mostrado o seguinte:

(1) Como o PEI foi construído: o processo, as etapas, os participantes.

(2) Os cenários desenvolvidos.

(3) As questões por ordem de importância: estágio, impactos, constituintes.

(4) As 10 questões mais importantes: as macroestratégias (objetivos, planos de ação, programas e responsáveis (*issue manager*).

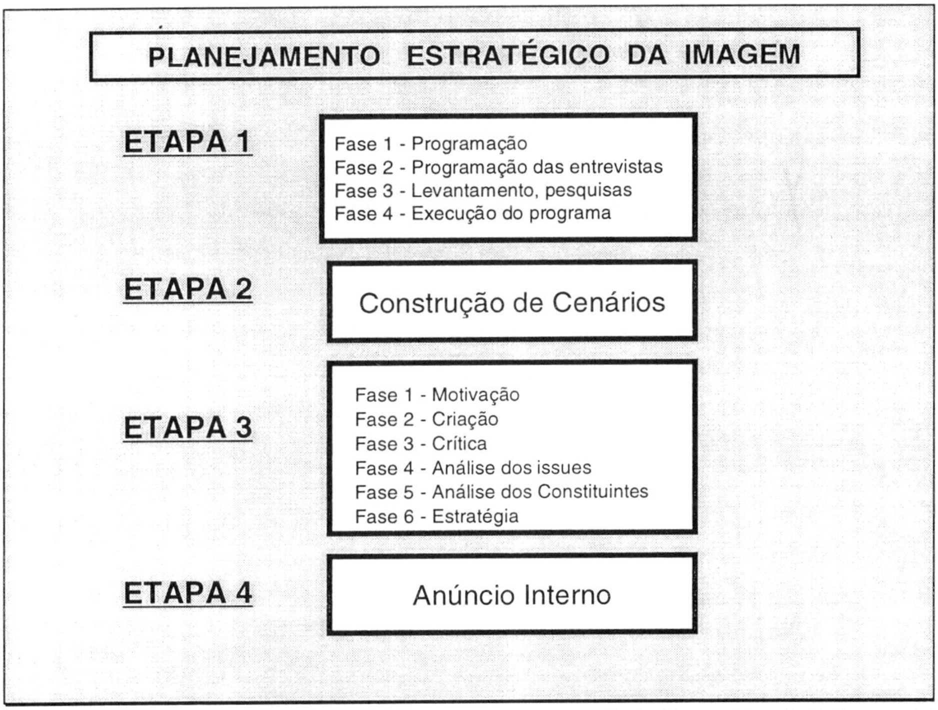

Figura 8 Castro Neves - Consultoria Empresarial

Algumas recomendações sobre esta apresentação:

(1) A duração da apresentação não deve ser superior a 1 (uma) hora.

(2) A apresentação deve ser dimensionada de forma a deixar tempo para interação com a platéia. O ideal é que a interação ocorra ao final de cada bloco.

(3) Quanto ao geral, muito conteúdo e boa forma.

(4) Quanto ao conteúdo, objetividade. O assunto é vastíssimo, o desconhecimento da platéia é amazônico – embora acredite que saiba tudo – e a tentação para digressões é enorme. Resista e siga o roteiro traçado. Religiosamente.

(5) Quanto à forma, pouca pirotecnia e nada de efeitos especiais. Refiro-me a excesso de cores em transparências, uso de animações ingênuas nas apresentações com computador, etc. Essas coisas acabam fortalecendo a imagem "*RP é um tipo de marketing e o pior deles*". Mas não abra mão, em hipótese alguma, da qualidade do material. As coisas no lugar (idéias, sintaxe, grafia, os pronomes oblíquos, encadeamento, luz e sombra).

(6) O grupo que trabalhou no projeto deve estar presente. Mensagem: trabalho de equipe. Uma ou outra intervenção de componentes do time é razoável desde que comandada. Jogral, nunca.

(7) O apresentador deve estar preparado para falar sobre a estrutura necessária e sobre gastos para formá-la. Mas deve ter cuidado para que o jogo de poder não crie embaraços para a continuidade do projeto. Discuta primeiramente os recursos com o chefe, nunca em reuniões em que as motivações políticas e as agendas pessoais prevalecem sobre o espírito de equipe e o amor à camisa.

Importância dessa Etapa:

1. Validar o planejamento junto à alta gerência.
2. Obter *feedbacks*. A perspectiva funcional é importantíssima. Agrega muito valor.
3. "Vender" internamente o projeto de Relações Públicas. Sem esta "compra" (*buy-in*), o projeto não vai longe.
4. Envolvê-los. Está lembrado? IMAGEM DA EMPRESA É PROBLEMA DE TODOS.
5. Educar a platéia sobre a relação entre ambiência e negócios.
6. Dar uma resposta definitiva. RP, pra quê? Pra isso, cara.

RP saúda a comunidade em geral e pede passagem. Não quer abafar ninguém, só quer mostrar que faz samba também.

O QUE FOI DITO NESTE CAPÍTULO

1. O exercício de Planejamento é um processo liderado por Relações Públicas, com a participação dos membros do Colegiado de Comunicações e com o envolvimento de toda a empresa.
2. O processo de Planejamento é composto de 4 Etapas e várias Fases.
3. Findo o exercício, a empresa terá uma boa avaliação de seus pontos fortes e fracos, das *questões públicas* e *questões de imagem*, das prioridades e dos recursos necessários.

CAPÍTULO DOZE

EPÍLOGO

Ufa, chegamos ao fim desta nossa conversa. O dia já vem raiando e está na hora das despedidas. Espero que tenha gostado. Para mim, foi um prazer enorme esta nossa convivência ao longo desses onze capítulos. De verdade. Adorei suas intervenções, seu interesse, suas ponderações sempre sensatas. Valeu! Certamente a gente vai se encontrar por aí, nos bailes da vida.

Vou aproveitar este último capítulo para repassar as 25 mensagens que considero as mais importantes neste trabalho. A ordem abaixo está relacionada com a entrada em cena das mesmas.

1. *Imagem* é fator de vantagem competitiva, tanto quanto a tecnologia, os recursos humanos, *marketing* e o *management.*
2. No geral, a *imagem* das instituições é muito ruim. Idem, das categorias profissionais. Todas carregam um estigma, uma fama desagradável. A *imagem* das empresas e dos empresários não é uma exceção.
3. Obviamente, não ter boa *imagem* não é bom para nenhuma instituição. Mas, no caso de empresas, os danos da má imagem acabam sobrando para a sociedade. Menos empregos, menos impostos, menos recursos para o desenvolvimento social.
4. A pressão sobre a *imagem* das empresas tende a aumentar.
5. Os empresários não têm boa *imagem* do mundo externo aos negócios. Muitas empresas buscam o isolamento. Esta propensão dificulta a comunicação empresarial.
6. A *imagem* dos profissionais de comunicação não é boa no mercado e dentro da empresa.

7. A *imagem empresarial* pode e precisa ser administrada. *Imagem* não cai do céu. *Imagem* se constrói com inteligência, informações, pesquisas, processos, uso de técnicas, ações coordenadas, com habilidades específicas e muito profissionalismo.

8. *Imagem* não é problema de um profissional na empresa ou de um departamento. É problema de todos, a começar do Número 1.

9. Todas as grandes organizações passaram por muitas crises. Tiveram sérios prejuízos mas sobreviveram. E o que as manteve vivas não foi apenas o trabalho dos advogados nos tribunais. Foi precisamente a força de sua *imagem* e o trabalho consistente feito junto a inúmeros públicos.

10. A *Comunicação Integrada* é um conceito moderno de administração da *imagem empresarial.*

11. Todos os dias, as empresas se vêem ameaçadas pelo desdobramento das *questões públicas*. Muitas desaparecem por causa delas.

12. O *Issue Management* é a forma mais racional e barata de administrar o impacto das *questões públicas* na empresa.

13. Na arena das *questões públicas*, conhecer "quem é quem", suas motivações, idiossincrasias, poder de fogo é indispensável para a construção de estratégias e do plano de ação. São muitas as forças que se digladiam nessa arena. A maioria delas se posiciona contra as empresas.

14. O desaguadouro das *questões públicas* na empresa é na função de Relações Públicas. É o governo que mexe no câmbio, é o mercado que se retrai mas são os profissionais de relações públicas, quase sempre numa podre, aqueles que irão enfrentar clientes zangados, empregados descontentes e acionistas furibundos.

15. O *Colegiado de Comunicação* deve participar das principais decisões da empresa e o envolvimento da alta gerência na comunicação empresarial é condição *sine qua non* para a eficácia do *Sistema de Comunicação Integrada.*

16. Planejar a comunicação é necessário. Os benefícios do planejamento para a organização são inúmeros. E planejar é baratíssimo.

17. A partir da identificação e da análise de *indicadores de antecedência*, a empresa pode ganhar vantagem competitiva. Muitas crises empresariais poderiam ter sido evitadas se as organizações tivessem processos adequados para detectar esses *indicadores.*

18. A Gerência da *Comunicação Programada* visa compatibilizar, harmonizar e otimizar os programas de comunicação da empresa.

19. A *Comunicação Simbólica* é mais poderosa e convincente do que a *Comunicação Programada.* Uma organização possui inúmeros "emissores" operando em freqüências próprias e muitas vezes liberando mensagens na contramão daquelas desejadas pela empresa.

20. É possível administrar-se, em boa parte, a *Comunicação Simbólica.*

21. A fixação de objetivos numéricos no trabalho de construção da *imagem empresarial* estimula a organização a participar, permite uma melhor avaliação desse trabalho, bem como auxilia na determinação dos recursos.

22. Relações Públicas numa empresa tem que pensar grande. Deve buscar a melhor imagem do mundo. Depois, fazer das tripas, coração para alcançar esse objetivo.

23. Relações Públicas não é um departamento. Relações Públicas é uma função que permeia toda a organização. Para tanto, deve posicionar-se ao longo dos processos e não nas suas pontas.

24. Relações Públicas é uma das funções mais ricas, interessantes e necessárias no novo século. Nenhuma organização poderá viver sem esta função.

25. Mais uma vez, que me perdoem os amadores, mas profissionalismo é fundamental.

Tomemos essas duas últimas mensagens como motes.

Empresas, ONGs de qualquer natureza, pessoas de qualquer atividade, independentemente de ideologia ou de cultura, de uma forma ou de outra, não poderão prescindir de "*fazer RP*". Não poderão, sob pena de desaparecerem.

A necessidade de superar seus estigmas de imagem, bem como a diversidade dos públicos com os quais precisa interagir, obriga todos a pensar no assunto.

Falamos de "ONGs de qualquer natureza". Inclua aí aquelas barras-pesadas como o IRA, o ETA, Sendero Luminoso. Inclua aí o "crime organizado", o nosso Comando Vermelho. Fazem RP como gente grande e infelizmente com sucesso.

Falamos de "pessoas de qualquer atividade". Relacione aí celebridades, atletas, artistas, políticos. Todos os dias vemos personalidades engajando-se em questões públicas, em ONGs, ou fazendo algum tipo de marketing social. De onde vem esta motivação? Do fundo do coração? Do sentimento cristão? É ruim, cara. Para limpar a própria barra, construir imagem, comprar boa vontade de fãs, eleitores, seguidores e da opinião pública em geral.

O quê? E para descontar do imposto de renda? Claro, você está certo(a), também é uma forma de abater dos impostos – puxa, quero morrer seu amigo! Mas o grande retorno é – acredite – *imagem*.

Falamos "independentemente de ideologias e de culturas". Não é só o presidente dos Estados Unidos que "faz RP". Este não dá para contar. É covardia. Afinal, os Estados Unidos é a pátria de RP, onde a disciplina se criou e se desenvolveu. Veja a China. Em 1997, *Jiang Zemin*, premier chinês, visitou os Estados Unidos com uma agenda de RP de fazer babar os especialistas do ramo. Deu coletivas a dar com pau, visitou comunidades, fez doações. O fechamento com chave de ouro do programa foi o premier cantando *My Way*, em inglês. Demais. Quem esperava um china-pau, hostil, carrancudo, ameaçador, ficou surpreendido com a performance. Três anos depois, o mesmo *Zemin*, numa visita a Israel, foi banhar-se no Mar Morto sob o pretexto de testar a salinidade das águas. Suas fotos, boiando, ocuparam a primeira página de jornais no mundo todo. Em seguida, em Ancara, cantou *Sole Mio*, em italiano, numa recepção para o presidente da Turquia.

Por que *Zemin* pagou todos esses micos?

Imagem, minha santa, imagem. A China comunista – ou sei lá que regime é esse que eles têm lá agora – precisa abrir-se para o ocidente. Abrir novos mercados. Para exportar a revolução proletária? Não, *Trotsky*, para exportar seus produtos. *Business*, meu caro *Marx*, puro e mais legítimo *business*. A China S.A. precisa da boa vontade da opinião pública do lado de cá.

Profissionalismo.

Significa que não basta "fazer RP". É preciso fazer a coisa certa. *Clinton* – sabe-se – antes de qualquer exposição pública – até numa simples recepção a crianças de jardim de infância na Casa Branca – se preparava como um vestibulando prestando exames. Por detrás daquilo, que depois parece ser "como um pinto no lixo", há horas de *briefings*, de leitura de *Qs &As*, informação sobre pessoas, lugares, costumes, escolha de palavras, de piadas, ensaios com assessores, *dry run's*, passagens e repassagens de textos. *Jiang Zemin* não faz por menos. Antes de encarar um *Sole Mio* ou um *Segura o Tchan*, gastou horas e horas de *videokê*.

Em compensação, se os chineses vão se profissionalizando em RP, os russos, aos tormentos que já tinham, mais tormentos juntaram. Em agosto de 2000, quando esta publicação estava sendo concluída, ocorreu a tragédia com o seu submarino atômico *Kursk*. Uma típica crise empresarial. Das boas. De certa forma, comparável com a que a *NASA* viveu por ocasião da explosão da *Challenger*, em 1986.

Certamente o episódio do submarino russo vai virar um *case* internacional e a experiência será dissecada pelos especialistas em relações públicas por anos e anos. Será uma referência. Mas, sem grandes aprofundamentos, já se podem adiantar algumas conclusões. Tudo errado. Além dos esqueletos e dos indicadores de antecedência que preanunciavam a crise – sucata tecnológica, inexistência de processos de segurança, burocracia estatal –, o problema se agravou pela falta de transparência, imobilismo dos governantes diante da tragédia, cosmovisão de milico, desprezo pela opinião publica. *Vanderbilt* vive. Tinha tudo para dar errado e, quando desse, tinha tudo para piorar.

Outro excelente *case*, também surgido quando já fechávamos este trabalho – e que igualmente vai dar o que falar –, é o da *Mitsubishi Motors*. O caso reúne exemplos de várias coisas sobre as quais falamos aqui.

Uma auditoria feita por funcionários do Ministério dos Transportes japonês descobre, nos porões da empresa, esqueletos de vinte anos de idade. Reclamações de clientes que não eram – como manda a lei japonesa – reportadas ao governo. O procedimento da empresa era, quando reclamavam alguma coisa, discretamente, resolver o problema específico do cliente e moita. Esqueleto, vupt, pro armário. Esse procedimento protegia a imagem da empresa no mercado, sendo até melhorada junto aos clientes, que viam suas reclamações prontamente atendidas.

O que há de errado nisto? Ter sua reclamação satisfatoriamente atendida não é uma conquista dos consumidores? *A Mitsubishi* fazia isto perfeitamente. Quantas empresas, no mundo, já chegaram a este estágio, isto é, ter a preocupação com a satisfação dos clientes e ter a capacidade de atender plenamente qualquer reclamação dos consumidores? Poucas, muito poucas. Pois a *Mitsubishi* tinha as duas: preocupação e capacidade. Não fazer alarde de seus problemas: quantas instituições, empresas, pessoas não agem assim? Atire a primeira pedra quem não se comporta dessa maneira. Por que, então, entregar o ouro para o bandido se estamos dando o melhor de nós para resolver o problema do reclamante? Afinal, o que é mais importante: atender satisfatoriamente o consumidor ou cumprir uma burocracia idiota criada pelo governo? A *Mitsubishi* pensava assim. Este era o embasamento de sua interpretação ética. A visão pragmática dos homens de negócio fez o resto. O risco valeria a pena.

"Burocracia" idiota ou não, era a lei. E leis são para serem cumpridas. Seria absolutamente legítimo e ético que a *Mitsubishi* fizesse *lobby* para acabar com a obrigação de reportar reclamações dos clientes – a tal burocracia idiota – desde que a empresa se comprometesse a fazer os *recalls* devidos e mantivesse os registros das ocorrências. Certamente tentou, sem êxito. Daí, ao invés de respeitar a lei – absurda, *sed lex* –, partiu literalmente para a ignorância. Deu no que deu. A genial "estratégia de imagem" virou contra o feiticeiro. Estava construída sobre um *assumption* furado: "Não seremos descobertos". Resultado: na opinião pública, o caso vai fortalecer o *estigma da raça* – "Viram só? As empresas sempre enganam os consumidores" –, vai abrir um inimaginável potencial de ações judiciais, derrubar o valor do patrimônio dos acionistas, cobrir de vergonha seus empregados, organizar a temporada de haraquiris.

Câmbio e desligo.

Novembro, 2000

GLOSSÁRIO

Ad hoc – (Latim) Para este fim; com esta finalidade.

Aspone – Assessor de porra nenhuma.

Assumption – (Inglês) Premissa.

Big Boss – (Inglês) Chefão.

Big brother – (Inglês) Grande Irmão. Expressão usada no romance 1984, de George Orwell.

Big Business – (Inglês) Universo das grandes empresas.

Big stick – (Inglês) Grande porrete. Estratégia de política internacional americana no século 20.

Brainstorming – (Inglês) Técnica usada em reuniões para geração de idéias.

Breakthrough – (Inglês) Salto qualitativo.

Briefing – (Inglês) Sumário feito sobre empresa, negócio, pessoa, projeto.

Budget – (Inglês) Orçamento.

Bunker – (Inglês) – Abrigo superprotegido.

Business – (Inglês) Negócio, atividade econômica.

Business as usual – (Inglês) Rotina. O que se faz normalmente na atividade. Vida que segue.

Buy-in – (Inglês) Aceitação.

Bypass – (Inglês) Ato de contornar um problema com uma solução alternativa.

Call center – (Inglês) Sistema de Atendimento de Clientes para vendas e reclamações.

Check point – (Inglês) Parada para avaliar o que foi feito até o momento.

Come back to reality, let's talk about business – (Inglês) Chega de conversa, vamos ao que interessa.

Conference calls – (Inglês) Reuniões geralmente à distância, usando tecnologia de comunicação.

Data Venia (Latim) – Com licença, com sua permissão.

Decision making process – (Inglês) Processo de construção da decisão.

Delenda est – (Latim) – Deve ser destruído.

Downsizing – (Inglês) Redução de tamanho.

Dura Lex sed Lex- (Latim) Aforismo latino. Lei severa mas lei.

Egotrip – (Inglês) Surto de vaidade pessoal.

Empowerment – (Inglês) Delegação.

Equal Opportunity Policy – (Inglês) Política de Oportunidades Iguais.

Expertise – (Inglês) Perícia, habilidade.

Fallback – (Inglês) Voltar atrás.

Feedback – (Inglês) Retorno, retroalimentação.

Flip-chart – (Inglês) Recurso visual usado em palestras.

Focus group – (Inglês) Discussão em grupo. Técnica usada em pesquisas.

Get-together – (Inglês) Reuniões informais, festas.

Goodwill – (Inglês) Boa vontade, simpatia.

Grapevine – (Inglês) Literalmente, vinhedo. Figuradamente, onde os boatos circulam.

Grassroots – (Inglês) Popular, nas bases da sociedade.

Habemus – (Latim) Temos. Habemus Papa: Temos um novo Papa.

Hackers – (Inglês) Pessoas com habilidades para penetrar em sistemas de computação.

Handicap – (Inglês) Desvantagem.

Happy Hour – (Inglês) Hora do relax.

House organ – (Inglês) O mesmo que "jornal da empresa".

Impeachment – (Inglês) Descrédito.

In dubio – (Latim) Em dúvida.

Inside information – (Inglês) Informação de dentro de uma organização.

Job description – (Inglês) Descrição das atividades de uma função na empresa.

Landscape – (Inglês) Paisagem; projetado paisagisticamente.

Lato sensu – (Latim) Em sentido amplo.

Main stream – (Inglês) Corrente principal. Centro nervoso.

Market share – (Inglês) Porção do mercado. Participação no mercado.

Media oriented – (Inglês) Voltado para a mídia.

Media training – (Inglês) Treinamento para lidar com a mídia, dar entrevistas, etc.

Merchandising – (Inglês) Ação promocional usando o produto fisicamente.

Muckrakers – (Inglês) Fuçadores de lixo. Jornalistas especializados em escândalos.

Network – (Inglês) Rede.

Nobless oblige – (Francês) A educação manda.

Ombudsman (Sueco) – Profissional que se dedica a ouvir os clientes ou empregados.

One man show – (Inglês) Espetáculo de uma só pessoa.

On-the-job – (Inglês) Na prática do trabalho.

Open House – (Inglês) Casa aberta a convidados. Festa.

Outdoor – (Inglês) Cartaz usado nas ruas como propaganda.

Paparazzi – (Italiano) Fotógrafos especializados em bisbilhotar a vida de celebridades.

Part-time – (Inglês) Tempo parcial.

Pavloviano – (Português) Relativo a Pavlov, cientista russo da teoria do reflexo condicionado.

Pour épater le burgeois – (Francês) Para chocar os burgueses.

Press Kit – (Inglês) Conjunto de informações para a imprensa.

Press release – (Inglês) Informativo da empresa para a imprensa.

Rapport – (Francês) Bom relacionamento. Relacionamento com empatia.

Robber barons – (Inglês) Barões ladrões. Algo como o nosso "tubarões".

Self made man – (Inglês) Homem que se realizou por seu próprio esforço. Autodidata.

Sic – (Latim) Desta forma, assim.

Sorry – (Inglês) – Desculpe, sinto muito.

Stablishment – (Inglês) Ordem estabelecida.

Standard – (Inglês) Padrão.

Stricto sensu – (Latim) Em sentido restrito.

Talk-show – (Inglês) Programa de entrevistas.

Telemarketing – (Inglês) Técnica de vendas por telefone.

Think-tanks – (Inglês) Repositório de conhecimentos. Gente que reflete sobre temas.

Timing – (Inglês) Escolha do momento.

Top management – (Inglês) Alta gerência da empresa.

Top of mind – (Inglês) Primeira menção do entrevistado sobre um produto ou empresa.

T-shirts – (Inglês) Camisetas com mangas curtas, sem golas e sem botões.

Turnover – (Inglês) Rotatividade da força de trabalho.

Vade mecum – (Latim) Vai comigo. Conjunto de códigos utilizados por advogados.

Walk the talk – (Inglês) Dar exemplo do que prega.

Watch Dog – (Inglês) Cão de guarda.

NOTAS

(1) Grube, L., "Cost of Litigation to US Business", p. 56. Citado por Susskind L. & Field P. em "Em Crise com a Opinião Pública", p.12

(2) Seitel, F., The Practice of Public Relations, p.367

(3) Regester, M e Larkin, J., Risk Issues and Crisis Management, p.27

(4) Ver "Tanto esforço, Danton, e a maioria silenciosa não tem opinião", em Imagem Empresarial, do autor, p.112.

(5) Ver "Marketing Cultural e merchandising", em Imagem Empresarial, obra citada, p.241

(6) Ver "Marketing Social", idem, idem, p.248

(7) Fonte Iser. Publicado no Estado de São Paulo, 30.07.2000

(8) Mesma fonte, mesma matéria citada.

(9) Ver "Marketing Esportivo vende?", em Imagem Empresarial, p.237.

(10) Ver "Marketing Ecológico", em Imagem Empresarial, p.244

(11) "Indústria de PVC tenta entrar na linha do politicamente correto", Valor, 31.07.2000.

(12) Ver "Lembrancinhas inesquecíveis e imperdoáveis", em Imagem Empresarial, p.260.

(13) Este programa foi desenvolvido por *Fabio Steinberg*, então gerente de Relações com a Imprensa da empresa.

(14) Ver "Não entendo nada deste assunto, mas na minha opinião..." em Imagem Empresarial, p.144

(15) Ver "Por Que Relações Públicas é a Profissão do Futuro" em Imagem Empresarial, p.167.

BIBLIOGRAFIA

ANDRADE, Candido Teobaldo S.,Curso de Relações Públicas, Atlas, 5ª edição, 1994.

BARTON, L., Crisis in Organizations, South Western, 1993.

BROWNE, William P., Groups Interests and US Public Policy, Georgetown, 1998.

CASTRO NEVES, Roberto, Imagem Empresarial, Mauad, 2ª edição, 2000.

CLEMENS, Elisabeth S., The People's Lobby, Chicago, 1997.

CORRADO, Frank M., A Força da Comunicação, Makron Books, 1994.

DARROW, R.W. e Forrestal, D.J., The Dartnell Public Relations Handbook, 1979.

FERGUSON, Sherry D., Mastering The Public Opinion Challenge, IRWIN, 1994.

GOTTSCHALK, Jack, Crisis Response, Gale Professional Library,1993.

HOWARD CHASE, W., Issue Management, IAP, 1984.

HREBENAR, Ronald. J., Interests Groups Politics in America, M.E Sharpe, 3ª edição, 1997.

KOLLMAN, Ken, Outside Lobbying, Princeton, 1998.

MACK, C.S., Business, Politics, and The Practice of Government Relations, Quorum, 1997.

LESLY, Philip, Lesly's Handbook of Public Relations and Communications, 5ª edição,1997.

REGESTER M. e JUDY Larkin, Risk Issues and Crisis Management, Kogan Page, 1997.

SAFFIR, Leonard, Power Public Relations, NTC, 2ª edição, 2000.

SEITEL, Fraser P., The Practice of Public Relations, Prentice Hall, 6ª edição, 1995.

SUSSKIND, L. e Field P., Em Crise com a Opinião Pública, Futura, 1997.

WEIL, Pierre e TOMPAKOW, Roland, O Corpo Fala, Vozes, 47ª edição,1999.

ÍNDICE REMISSIVO

IMPRESSÃO E ACABAMENTO
EDITORA LIDADOR LTDA.
R. Hilário Ribeiro, 154 - Pça. da Bandeira
Rio de Janeiro • RJ
Tel.: (021) 569-0594 • Fax: (021) 204-0684